城市轨道交通职业教育系列教材
高等职业教育交通运输类“十四五”技能型人才培养实用教材

# 城市轨道交通客运站务与票务管理

主　编　陈　灿　刘亚飞
副主编　朱　科　唐　飞　柏化雄

西南交通大学出版社
·成　都·

图书在版编目（CIP）数据

城市轨道交通客运站务与票务管理 / 陈灿，刘亚飞主编. —成都：西南交通大学出版社，2021.11（2023.9 重印）
ISBN 978-7-5643-8336-7

Ⅰ. ①城… Ⅱ. ①陈… ②刘… Ⅲ. ①城市铁路－轨道交通－客运服务－高等职业教育－教材 Ⅳ. ①U239.5

中国版本图书馆 CIP 数据核字（2021）第 209251 号

Chengshi Guidao Jiaotong Keyun Zhanwu yu Piaowu Guanli
城市轨道交通客运站务与票务管理

主编 / 陈 灿　刘亚飞

责任编辑 / 罗爱林
封面设计 / 何东琳设计工作室

西南交通大学出版社出版发行
（四川省成都市金牛区二环路北一段 111 号西南交通大学创新大厦 21 楼　610031）
发行部电话：028-87600564　028-87600533
网址：http://www.xnjdcbs.com
印刷：四川森林印务有限责任公司

成品尺寸　185 mm×260 mm
印张　15　　字数　329 千
版次　2021 年 11 月第 1 版　　印次　2023 年 9 月第 2 次

书号　ISBN 978-7-5643-8336-7
定价　54.00 元

课件咨询电话：028-81435775

# 前言

PREFACE

城市轨道交通以其大容量、高速度、安全可靠、准点舒适等特点成为城市居民出行首选的公共交通方式，是我国城市综合交通运输体系中的骨干力量。当前，我国的城市轨道交通已经进入了快速发展时期。截至 2021 年 6 月底，全国（不含港澳台地区）共有 48 个城市开通运营城市轨道交通线路 245 条，运营里程 7 957 千米。车站是城市轨道交通网络的重要组成部分，是运营企业与服务对象的主要联系环节，承担着为乘客提供各项客运服务的责任。因此，如何提高城市轨道交通车站站务管理的水平，成为城市轨道交通运营管理等相关专业人才培养的目标之一。

《城市轨道交通客运站务与票务管理》以“1+X”证书制度为背景，基于站务员的工作情境，以任务为导向的编写形式，介绍城市轨道交通站务员岗位所需的基本知识和操作技能。本书可作为中等、高等职业院校城市轨道交通专业及相关专业的教材和教学参考书，也可作为从事城市轨道交通运营管理的专业技术人员的参考用书，还可作为车站值班员、值班站长、站务员等客运岗位人员的培训教材。

本书共分为 7 个情境，主要包括城市轨道交通车站、城市轨道交通车站设备管理、城市轨道交通车站行车组织、城市轨道交通车站客运组织、城市轨道交通客运服务、城市轨道交通票务管理、城市轨道交通安全管理与应急处理。

本书由重庆能源职业学院陈灿、刘亚飞担任主编，重庆能源职业学院朱科、唐飞和重庆轨道交通集团柏化雄担任副主编。具体编写分工如下：陈灿编写城市轨道交通车站、城市轨道交通客运服务、城市轨道交通安全管理与应急处理；刘亚飞编写城市轨道交通车站设备管理、城市轨道交通车站行车组织；朱科编写城市轨道交通客运组织；唐飞编写城市轨道交通票务管理；柏化雄负责搜集案例资料，并负责全书校对。

在本书的编写过程中，参考了国内外同类教材和相关资料，在此表示深深的谢意！同时，对为本书付出辛勤劳动的编辑表示衷心的感谢！感谢家人对我们工作的支持！

由于时间仓促，加之编者水平有限，书中内容难免存在不足之处，诚挚地希望广大读者在学习使用的过程中批评指正。

编者

2021 年 8 月

# 目录

CONTENT

# 情境一 城市轨道交通车站

城市轨道交通车站是城市轨道交通路网中一种重要的建筑物，它是供旅客乘降、换乘和候车的场所。车站应保证乘客能够安全、方便、快捷地进出，并为乘客提供舒适的乘车环境，以便于运营。车站又是城市建筑艺术整体的一个有机部分，一条线上的各车站在结构和建筑艺术上，既要有共性，又要有个性。

[学习目标]

1. 了解车站的概念及其在城市轨道交通网络中的作用。
2. 掌握城市轨道交通车站的类型。
3. 掌握城市轨道交通车站的组成、布局。
4. 熟悉城市轨道交通车站各岗位工作的职责及作业流程。

## 任务一 认识车站的类型

### 任务导入

2013 年 1 月 2 日晚，在人潮汹涌的地铁中，市民王女士人终于挤进去了，头发却不幸被车门夹住。列车疾驰，自此后一直在开对侧的门，到常青花园站民警才赶上车处理，王女士被迫“罚站”9 个站。

案例中头发被夹住的王女士为什么多等了 9 个站呢？下一站不就开门了吗？

### 一、城市轨道交通车站的概念

城市轨道交通车站是客流的节点，乘客出行的基地，是旅客上、下车以及相关作业的场所；车站是轨道交通各类设备安装的场所，是站务员等运营、管理人员工作的场所；是列车到发、通过、折返、临时停车的地点。可见，车站是城市轨道交通网络的重要组成部分。

同时，车站还具有购物、集聚及作为城市景观等一系列功能，所以车站的选址、布置和规模等因素，不仅影响运营效益，而且关系到城市的运转。

## 二、城市轨道交通车站的类型

### （一）按车站与地面相对位置分类

按车站与地面相对位置，车站可分为地面车站、高架车站和地下车站。（见图 1-1 ~ 图 1-4）

地面车站是线路、主体建筑和设施设备设置在地面的车站，建筑风格应与周围环境相协调，一般建于道路比较宽广的路段。

高架车站是线路、主体建筑和设备设施设置在高架桥上的车站。建筑要和城市的风格、周围的环境相协调。如山城重庆，由于地形起伏大，多数车站位于高架桥上。其中，重庆轨道交通 2 号线李子坝站，是一座典型的高架站，也是我国第一座与商住楼共建、共存的跨座式单轨高架车站。

地下车站是线路、主体建筑和设备设施设置在地下隧道的车站。如红土地站是重庆轨道交通 6 号线与 10 号线的换乘车站，距离地面 94 m，是目前我国距离地面最深的车站。

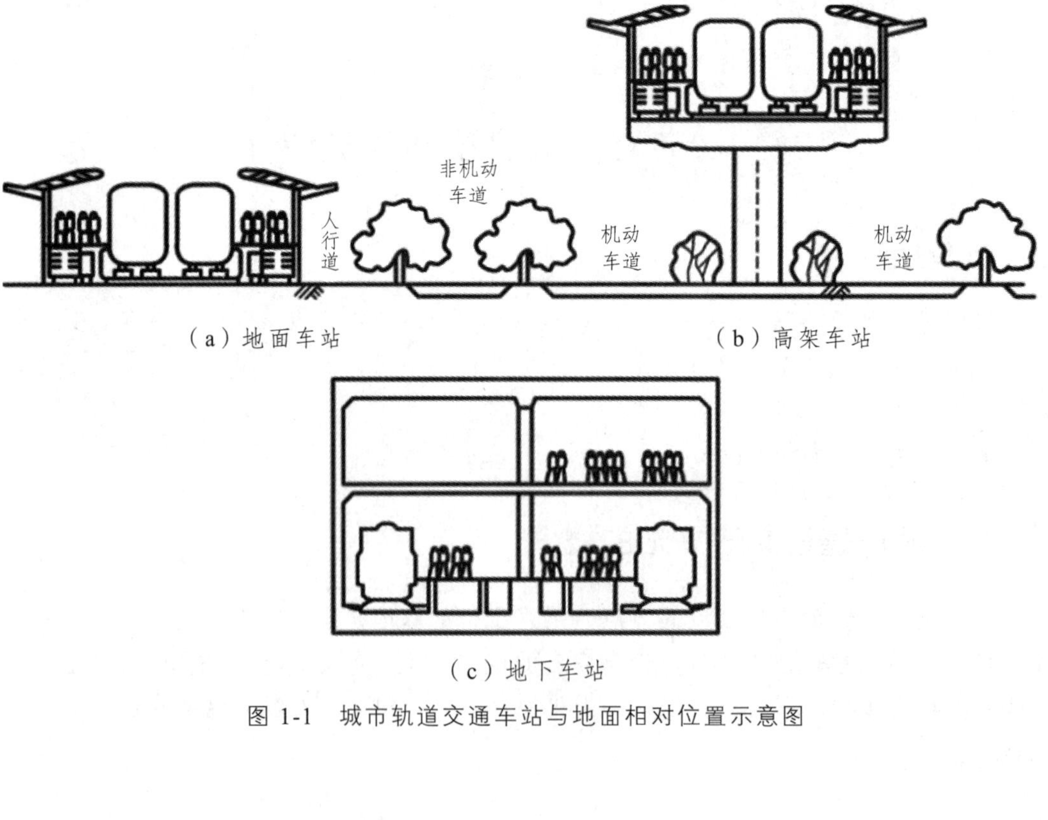

（a）地面车站　（b）高架车站

（c）地下车站

图 1-1　城市轨道交通车站与地面相对位置示意图

图 1-2　地面车站

图 1-3　高架车站

图 1-4　地下车站

## （二）按车站运营性质分类

按车站运营性质，可分为终点站、一般中间站、折返站和换乘站等。（见图 1-5）

终点站是线路两端的车站，除了供乘客上下车外，通常还供列车折返、停留和临时检查，一般具有多股停车线。

中间站是指行车线路两终端站之间的沿途车站。一般中间站是只提供乘客上下车的车站，大多数车站都属于此种类型。

折返站，又称区间站，是设有折返线路设备的车站，一般设置在线路中间较大客流区间的末端，也有将终点站作为折返站的。供列车折返和开行区间列车、乘降、客运服务。如重庆轨道交通 3 号线四公里站和龙头寺站，重庆轨道交通 2 号线天堂堡站等。

换乘站设在不同线路的交汇地点，除供乘客上下车之外，还供乘客由一条线路的列车换乘到另一条线路的列车上去。其最大的特点是节省了乘客出站、进站及排队购票的时间，为乘客换乘提供了方便。如小什字站是重庆轨道交通 1 号线和 6 号线的换乘站，重庆西站是重庆轨道交通 5 号线和环线的换乘站。

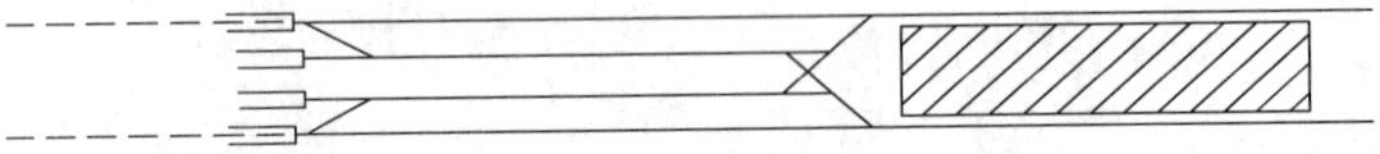

（a）终点站

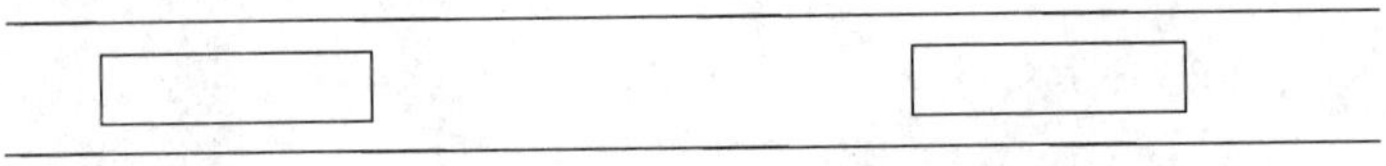

（b）一般中间站

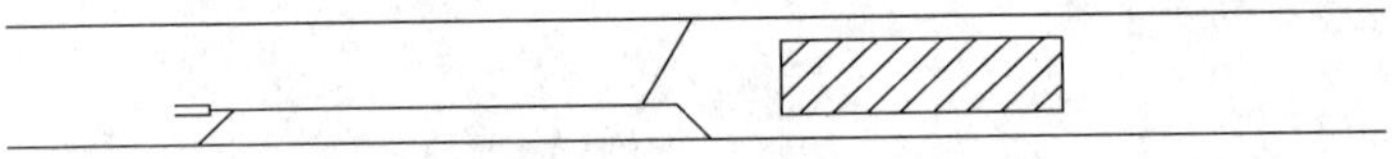

（c）折返站

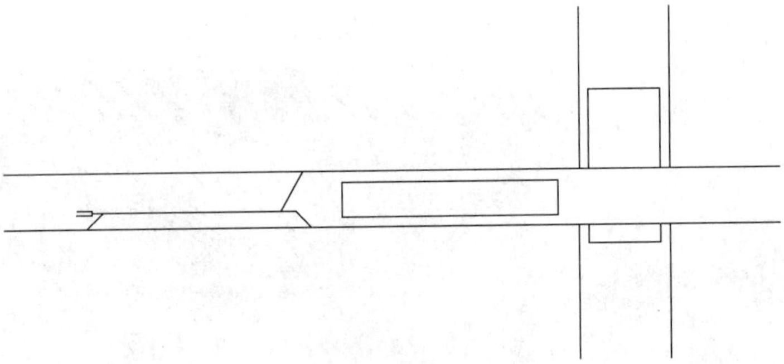

（d）换乘站

图 1-5　城市轨道交通车站按运营性质分类示意图

## （三）按车站站台形式分类

按车站站台形式，可分为岛式车站、侧式车站和混合式车站。

站台位于上、下行行车线路之间，这种站台布置形式称为岛式站台。具有岛式站台的车站称为岛式站台车站，简称岛式车站，如图 1-6 所示。乘客在站台两侧都能上车，只是两侧的方向不同。大部分地铁车站均为岛式车站，如重庆轨道交通 1 号线双碑站、环线陈家坪站、5 号线半山站等。

（a）岛式车站示意图　　（b）岛式车站实景（重庆陈家坪站）

图 1-6　岛式车站

岛式车站，站台在中间，轨行区在两侧。其管理集中方便，乘客中途折返也方便，但建设成本高，后期难以扩大候车区域。这种车站常用于客流量较大的车站。

站台位于上、下行行车线路的两侧，这种站台布置形式称为侧式站台。具有侧式站台的车站称为侧式站台车站，简称侧式车站，如图 1-7 所示。乘客在站台，只能从一侧上车，如重庆轨道交通 5 号线跳蹬站，3 号线六公里站等。

（a）侧式车站示意图　　（b）侧式车站实景（重庆跳蹬站）

图 1-7　侧式车站

侧式车站，站台在轨行区两侧，可避免上、下行乘客互相干扰；其建设成本低，后期扩大候车区域较容易。但站台面积利用率低，且乘客中途改变乘车方向不便；车站管理分散，需要更多管理人员。这种车站多用于两个方向客流量较均匀的车站和高架车站。

混合式站台是将岛式站台及侧式站台同设在一个车站内，具有这种站台形式的车站称为混合式车站。混合式车站可分为双岛式和岛侧混合式。

双岛式，即两个岛式站台拼凑成的车站，总共有 4 个站台，为同站换乘车站，两边轨道为一条线路双方向，中间两条轨道为另一条线路双方向，如图 1-8（a）所示。该类车站，可实现越行，实行大站快车。如重庆西站，如图 1-8（b）所示，两侧的 1 号站台和 4 号站台为 5 号线双方向；中间的 2 号站台、3 号站台为环线双方向，通过电梯进入不同站台，可以实现 5 号线和环线的换乘。此外，礼嘉站、碧津站等也是双岛式车站。

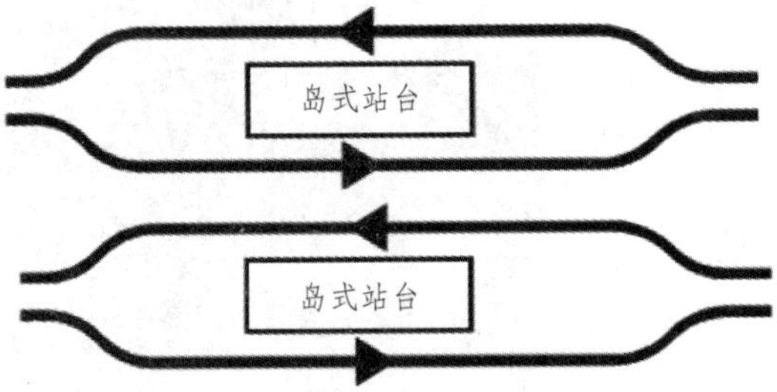


（a）双岛式车站示意图

（b）重庆西站 1、2 站台实景

（c）重庆西站 3、4 站台实景

图 1-8　双岛式车站

岛侧混合式，是同时具有岛式站台和侧式站台的车站，可设置为一岛一侧式（见图 1-9）和一岛两侧式（见图 1-10）。常见用于两侧站台换乘或列车折返，如重庆轨道交通 1 号线朝天门站为一岛两侧式。

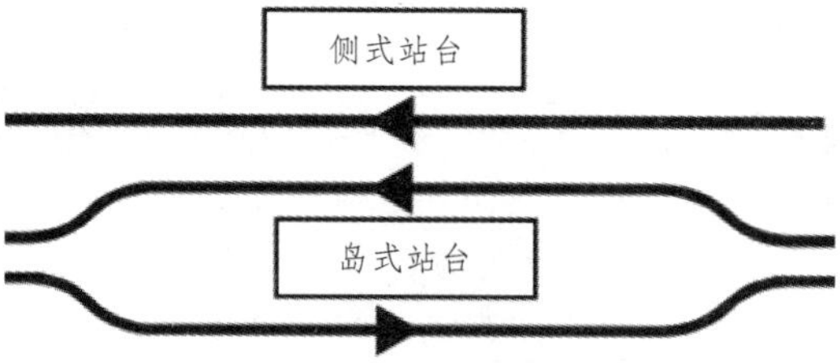


图 1-9　一岛一侧式车站示意图

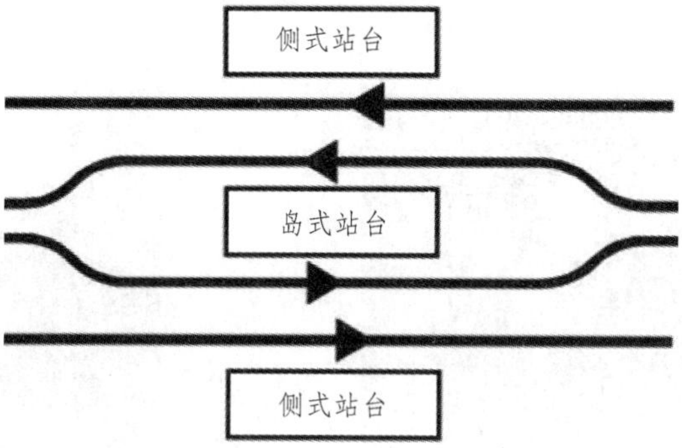


图 1-10　一岛两侧式车站示意图

混合式车站，工程造价高，管理复杂。

因城市建设需要考虑诸多因素，如工程条件、城市建筑布局、地理地质条件等，因而不能将所有站台都设计为同一种。

## 任务解析

弄清楚了车站的类型划分，由于列车停靠的车站站台类型不同，开门的方向自然就不同。岛式车站是在列车运行前方的左侧开门，而侧式车站是在列车运行前方的右侧开门。这也正是案例中，王女士头发被车门夹住后，被迫站了 9 个站的原因。

### （四）按换乘布局分类

换乘站按照换乘方式的不同，可分为同台换乘、结点换乘、站厅换乘、通道换乘和站外换乘等。

## 任务拓展

赵女士来重庆旅游，乘坐飞机到达江北机场 T3 航站楼后，她想乘坐城市轨道交通去朝天门一带观光。假设由你担任赵女士的向导，你会如何安排出行？结合本节的学习内容，查找重庆城市轨道交通线网图，找出出行乘坐方案，指出途经的车站按运营功能分属哪一类的车站，并说明途径车站是哪种站台形式的典型车站。

# 任务二　认识车站的组成及规模

## 任务导入

图 1-11 是赵女士在重庆旅游时，觉得美观就拍下来留念的照片。其 12 岁的儿子看了这些照片以后，发现了其中的不同，并问她具体的名称。假如你是赵女士，你会如何回答？

（a）

（b）

（c）

（d）

图 1-11　车站各组成部分实物照片

## 一、城市轨道交通车站的组成

按照车站建筑空间位置的不同，城市轨道交通车站可分为车站主体、出入口及通道、通风道及地面通风亭三大组成部分。

## （一）车站主体

城市轨道交通车站主体包括：站厅、站台、客运服务设备和辅助用房等。

根据使用功能的不同，车站主体可分为乘客使用空间和车站用房两大部分。

乘客使用空间又可分为非付费区和付费区。非付费区是乘客未正式进入进站闸机前的流动区域，一般非付费区应有一定的空间，包括售票、咨询、商业等。付费区是通过闸机进入后的区域，包括部分站厅、站台、楼梯和自动扶梯等，是为停车和乘客乘降提供服务的区域。

### 1．站　厅

站厅层是乘客集散的主要场所，为乘客提供售检票、安检等服务。地下车站一般将地下一层设为站厅层，如图 1-12（a）所示；高架车站和地面车站一般将地上一层设为站厅层，如图 1-12（b）所示。

（a）地下车站站厅　　（b）高架车站站厅

图 1-12　站厅实物照片

### 2．站　台

站台是车站内高于路面的平台，供车辆停靠、乘客上下车。站台类型有岛式、侧式和混合式。

### 3．客运服务设备

城市轨道交通车站的客运服务设备主要包括：自动扶梯、垂直电梯、自动售检票系统、导向标识、屏蔽门系统、广播和乘客信息系统等。

### 4．车站用房

车站用房是安置各类设备、进行日常维修及保养设备的场所，主要包括车站设备用房、车站管理用房和车站生活用房三类。

车站设备用房是安置各类设备，进行日常维修保养的场所，主要包括环境控制机房、通信机械室、环控电控室、消防泵屋等，如图 1-13 所示。车站的强弱电应分开控制，有噪声源的设备房要远离乘客活动区。

车站管理用房是车站工作人员的办公用房，主要包括车站控制室、站长室、票务室、售票厅等。车站控制室是车站运营管理的核心，一般应设在便于对售、检票和自动扶梯口等部位进行监视的地方，如图 1-14 所示。

图 1-13　车站设备用房实物照片

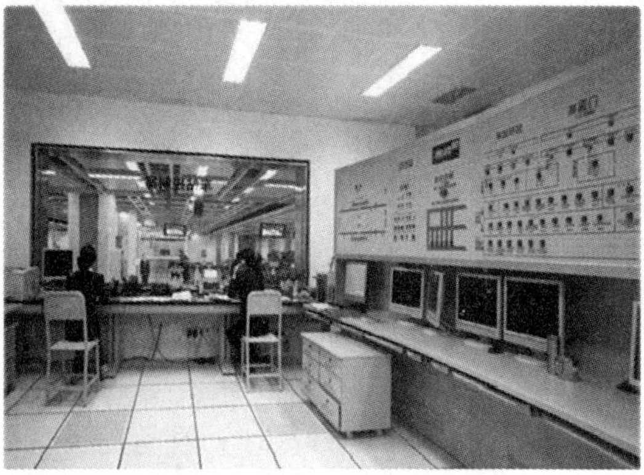

图 1-14　车站控制室实物照片

车站生活用房主要包括更衣室、休息室、卫生间等，如图 1-15 所示。更衣室、休息室等只供工作人员使用，不对外开放。

图 1-15　车站生活用房实物照片

## （二）出入口及通道

出入口是连接城市轨道交通车站与外界地面的通道。每个车站应至少设置两个出入口。其设置位置应选择地面道路相交路口及与其他交通方式换乘方便的人流集中地点，尽量与城市过街通道相结合，有的还与商业区的商场或娱乐场所相连，以方便乘客出行，如图 1-16 所示。

图 1-16　车站出入口实物照片

通道是车站内乘客为到达乘车站台途经的区域，一般有出入口通道［见图 1-17（a）］和站厅层通道［见图 1-17（b）］。其中，站厅层通道又可分为收费区通道和非收费区通道。

（a）出入口通道　　　　（b）站厅层通道

图 1-17　车站通道实物照片

（三）通风道及地面通风亭

由于地下车站四周封闭、空气不流通、客流量大、机电设备多、站内湿度较大，因此空气较污浊，为了及时排除站内的污浊空气，给乘客创造一个舒适的乘车环境，需在站内设置通风与空调系统。

通风道及风亭是为了满足地下车站通风要求而设置的。通风道是车站通风空调系统与外界连通的通道；风道出地面的部分为风亭。

风亭按使用功能的不同分为：新风亭、排风亭和活塞风亭。

新风亭将地面新鲜空气吸入地铁站内，一般修建得比较高，如图 1-18（a）所示。排风亭则将站内的气体排出，一般修建得比较低矮，如图 1-18（b）所示。新风厅和排风亭共同工作，使地铁站内外空气能够循环流通。而活塞风亭用来给车站两端的左、右两条隧道抽风、鼓风。列车在地下隧道内行驶时，车会推着空气走，就像打气筒的活塞运动，车头前面气流堆积，形成压力差，此时活塞风亭阀门就要打开，及时将气体抽排出去，同时将地面新风鼓进车尾隧道，以确保列车在行驶中就能实时与车外空气进行交换。

（a）新风亭

（b）排风亭

图 1-18　风亭实物照片

## 任务解析

通过学习本部分内容后可以知道，赵女士给他儿子展示的照片（图 1-11），均是城市轨道交通车站的各个组成部分。其中，（a）是岛式站台，（b）是地下站厅层，（c）是车站出入口，（d）是车站排风亭。

## 二、城市轨道交通车站的规模

### （一）车站规模等级

车站规模主要指车站站台外轮廓尺寸、层数及用房面积的大小等。车站规模主要根据本站远期预测高峰小时客流量、所处的位置的重要性、站内设备和管理用房面积、列车编组长度及该地区远期发展规划等因素综合考虑确定。

一般情况下，车站规模可分为一级站、二级站和三级站。

一级站，客流量 3 万～5 万人，适用于客流量大，地处市中心区的大型商贸中心、大型交通枢纽中心、大型集会广场、大型工业区及位置重要的政治中心地区。

二级站，客流量 1.5 万～3 万人，适用于客流量较大，地处较繁华的商业区、中型交通枢纽中心、大中型文体中心、大型公园及游乐场、较大的居住区及工业区。

三级站，客流量＜1.5 万人，适用于客流量不大的地区，多为郊区各站。

### （二）车站类型等级

根据不同的轨道交通车站分类，由客流量判断车站等级，依据车站等级及客流特征，明确车站需要配置的交通接驳设施。据此，可将城市轨道交通车站分为枢纽站和轨道交通车站两大类。

枢纽站：包含轨道交通对外枢纽、轨道交通的大型常规公交枢纽、2 条线以上的换乘轨道交通枢纽。枢纽站承担多方式交通换乘的功能，一般需具备较大面积公交换乘场地。枢纽内部采用无缝接驳方式，让乘客便捷地换乘其他交通工具，快速到达出行目的地。各种交通接驳设施规模依据枢纽站的客流量进行估算配置。

轨道交通车站：主要为 2 条轨道交通换乘站、一般车站。其中，轨道交通换乘站及一般车站，主要为片区交通服务，设置专用公交接驳车站有困难，主要利用公交停靠站进行换乘。应本着使用方便的原则，根据不同客流量，使地铁站出入口与居住区主要人流出行通道及公交设施相对应，设置完善的步行设施，引导乘客快速到达目的地。

## 拓展案例

### 沙坪坝站铁路综合交通枢纽

沙坪坝站为高架上跨式车站，采用全立体的布局，是我国首例铁路站场上盖做城市空间利用的项目，即 TOD 项目。同时也是“一带一路”重要支点及成渝双城经济圈发展的重要连接点。TOD 项目是一个以高铁站为核心，立体集纳高速铁路、轨道交通、市政道路、公交、出租、社会车辆等各种交通方式和物业开发的城市综合体。

沙坪坝站利用地下空间，地下共规划 8 层，建设成渝高铁沙坪坝站场站房、综合交通换乘枢纽、相关城市道路工程和城市轨道 9 号线交通节点工程，物业开发等部分。目前，已建成地下 7 层综合立体交通空间，每一层都有相应的交通功能（见图 1-19）。负 1 层为公交车站；负 2 层为出租车站与高铁站台；负 3 层为停车场；负 4 层为高铁换乘大厅和部分停车库；负 5、6 层为停车场；负 7 层为轨道 1 号线、9 号线及环线的进出站换乘大厅、出站通道。设备用房主要分布于盖下负 1、3、6 层。

图 1-19　沙坪坝站铁路综合交通枢纽结构示意图

# 任务三　认识车站工作

## 任务导入

每当搭乘城市轨道交通的时候，你一定会在车站内看到一群身穿制服的挺拔身影。（见图 1-20）他们或在站厅引导，或在站台引导，或在票亭售票。也许在你需要帮助的时候，你会对他们说“诶，服务员，服务员，请问下路”，或者“诶，服务员，帮我买下票”等。他们的名字是“服务员”吗？城市轨道交通车站有哪些工作岗位呢？

图 1-20　车站工作人员剪影

## 一、车站的层级管理

### （一）车站层级管理结构

层级管理是指在组织管理过程中，明确各职位的职责、权力和利益，各在其位，各负其责，严格按照组织程序工作。

通常情况下，城市轨道交通车站实行层级管理制度，其层级管理结构框架如图 1-21 所示，由上至下分别为站长、值班站长、值班员、站务员和票务组。平时，乘客接触最多的就是站务员。

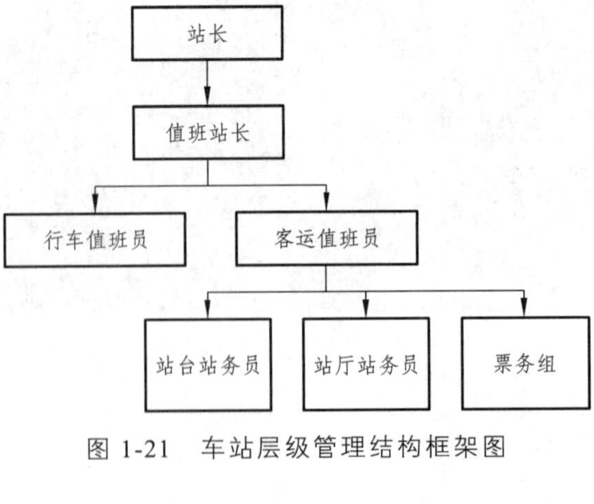


图 1-21　车站层级管理结构框架图

### （二）车站层级管理的权限

1．各层级均具有的管理权限

车站各层级均具有的管理权限主要包括：① 对车站的保洁、保安、施工人员以及站内商铺人员的日常管理；② 对进入车站的乘客按本市的《轨道交通管理条例》和《乘客守则》管理；③ 车站地域管理范围包括车站内部和出入口外 5 m 范围内。

2．值班站长的管理权限

值班站长负责本班内各岗位员工的工作安排管理和考勤考核；对本班内保洁、保安、施工人员以及站内商铺人员的日常管理；对本班内违纪、违章的员工以及威胁到车站安全、乘客安全的行为的处理；站长不在时履行站长职责；及时主动向站长汇报本班的情况，并有权提出本人的意见与建议；对岗位的晋升调整有建议权。

3．值班员的管理权限

值班员负责对本班内站务员、保洁、保安、施工人员以及站内商铺人员的日常管理；对车站的行车、票务、客运、现金、站内设备的安全监控；及时主动向值班站长汇报本班各岗位工作情况和设备设施运行情况；关于车站的管理有权向站长、值班站长、客运中心提出本人意见和建议。

4．站务员的管理权限

站务员负责对本班内保洁、保安、施工人员以及站内商铺人员的日常管理；及时主动向值班站长或值班员汇报当日工作情况；关于车站的管理有权向站长、值班站长、值班员、客运中心提出本人意见和建议。

## 二、车站岗位工作职责

### （一）站长的岗位职责

站长的职责应包括全站的行车、客运和票务管理，员工管理与培训，安全管理，乘客服务，事故处理。站长在其不在时可授权当日值班站长管理车站日常工作。

站长的具体岗位职责包括以下内容：

（1）全面掌握旅客运输业务和国家有关轨道交通客运政策、规定，讲究轨道交通职业道德。

（2）执行分公司、部、中心的有关规章制度，做到有令必行，有禁必止。

（3）负责车站员工的日常管理，统筹安排并协调各岗位的工作，对车站员工进行监督考核并每月汇总一次，定期进行员工教育，掌握员工思想状况，按上级下达的要求定期组织员工培训，提高员工业务技能，定期检查培训效果并总结。

（4）领导监督车站的乘客服务工作，处理乘客投诉、来信、来访、纠纷，汇总服务案例，提高服务质量。

（5）领导监督值班站长行车、客运和票务工作。定期计划、检查、总结车站行车、客运和票务工作。编制并执行车站行车、客运和票务组织方案。

（6）全面负责车站的安全管理工作，组织车站日常的安全检查，发现问题及时处理并督促整改，确保车站行车、票务、消防、治安等工作的正常进行，保证人身安全。

（7）做好车站综合管理，并积极配合和协调各兄弟部门的关系，确保合作顺畅。

（8）每月召开班组管理成员会议，对班组工作质量进行考核，审核班组工作计划，解决各班组出现的问题。

（9）建立员工台账。

（10）完成上级领导交办或外部门需协办的其他工作。

### （二）值班站长的岗位职责

值班站长的职责应包括本班全站的行车、客运和票务管理，员工管理与培训，安全管理，乘客服务，事故处理。站长不在时，值班站长接受站长授权，管理车站日常工作。

值班站长具体岗位职责包括以下内容：

（1）服从站长安排，组织开展本班内员工的工作，对本班内工作全面负责。

（2）掌握列车运行情况，监督值班员接发列车，安排车站行车组织工作。

（3）加强票务管理，负责车站的车票、现金安全及票款的解行，必要时配合票务组开展票务工作。

（4）接待乘客的投诉、来访、来电，做好车站客运服务工作，妥善处理各类服务纠纷，汇总服务问题并及时向站长汇报。

（5）组织全站员工处理突发紧急事故，及时采取有效措施，尽快恢复车站正常运营。

（6）负责本班组车站员工的日常工作安排、考核和技能培训，定期进行本班员工教育，掌握本班员工思想状况。

（7）每月召开班组会议，对本班组工作质量进行考核，解决本班组出现的问题。

（8）负责本班的文件处理，正确规范填写车站的台账资料并及时上报。

（9）负责本班车站日常安全检查，监督行车安全、车站治安、消防安全工作，及时向站长汇报安全情况。

（10）完成上级领导临时交办的其他工作。

### （三）值班员的岗位职责

按工作岗位的不同，值班员可分为行车值班员和客运值班员。

#### 1. 行车值班员的岗位职责

行车值班员负责监控车站行车设备及全站动态、办理车站施工等工作。其具体职责如下：

（1）在值班站长的领导下，负责车站的行车组织工作，并协助值班站长管理本班站务员。

（2）服从行车调度指挥，执行行车调度命令，严格按列车运行图组织行车。

（3）负责监控和操作 LOW，IBP 等，密切关注闭路电视监控系统内各区域情况，控制车站广播，掌握站台乘客动态。

2. 客运值班员的岗位职责

客运值班员负责乘客服务、票卡管理和车站营收统计等工作，具体职责如下：

（1）在值班站长的领导下，负责车站客运和票务管理的工作，组织本班站务员从事客运工作，并对其工作进行监督指导。

（2）负责本班车票的配发、回收和保管工作。

（3）负责本班组售票、车站营收统计的工作以及各种票务收益单据的填写与保管。

（4）负责本班车站收益解行的实施与安全。

（5）协助值班站长组织管理本班站务员、售票员，及时处理乘客相关问题，提供高质量服务。

（6）监督本班售票员、站务员在岗行为。

（四）站务员的岗位职责

站务员是轨道交通行业内直接面对乘客并提供客运服务的人员，其服务包括：售票、检票、站台监护、问询、充值、便民服务等内容。按照岗位职责的不同，可分为：售票员、站厅站务员、站台站务员。

1. 售票员

售票员主要负责人工售票、充值、问询等，其具体职责如下：

（1）在客运值班员领导下，负责本班票务工作，按规定时间开关售票窗口，严格执行“一收、二验、三售找、四清”的作业程序，准确发售票、卡，按规定提示乘客确认票卡面值和找零金额，不得拒收分币。

（2）负责车站本班的询问工作，热情接待乘客，对乘客提出的问题按规定妥善解决。

（3）对无法过自动检票机的票卡进行分析，并按规定处理。

（4）准确填写票务报表、结算单，交清当班票款，发现问题及时处理。

（5）正确使用售票设备，确保售票亭内的卫生清洁，保证客服中心门窗处于闭锁的状态。

（6）负责客服中心的安全工作，加强防范，确保票款安全。

2. 站厅站务员

站厅站务员主要负责巡视站厅设备，扶梯的运行情况，乘客进出站情况等，并主动向有需要的乘客提供服务。其具体职责如下：

（1）注意站厅付费区与非付费区的情况，发现有违规行为及时制止。

（2）认真回答乘客询问，热情帮助乘客，特别是重点乘客（老、弱、病、残、孕等），引导不能顺利进出站的乘客到客服中心处理问题。

（3）留意站厅出入口、自动扶梯口，及时疏导指引乘客，防止过分拥挤，并及时向车站控制室汇报客流变化。

（4）注意乘客携带的物品，严禁携带易燃易爆等违禁物品，禁止乘客携带超长、超大、超重物品，并耐心解释原因。

（5）禁止精神异常、醉酒的乘客进站乘车，及时汇报给车控室，必要时请求警务人员配合，并注意自身安全。

（6）留意地面卫生，及时通知保洁清理，注意检查自动扶梯的运行状态是否良好。

（7）协助值班站长、值班员更换钱箱、票箱，保证站厅票务工作的安全。

（8）站厅、出入口范围内发生安全危险事件要及时赶到现场，注意保护现场并寻找 2 名以上目击证人。

（9）运营时间内每 2 h 巡视一次出入口并报告车控室做记录。站厅、出入口范围内发现分发非地铁宣传品和故意损坏地铁公共设施的行为时，应及时采取措施并报告车控室。

3．站台站务员

站台站务员主要负责接发列车，维持站台秩序，监视列车运行状态，处理在接发列车过程中的突发事件等。其具体职责如下：

（1）按规定巡视、立岗，负责维护站台秩序和卫生情况，帮助乘客，按本公司《乘客服务工作标准》回答乘客问题，提醒乘客进站时尽量于紧急停车按钮附近站岗，确保屏蔽门及其内部区域的安全，强调安全线内候车，组织乘客有序乘降，严肃制止抢上抢下行为。

（2）监视列车运行状态，乘客候车动态，监督列车门、屏蔽门开关情况，发现夹人、夹物立即按压紧急停车按钮并汇报车控室，协助车辆监控员做好处理。

（3）终点站站台岗负责列车折返时的清客工作，当收到列车须在本站清客的通知时，应立即清客，维持好站台秩序并做好解释工作，清客完毕后报告值班站长。

（4）站台站务员与司机之间做好车站联控，发现异常及时通知司机，司机必须回复；司机要求车站协助时，车站必须按规定配合。

（5）收到晚点通知时，维持好站台秩序，安抚候车乘客，按本市《轨道交通运营应急信息发布制度》发布信息。

## 任务解析

通过学习本部分内容后可以知道，在车站内看到的身穿制服的挺拔身影，他们的名字不是“服务员”。根据其岗位职责的不同，应该是站厅站务员、站台站务员、售票员中的一员，他们都属于客运值班员。此外，车站的工作岗位还有行车值班员。客运值班员和行车值班员都隶属于值班站长的管辖。

## 三、车站岗位工作流程

### （一）值班站长工作流程

1．运营时间前

（1）与早班值班站长交接，熟知上一班运营情况，更换上班员工照片。

（2）检查各种钥匙、行车备品、对讲设备、执法证、文书票据，检查“当班情况登记本”“钥匙借出登记本”“车站巡视检查本”“施工登记本”等台账并做好交接，完成交接后在“当班情况登记本”上签名。签名后如果出现交接班不清楚的问题应由接班的值班站长负责。

（3）安排开站，在首班运营列车到达前配票给早班售票员，并与晚班售票员结账。

（4）做好运营前的行车准备工作：运营前 30 min 检查线路出清情况并报告行调；首班运营列车到达前 20 min 确认车站照明和 AFC 设备开启情况；首班运营列车到达前 10 min 确认车站全部出入口已开启。

2．运营时间

（1）交接完毕，巡视各岗位作业情况，布置完成相关工作。

（2）定期巡视各出入口、站厅、站台情况，填写巡站记录与相关台账。

（3）配票给中班售票员，并与早班售票员结账。

（4）阅读近几天文件及会议精神，落实新文件相关工作。

（5）配票给晚班售票员，并与中班售票员结账。

（6）做好尾班车客流组织。

（7）做好晚上的施工布置工作。

（8）整理填好台账，检查行车备品柜，做好交接班准备。

3．运营时间后

（1）巡视车站出入口关闭情况，做好关站工作。

（2）检查当天的执法证、执法文书、台账等是否填写完整。

（3）检查保洁员卫生完成情况。

（4）登记当天全站员工工时。

（5）完成施工作业处理，监督施工人员线路出清工作。

（6）回收票亭钥匙，打印当天票务报表。

（7）与客运值班员更换自动售票机 TVM 的钱箱并做清点。

### （二）值班员工作流程

值班员分为早、晚两班，一般早班时间为 8:00 至 20:00，晚班时间为 20:00 到次日 8:00。

1．早班值班员

（1）与夜班值班员交接、签到，清楚上一班工作情况，认真学习重要文件和有关通知内容。

（2）检查行车备品、钥匙、车票、现金等票务设备备品，填写交接的相关台账。

（3）检查上一班票务报表。

（4）协助值班站长处理车站基本工作，填写各类相关台账、报表。

（5）定时检查 FAS、BAS 等设备运行状态和客流情况。

（6）特殊情况时，顶替售票、补票工作。

（7）统计好本班的车票、现金、发票等票务备品，做好相应记录。

（8）做好交接班准备工作。下班后，在“车站人员签到簿”上签名。

2．晚班值班员

（1）与早班值班员交接、签到，清楚上一班工作情况，认真学习重要文件和有关通知内容。

（2）定期巡视车站，填写各类相关台账、报表。

（3）运营结束前 5 min 关闭所有 TVM 和进站闸机，协助值班站长做好尾班车的客运服务工作。

（4）运营结束，与售票员结账，收取 TVM 钱款，核对钱款封包，填写相关台账，最后签字确认。

（5）配合站长做好施工作业的管理工作。

（6）开站前协助值班站长巡视车站出入口，做好配票工作，开启 TVM 和闸机。

（7）完成所有相关台账填写，准备交接班。

（8）完成交接班工作。下班后，在“车站人员签到簿”上签名。

### （三）站务员工作流程

1．站厅站务员

（1）上岗前在车控室签到，了解学习相关文件和有关通知。

（2）领取相关钥匙，包括扶梯钥匙、边门钥匙、屏蔽门钥匙、对讲机和站厅/站台应急卡，并在“钥匙借出登记本”“车站备品领（借）用登记本”上登记。

（3）带齐备品准时到岗。

（4）到岗后按巡视制度对站厅定期巡视，并报告车控室。

（5）指导乘客正确使用自动售检票系统 AFC，认真解答乘客问题并给予正确指引。

（6）注意站厅的设备运行，发现故障及时上报车控室维修。

（7）注意站厅所有人员动态，发现乘客有违反乘车规定、影响车站安全运营的行为及时制止并上报。

（8）当客流较大、乘客排队较长时，及时疏散引导乘客。

（9）按规定与售票员进行顶岗交接班。

（10）听从车控室安排，协助其他相关工作。

2．站台站务员

（1）早班岗到车控室签到并学习相关文件，领取钥匙与备品上岗。

（2）检查站台亭内物品并在交接本上登记。

（3）做好上下行列车接发、列车折返时清客的工作，监督乘客的乘车安全，解答乘客问题。

（4）发现危及行车安全等突发事件及时按规定采取措施。

（5）与顶岗员工交接后，到会议室休息并学习文件，休息回岗后继续负责之前的工作。

（6）中班站台岗签到交接，检查钥匙、备品和线路情况并报告车控室。其他工作流程与早班站台岗基本一致。

（7）尾班车过后交还钥匙与备品。

### （四）售票员工作流程

（1）按规定时间到岗，在车控室学习相关重要通知和注意事项后领票，进入售票亭，登录 BOM，摆放好车票、硬币和备用金，做好上岗前的准备。

（2）开窗售票，保持票亭内部整洁，票证、报表和钱袋摆放整齐。

（3）严格按售票作业流程工作，出售储值票和办理充值卡业务前后请乘客确认显示屏上的信息。出售车票时应按“一收、二验、三售找、四清”的程序。

（4）当报表、硬币、车票和发票不够时，提前向值班站长汇报，做好工作预想。

（5）进出车站票亭要锁好门，不可以让非当班人员进入。如非当班工作人员或其他车站员工要进入票亭，必须得到当班值班站长或以上级别人员的许可，在有值班员或以上级别人员陪同并填写“票亭进出登记本”方可进入。

（6）在售票过程中发现或回收乘客的单程票，必须及时投放到车票回收箱。

（7）顶岗吃饭必须按规定交接，及时退出 BOM 并锁闭加封好票盒才可离开票亭。

（8）售票结束后与接班售票员进行票务备品、钥匙、对讲机和票亭卫生的交接，交接完毕，将本班报表、现金、车票整理好，按规定的结账程序结账。

（9）如之后没有其他工作安排，参加完车站的交接班会议后到车控室签到。

（10）晚班售票员准时签到上岗，工作内容、注意事项与早班基本一致。

（11）在最后一趟列车到站前 5 min 停止对该方向乘客兑零售票，提醒进站乘客，防止乘客购买已停止服务方向的车票，并做好相关解释工作。

（12）列车服务结束，确认全部乘客已出站后退出 BOM，摆好“暂停服务”牌，整理好票亭内务，做好票亭卫生工作。

（13）将所有现金、车票整理好按规定的结账程序结账。

## 四、车站岗位标准化作业

### （一）售票/充值作业

严格执行“一收、二验、三售找、四清”的一次作业程序准确发售车票，按规定提示乘客确认票卡面值。

一收：收取乘客购票票款，要求严格执行 50、100 大面额钞票“唱票”服务，严禁拒收旧钞、零币、分币。

二验：验明钞票真伪后放在桌面上（防止出现忘记找零的情况），如票破损严重或疑似为假钞，向乘客说明情况并请乘客调换，“对不起，请换一张。”

三售找：出售票卡或充值，并找零。售票员必须严格执行“找零一次完成”的作业要求，将票卡、找零、票据一起交给乘客。出售公交卡时，应说明押金金额，充值前后应两次提示乘客确认。

四清：等乘客离窗口后，方可清理桌面钞票。

### （二）检（验）票作业

售票员应严格按照“一迎、二导、三处理”的作业程序指导乘客正确使用票卡，对无法进出站的票卡进行处理，维持良好的进出站秩序，并随时监督闸机运行状况。

一迎：面向乘客，站立服务。

二导：指导乘客进出闸机，对不能正常进出闸机的票卡进行分析。

三处理：第一，票卡按规定更新处理，按情况规范发售免费出站票，并做好记录；第二，废卡要及时投入废票箱；第三，严格按规定管理专用通道，对可免费乘车的优待人员认真做好验证工作，使用专用通道做到随开随关，并正确记录，如正在进行服务工作的，需在服务空闲期间，及时补登记。

### （三）站台接发列车作业

站台站务员接发列车作业的流程：一看、二接、三送。

一看：列车进站前，站在安全线内的规定接车位置，面向列车进站方向，目光左右巡视，确认线路无障碍；引导乘客在安全线内候车，宣传安全候车。若发现轨道上有异物或有危及列车安全运营和乘客安全的情况，立即向驾驶员发出停车信号或按下紧急停车按钮，并向行车值班员汇报。

二接：列车头部接近站台时，转体 90° 面向列车；列车停稳后，应注视车门开启情况及乘客上下车情况，宣传“先下后上，有序乘车”；列车关门时，如车门和屏蔽门未正常关闭，站台岗工作人员要及时上前处理。

三送：列车启动时，注意列车动态及站台情况，如有异常，及时通知值班站长或行车值班员；当列车尾部经过接车位置时转体90°，面向列车出站方向，目送列车出站。

（四）站厅巡视作业

站厅站务员在厅巡过程中，除监测车站设备运行状况外，还应积极主动为乘客提供服务。为乘客提供便民服务时，应做到“一观、二问、三帮”。

一观：注意观察服务中心周围有困难的乘客。

二问：对前来求助的乘客主动询问情况。

三帮：主动提供帮助。

（五）安检作业

安全检查作为与乘客安全息息相关的一项工作，必须严格、规范地处理，检查人员应该以规范的服务流程完成安检工作。安检服务应遵循一迎、二操作、三告别的基本流程。

一迎：面向乘客，站立服务。检查之前，应主动提示：“您好，请接受安检，谢谢您的合作。”

二操作：检查操作时，应主动伸手去帮助乘客把包放到检测仪上或抬到桌子上。

三告别：检查之后应向乘客表示感谢“给您添麻烦了，请您慢走”，并帮助乘客把行李从监测仪上拿下来。

# 情境再现

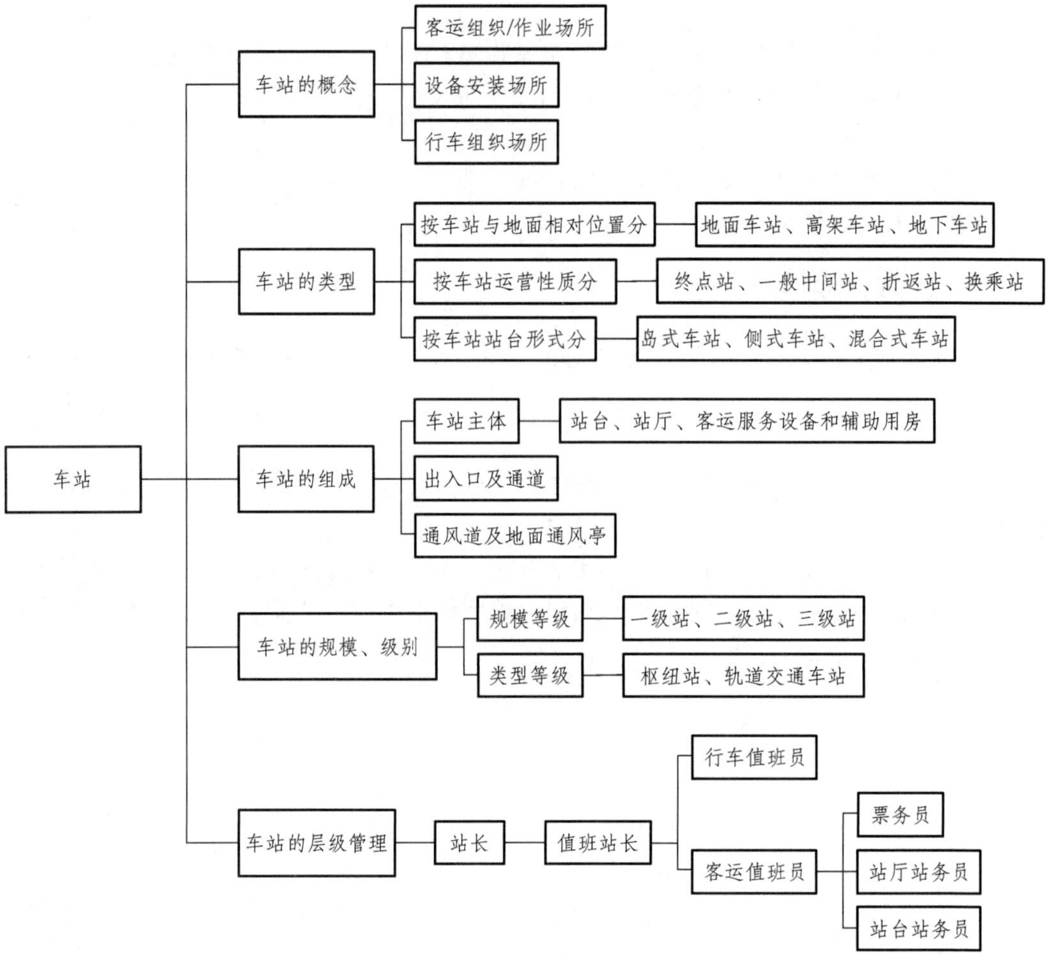

车站
车站的概念
客运组织/作业场所
设备安装场所
行车组织场所
车站的类型
按车站与地面相对位置分
地面车站、高架车站、地下车站
按车站运营性质分
终点站、一般中间站、折返站、换乘站
按车站站台形式分
岛式车站、侧式车站、混合式车站
车站的组成
车站主体
站台、站厅、客运服务设备和辅助用房
出入口及通道
通风道及地面通风亭
车站的规模、级别
规模等级
一级站、二级站、三级站
类型等级
枢纽站、轨道交通车站
车站的层级管理
站长
值班站长
行车值班员
客运值班员
票务员
站厅站务员
站台站务员

# 课后习题

## 一、判断题

1. 城市轨道交通车站的部分车站具有折返、存车等功能，以满足安全、迅速、方便地组织乘客进出的运营要求。(　　)

2. 站厅层是乘客集散的主要场所，为乘客提供售检票、安检等服务。(　　)

3. 根据站厅层的功能需要，可划分为设备区、公共区。公共区可划分为付费区、非付费区。(　　)

4. 所有车站都有站厅层。(　　)

5. 车站站台可分为岛式站台、侧式站台。(　　)

6. 车站站台首选方式是侧式站台。(　　)

7. 枢纽站承担多方式交通换乘的功能，内部多采用无缝接驳方式。(　　)

8. 在正常情况下车站实行层级负责制，由上至下的顺序依次为：站长、值班站长、值班员、站务员和票务组。(　　)

9. 站厅站务员每 20 分钟巡视一次。(　　)

10. 发售票卡的作业流程是“一收、二验、三售找、四清”。(　　)

## 二、单项选择题

1. 关于城市轨道交通车站功能的描述，不正确的是（　　）。
   A. 车站是地铁系统的重要组成部分，是客流集散的场所
   B. 车站具有供乘客乘坐、换乘及列车到发、通过的分界点
   C. 车站不能供列车停车检修，但有提供临时待避的功能
   D. 车站是城市轨道运营设备集中设置的场所

2. 地铁车站站厅的功能是（　　）等。
   A. 客运服务　　B. 候车
   C. 乘车　　D. 集散客流

3. 重庆轨道交通车站中，下列车站不是双站厅的是（　　）。
   A. 李子坝站　　B. 曾家岩站
   C. 平安站　　D. 马王场站

4. 以下关于岛式车站描述正确的是（　　）。
   A. 上卜行线路设置在站台两侧　　B. 上下行线路设置在站台中间
   C. 上下行线路与站台平行　　D. 上下行线路在站台一侧

5. 岛式站台的优点是（　　）。

A. 站台利用率低　　B. 建筑费用大

C. 容易造成交错混乱　　D. 便于乘客中途折返

6. 岛式站台多用于（　　）车站。

A. 高架　　B. 地下　　C. 轻轨　　D. 所有

7. 侧式站台的优点是（　　）。

A. 站台分别利用，利用率高　　B. 管理分散不方便

C. 结构简单，建筑费用省　　D. 管理集中方便、便于乘客中途折

8.（　　）不是地铁车站的组成部分。

A. 站厅　　B. 隧道　　C. 出入口　　D. 生产用房

9. 站务员应提前（　　）分钟到岗。

A. 5　　B. 10　　C. 15　　D. 20

10. 站务员的下列行为正确的是（　　）。

A. 收款不给票　　B. 乘客找零未拿不上交

C. 多收钱少给票　　D. 拾到失物上交

## 三、多项选择题

1. 地铁车站按运营功能不同可分为（　　）。

A. 高架站　　B. 终点站

C. 中间站　　D. 换乘站

E. 检修站

2. 站厅的布置方式主要有（　　）。

A. 位于车站的一端　　B. 位于车站两侧

C. 位于车站的下层　　D. 位于车站的上层

E. 位于车站两侧的上层或下层

3. 有关岛式站台的特点，下列说法不正确的是（　　）。

A. 管理较复杂　　B. 成本较高

C. 面积利用率高　　D. 艺术效果较佳

E. 便于乘客中途折

4. 以下有关重庆轨道交通车站的说法，正确的是（　　）。

A. 李子坝站是单轨高架车站　　B. 红土地站是国内最大的车站

C. 重庆西站是双岛式车站　　D. 朝天门站为一岛两侧式车站

E. 跳蹬站、大坪站和陈家坪站均是岛式车站

5. 车站主要由（　　）组成。

A. 通道　　B. 人行天桥　　C. 站厅

D. 站台　　E. 风亭

6. 车站的规模包括（　　）。

A. 出入口数量　　B. 通道的数量　　C. 层数

D. 用房面积　　E. 站台外轮廓尺寸

7. 下列站务员管理权限的说法，正确的有（　　）。

A. 对本班内保洁、保安、施工人员以及站内商铺人员的日常管理

B. 及时主动向值班站长或值班员汇报当日工作情况

C. 对车站的行车、票务、客运、现金、站内设备的安全监控

D. 向站长、值班站长、值班员和客运中心提出本人意见和建议

E. 对岗位的晋升调整有建议权

8. 站务员按照岗位职责的不同，可分为（　　）。

A. 售票员　　B. 站厅站务员　　C. 值班员

D. 值班站长　　E. 站台站务员

9. 站务员在出入口、站厅、站台，对于（　　）应进行劝阻。

A. 长时间逗留人员　　B. 坐卧乘客　　C. 接打电话乘客

D. 闲杂人员　　E. 排队购票乘客

10. 在（　　）的情况下，站务员应劝阻乘客进站。

A. 携带婴儿推车的乘客　　B. 乘客携带危险品

C. 乘客醉酒闹事　　D. 乘坐轮椅的残疾乘客

E. 乘客携带规定尺寸的大件物品

## 四、简答题

1. 简述城市轨道交通车站的分类。
2. 简述中间站与区间站的相同点与不同点。
3. 简述城市轨道交通车站的构成及其功能。
4. 简述站务员的岗位职责。
5. 简述站厅站务员的标准化作业要求。

# 情境二 城市轨道交通车站设备管理

车站设备是城市轨道交通运营的重要工具，技术专业涵盖了计算机、大数据、机械制造、通信、信号传输等多个领域。从运营的功能来看，城市轨道交通车站设备主要分为客运服务类和行车技术类。为了保证知识的连贯性、学习的高效性，本书将行车技术设备放在情景三中，结合车站行车组织工作的内容一起学习。本情境主要介绍客运服务类设备，包括自动售检票系统、导向标识系统、屏蔽门系统、环境监控和地下通风系统、火灾报警系统（FAS）和给排水系统。

[学习目标]

1. 了解城市轨道交通车站设备的概念。
2. 掌握城市轨道交通车站设备的类型。
3. 掌握城市轨道交通车站设备的组成和功能。
4. 熟悉城市轨道交通车站设备的简单原理。

## 任务一 自动售检票系统

### 任务导入

我们乘坐城市轨道交通的时候，是怎样购票、检票的？售票、检票过程中有哪些设备是你见过或者用到的？这些设备又是如何操作使用的，遵循什么样的工作原理？

### 一、自动售检票系统简介

自动售检票系统，简称 AFC，是英文 Automatic Fare Collection System 的缩写。它是基于计算机、通信、网络、自动控制等技术，实现轨道交通售票、检票、计费、收费、统计、清分、管理等全过程自动化的系统，是城市轨道交通系统中的运营核心子系统。由于城市轨道交通客流巨大，单纯地依靠人工售检票很不现实，因此自动售检票系统被广泛地应用在城市轨道交通领域。

AFC 系统作为城市轨道交通系统重要的“窗口”服务设备。它的意义不仅局限于解决车票发售、车票检验这些表面上的工作程序，而是被赋予了更深层次的“服务”含义。它向乘客展现的是客运服务的便捷程度，向管理者提供的是科学的管理依据。而这些，最终都是在日常运营中通过运营服务和运营管理的方式对自动售检票系统的功效进行多方位展现。

自动售检票系统综合了机械、电子、通信、计算机等学科，替代传统的人工售检票，实现了在地铁运营环境中售票、进站检票、出站检票、票务数据统计和处理等环节的自动化，杜绝了人为因素的影响，体现了地铁票务管理的现代化水平，同时也极大地方便了乘客。

## 二、自动售检票系统的组成

目前，国内外城市轨道交通已建和在建线路的自动售检票系统都是按照“系统结构简单、扩充灵活、经济合理、管理方便”的原则设计的。在此原则的基础上构建的五层架构模式已经是目前国内外各城市的主要设计方案，在纽约、伦敦、东京、北京、上海、广州、重庆等城市地铁中得到广泛的应用。

AFC 系统的层次结构是按照全封闭的运行方式，以计程收费模式为基础，采用非接触式 IC 卡为车票介质，根据各层次设备和子系统各自的功能、管理职能和所处的位置进行划分的。五层架构 AFC 系统总体结构如图 2-1 所示，第一层是城市轨道交通清分中心，第二层是线路中心计算机系统，第三层是车站计算机系统，第四层是车站终端设备，第五层是车票。

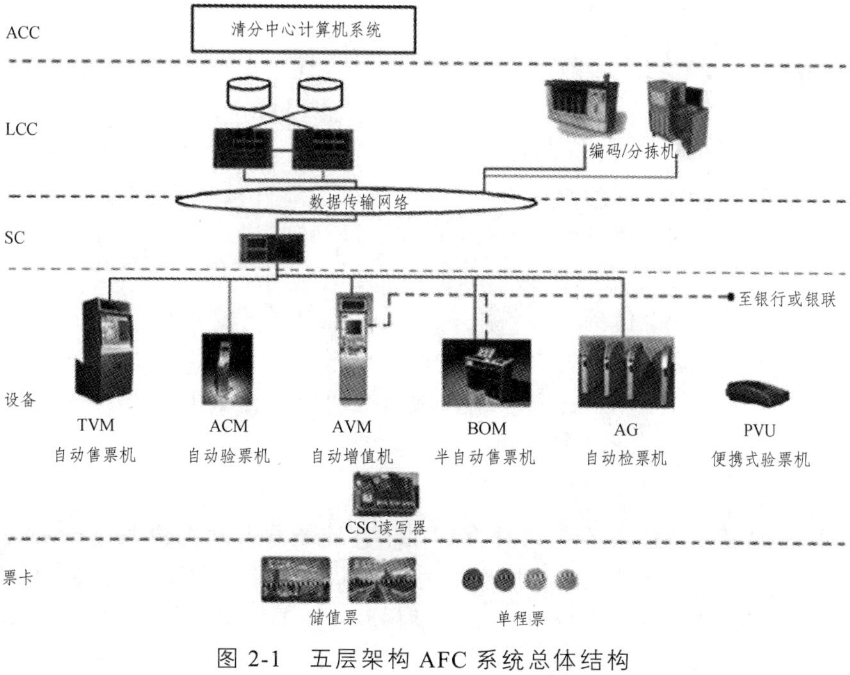


图 2-1　五层架构 AFC 系统总体结构

### （一）城市轨道交通清分中心（ACC）

ACC 为各线路统一制定、发行和管理轨道交通专用车票，实现互联互通，并实现城市公共交通一卡通系统在轨道交通各线路中的应用（即“一票通”和“一卡通”），负责对各联网线路“一票通”收益做清算、对账、系统安全管理及有关数据处理等以及各联网线路与 IC 卡公司之间的“一卡通”清算、对账等业务。ACC 作为城市轨道交通线网 AFC 系统最上层的管理中心，它代表所有轨道交通线路负责向其他部门和单位进行票务事宜的联系、协调工作。在正常运营情况下，ACC 对各线路运营起监控作用，并提供协调各线路的票务服务；在降级情况或紧急情况下，ACC 负责协调各线路的运营。

ACC 是 AFC 系统联网收费清分中心，负责轨道交通“一票通”“一卡通”所必需的运行管理，它将制定所有与 LCC 接口相关的接口及 AFC 系统的技术标准和业务规则。ACC 对各个线路进行统一的业务规范管理（通过参数制定统一的交易规则、清算规则）、票务管理（票卡格式制定、票卡采购、制票与分发）、安全管理（SAM 卡发行、安全认证），并实施清算（轨道交通与公交“一卡通”系统之间的清算、ACC 与各轨道交通线路之间的清算）。

### （二）线路中心计算机系统（LCC）

线路中心计算机系统是整个系统承上启下的重要环节，完成数据交易、审核、统计、传送等工作，收集本线路 AFC 系统产生的交易和审计数据，并将此数据传送给城市轨道交通清分系统并与其进行对账，规定了对该线路的车票票务管理、运营管理及系统维护的技术要求。

### （三）车站计算机系统

车站计算机系统是 AFC 系统中的重要组成部分，在整个 AFC 系统中，车站计算机系统负责对本车站内部的所有设备进行实时监控，并可对车站 AFC 系统运营、票务、收益以及维修等功能进行集中管理。车站计算机能够收集、处理车站内各类数据，并上传到 LCC，接收 LCC 下达的各类系统参数，并下载到车站各终端设备；可接收 LCC 下达各类系统命令，并上传到各终端设备，同时可根据需要自行向车站设备下达控制命令，并将该操作记录上传到 LCC。车站计算机系统主要包括车站服务器、监视管理工作站、票务工作站、维修工作站、紧急按钮控制箱、打印机等。

### （四）车站终端设备（SLE）

AFC 系统的服务功能主要是通过设置在车站现场的自动售检票设备来完成的。车站终端设备安装在各车站的站厅，是直接为乘客提供售检票服务的设备。按应用分类，车站终端设备主要包括自动售票机、半自动售票机、自动检票机、自动查询机等。

1．自动售票机（TVM）

自动售票机安装在非付费区内（见图 2-2），主要用于乘客自助购买轨道交通单程票及对轨道交通储值票进行充值操作，同时自动售票机通过车站局域网与车站计算机连接，接收有关参数及控制命令，上传有关的交易、现金、钱箱更换、票箱更换及设备状态等数据。

图 2-2　自动售票机（TVM）

2．半自动售票机（BOM）

半自动售票机也叫人工售票机，是一种功能较全面的终端设备，一般设于车站售票亭和补票亭（见图 2-3）。半自动售票机可以向非付费区乘客提供售票服务，也可以向付费区的乘客提供补票服务，具体根据其所在票亭位置的不同，通过设置来实现其向乘客提供不同服务的功能。

图 2-3　人工售票机（BOM）

3．自动检票机（AGM）

自动检票机包括进闸机、出闸机、双向闸机。（见图 2-4）自动检票机设在公共区付费区和非付费区的分隔带上。自动检票机满足乘客右手持票快速通过闸机，同时通过车站局域网与车站计算机连接，接收有关参数及控制命令，上传有关的交易、班次及设备状态等数据。在时段客流方向明显的车站，如果站厅面积狭窄，可根据实际情况设置可调的双向闸机。

图 2-4　自动检票机

4．自动查询机（TCM）

自动查询机安装在非付费区，主要供乘客自助查看车票的信息及有效性，显示车票基本信息（票种、车票有效期等）及车票内记录的使用历史（交易类型、交易时间、交易地点、交易金额等），读取信息过程的同时不修改车票上的任何数据。

5．便携式验票机（PCA）

便携式验票机是供票务及稽查人员使用，以方便其随时随地检查乘客车票及车票的交接。便携式验票机的主要功能包括：① 对各种车票进行限时、限程的有效性核查；② 对越站、超时及无效票进行显示和声音提示；③ 检验轨道交通及公交“一卡通”系统发行的车票；④ 乘客显示屏上显示车票的有效期、余额、历史交易等信息；⑤ 与车站计算机或工作站连接，接收有关参数等功能。

（五）车　票

城市轨道交通常用的车票种类有：单程票、储值票、乘次票、出站票、纪念票、赠卡、员工票、测试票等（见图 2-5）。车票是记录乘客乘车信息的媒介和载体，能记录车票的系统编号、安全信息、车票种类、个人信息、进出站信息、金额、有效期、历史交易记录等信息，与车站售检票终端设备共同完成系统自动售票、检票功能。

图 2-5　部分票卡种类

## 三、自动售检票终端设备的原理及操作方法

### （一）自动售票机

#### 1. 自动售票机的结构

自动售票机（Ticket Vending Machine，TVM），设于车站非付费区，用于乘客自助式购买地铁单程票和对储值票进行充值。

自动售票机主要以主控单元（ECU）为核心，辅以现金处理装置、车票处理装置、乘客显示器、打印机、电源等模块，根据需要，配置触摸屏、运营状态显示器、银行卡读写器及密码键盘等部件。

自动售票机结构说明如下：

（1）电源模块：直流开关电源，为内部各模块提供直流供电。

（2）不间断电源（UPS）：外部供电异常时保证最后一笔交易的完整性。

（3）硬币模块：接收乘客投入的购票硬币及实现硬币找零。

（4）纸币模块：识别并接收购票或充值的纸币，逐张插入，一起返还（最大 15 张）。

（5）维护面板：操作员登录接口，通过其实现设备检测维修及运营结账。

（6）凭条打印机：打印充值交易凭证及运营维护信息。

（7）票卡发售单元：对单程票进行赋值、发放，单次最大张数可进行设定。

（8）主控机（TVM 机）：负责运行控制软件，完成车票处理、现金处理显示、数据通信、状态监控等功能。

#### 2. 自动售票机的功能

自动售票机的基本功能是通过乘客的自助式操作完成自动售票。自动购票的基本过程包括购票选择、接收购票资金、自动出票及找零等过程，必要时还可以打印充值凭证等。自动售票机可接受硬币、纸币和扫码支付购买单程 IC 票卡，也具有通过上述三种方式对“一卡通”和地铁专用储值票进行充值的功能。同时自动售票机预留了其他数据接口和电气接口的物理空间，方便支付方式的扩展。

自动售票机主要实现如下功能：

（1）接受乘客的购票选择，并在购票过程中给出提示信息及操作指导。

（2）可以接受乘客投入的现金（或储值票、信用卡等其他付费介质）并自动完成识别，对无法识别的现金（或储值票、信用卡）予以退还。

（3）自动计算乘客投入的现金数量及购票金额，自动找零。

（4）自动完成车票校验、车票发售及出票。

（5）对各部件的工作状态进行自动监测，并向车站计算机系统上报工作状态。

（6）接受车站计算机系统下发的参数和控制命令，并执行相应的操作。

（7）存储并上传交易信息。

（8）对本机接收的现金及维护操作进行管理。

### 3. 自动售票机的操作方法

（1）购票方法介绍。

第一步，选择地铁线路。站在自动售票机前，可以看到地铁网络化运营的线路图，用手指轻触要去往的地铁线路，就会出现整条线路的界面。

第二步，选择目的地车站。选择完线路后，将进入整条线路的画面，用手指轻触目的地车站的站名，就会出现购票的界面。

第三步，选择购票数量。选择完车站后，将进入购票界面。在屏幕左方将显示“目的车站”“车票单价”“应付金额”等信息，右方可直接选择所要购买的车票数量。

第四步，付款。根据屏幕中显示的“应付金额”，将纸币或硬币投入自动售票机右上方的车费投币口，或使用手机银行、第三方支付方式扫码支付。

第五步，取走车票和找零。待车票及找零全部落入托盘后再取出，以避免车票及找零散落到地面上。

（2）充值操作介绍。

第一步，乘客在主界面右下方选择充值按钮，TVM 将切换到充值界面，提示插入储值卡，此时选择线路按钮和地图按钮均无效。

第二步，将储值卡插入面板上的插卡口，系统会自动识别卡的类别。此时按取消按钮可取消当前的充值操作，并退出乘客储值卡。

第三步，乘客根据界面提示，输入充值金额，TVM 提示选择现金支付或二维码支付。此时将纸币或硬币投入自动售票机右上方的车费投币口，或使用手机银行、第三方支付方式扫码支付充值款。此时按“取消”按钮可取消当前的充值操作，TVM 将返还乘客投入的所有现金并退出乘客储值卡。

## （二）半自动售票机

半自动售票机（Booking Office Machine，BOM），通常安装在售/补票亭或车站服务中心内，采用人工方式完成车票发售、加值、车票分析（验票）、退票及其他票务服务。因此，BOM 也称人工售/补票机或票房售/补票机。

功能单一的半自动售票机应部署于非付费区，而半自动补票机则用于付费区内服务。功能结合的 BOM 机可以同时为非付费区与付费区服务，兼顾售票及补票功能，使用同一车票处理设备，但需对两个区域分别设置单独的乘客显示器，分别处理不同区域的乘客服务。

1．半自动售票机的结构

BOM 以主控单元为核心，辅以车票读写器、乘客显示器、打印机、电源等模块，还可以根据需要配置触摸屏、车票处理装置、银箱等部件。主控单元一般选用高可靠性工业级计算机设备，也可以选用高档的商用计算机，需要具有丰富的外部接口以支持外部设备的连接，并需要保留部分接口以支持未来设备的扩展。

BOM 机可以使用鼠标、键盘等通用输入设备，也可以配置触摸屏。半自动售票机还可以配置支持自动发售车票的车票处理装置以完成车票自动发售功能。自动发售车票的车票处理装置与自动售票机中的车票处理装置类似，在接收到主控单元的命令后，可以自动完成供票、车票读写及出票功能。

2．半自动售票机的功能

BOM 是在车站中以人工方式为乘客提供服务的售/补票设备，放置于车站售票和补票室内，其主要功能如下：

（1）售票、补票、充值、更新、替换、退款、记名车票申请、车票挂失、车票分析、车票处理、车票查询、收益管理、审核、报表、打印、操作员操作和间休等功能。半自动售票机通过网络与车站计算机连接，可以接收车站计算机下达的各种参数和指令，也可以向车站计算机及线路中心计算机上传各种数据。

（2）半自动售票机具备离线/在线状态自动检测切换的能力。

（三）自动检票机

自动检票机，简称闸机（Automatic Gate Machine，AGM），位于非付费区和付费区中间，是实现乘客自助进出站检票交易的设备，对有效车票，检票机通过门扇开启或释放转杆，实现通道阻挡解除，允许乘客进出站。

1．自动检票机的分类

自动检票机根据功能的不同，可以分为进站检票机、出站检票机和双向检票机 3 类。

进站检票机：乘客按照指示将车票（非接触式 IC 卡）放在进站闸机的非接触式 IC 卡读写器/天线（以下简称读写器/天线）上，进站闸机将对车票进行有效性检查，如果车票有效，进站闸机将提示并准许乘客进入付费区；如果车票无效，进站闸机将给出相应的声音和文字提示，不准许乘客进入付费区，并且引导乘客到票务处。

出站检票机：

（1）单程票乘客。乘客在完成了旅程离开付费区时，必须将单程票插入出站闸机，出站闸机对车票进行有效性检查，如果车票有效，出站闸机将回收单程票，并提示和准许乘客离开付费区；如果车票无效，出站闸机将给出相应的声音和文字提示，不准许乘客离开付费区，并且引导乘客到票务处。

（2）持其他票种乘客。乘客在完成了旅程离开付费区时，必须将车票放在出站闸机的读卡器上，出站闸机对车票进行有效性检查，如果车票有效，出站闸机将提示和准许乘客离开付费区；如果车票无效，出站闸机将给出相应的声音和文字提示，不准许乘客离开付费区，并且引导乘客到票务处。

双向检票机：既可完成进站检票也可完成出站检票，在非付费区和付费区可分别按照进站和出站的处理规则完成检票功能。

2. 自动检票机的结构

自动检票机以主控单元为核心，辅以阻挡装置、车票处理装置、声光提示装置等模块。主控单元一般选用高可靠性、低功耗的通用型嵌入式计算机设备或工业级计算机设备，需要具有丰富的外部接口以支持外部设备的连接，并需要保留部分接口以支持未来设备的扩展。

（四）自动验票机

自动验票机（Ticket Checking Machine，TCM），通常安装在车站的非付费区，一般位于自动售票机旁边，有的位于售票亭的柜台上，用于乘客自助式查询检查车票的余值、有效使用时间、车票内记录的历史信息等。其主要功能如下：

（1）车票有效性检查，显示有效车票的类型、剩余金额、计次票剩余次数等。

（2）可提供至少 10 条最近的交易记录查询，每条历史交易记录数据包括扣费时间、扣费金额。

（3）有声音提示，并且乘客显示器具备显示中、英文双语的功能。

（4）能够实现自检及自诊断。

## 任务解析

学习完本部分内容，我们可以知道，乘坐城市轨道交通时无论持有哪种车票，无论采用哪种方式购买车票，都要使用自动售检票系统的终端设备。终端设备包括自动售票机、自动检票机、半自动售票机等。

## 任务拓展

钱先生初次乘坐城市轨道交通，不知道如何购票、进站，于是他向车站工作人员询问。如果你是车站的工作人员，你会如何回答呢？

# 任务二　导向标识系统

## 任务导入

当乘客们进入城市轨道交通车站的时候，如何找到售票窗口、自动售票机来购票呢？如何通过闸机、进站乘车呢？当我们在站台候车的时候，又是怎样了解自己乘坐列车的信息呢？没错，车站内的各类提示、警告、禁止标识，以及各类电子信息显示屏都给了乘客们清晰的提示。这部分内容，我们主要介绍车站的导向标识系统如何让乘客在车站内不会迷路。

## 一、导向标识系统简介

导向标识系统是乘客在乘坐城市轨道交通过程中起到提示、警告、禁止等作用的重要系统（见图 2-6）。由于城市轨道交通车站多数为地下车站，且内部结构复杂，设施场所众多，因此需要设置清晰直观的标识系统提醒乘客。

对于进入城市轨道交通系统的使用者而言，按照使用目的可以分为进站乘车。下车出站或换乘其他轨道交通线路，使用车站辅助设施，如公用电话、书报亭、便利店等以及使用车站过街通道功能等 3 类行为。

其中，进站乘车、下车出站以及换乘客流是车站使用者的行为主流，也是导向标志设置应考虑的主要对象。

图 2-6　常见的导向标识

## 二、导向标识系统的组成

导向标识系统是通过特定的符号、文字、标识牌等元素形成统一且连贯的空间指引体系和说明体系，包括各类导向标志，禁令标志及其他设备、设施标志。

1．导向标志

导向标志是引导乘客乘坐列车或向乘客指示服务设施所设置的各类标志，主要有示意各出入口、公交站点的标志，自动或人工售票的标志，进出计费区的标志，乘客方向及站点分布的标志，紧急出口标志，线网示意图及车站周边示意图等，如图 2-7 所示。

图 2-7　提示出口的导向标志

2．禁令标志

禁令标志是限制乘客某些行为的标志，主要有禁止吸烟标志、禁止携带易燃易爆物品标志、严禁跳下站台、禁止攀爬、禁止触摸等标志等，如图 2-8 所示。

图 2-8　列车内的各类禁止标志

3．其他设备、设施标志

其他设备、设施标志包括服务于普通乘客的自动扶梯标志；为盲人提供方便的盲道及供残疾人专用的无障碍通道与垂直电梯的标志、卫生间标志等，如图 2-9 所示。

图 2-9　提示无障碍电梯的标志

## 三、导向标志设置原理

导向标识系统在站内的设置应能够引导人流迅速集散，减少站内停留的时间，以利于提高运营组织效率。

站内的导向标志应能够根据车站内不同功能区域的布局，在区域与区域的分界处，分布设置由图形、符号、文字、颜色等要素构成的导向牌，以作为刺激点，引导人流按自己的目的选择特定的路线，分流形成有规律的站内行走动线。由于站外和站厅层乘客都会在站内汇集，所以导向标志的设置也延伸到站外的特定区域。例如车站出入口附近的道路上，出入口处，站内售补票处，检票处，电话、电梯及人流的分流处，交汇处，拐弯处等。另外，辅助的各种站层、站区、地面信息图等，也是乘客判定自己出行的重要辅助工具。

在导向标志设计中，一般由图形、符号、文字、颜色等要素组成，构成导向“语言”。标志中的文字越少，导向“语素”越接近人的思维辨别和判断习惯，使其既清晰明确，又简洁合理，贴近人性化的需求。导向牌以图形、符号、文字和颜色表示导向。在路外引导时，车站的入口处、站台层进口处、列车车身等位置的导向牌的设计都应统一，保持一致性。

## 四、信息图的设置和应用

下车出站的乘客比进站上车的乘客所需信息量多，他们不但需要检票出站的信息引导，还需要在众多出口中进行选择。信息图可以满足乘客各方面的需求，也是导向标志系统不可或缺的组成部分（见图 2-10）。在车站的站台层设置有关站内各层面的站层图，可引导下车乘客选择车站出口的方向，使用楼梯或电梯，验票出站。在验票口外设置的本车站所在地区站区图，包含车站一定范围内的道路路名、公共建筑、公共交通线路及站点、停车场、主要居住区和车站出口位置等信息，可再次引导乘客选择车站出口方向。在车站出口旁设置与本出口有关的地面信息图，可向出站乘客提供更多的出口周边的详细信息。随着城市轨道交通网络的形成，多条线路在同一车站交会的换乘站也会越来越多，因此应设置逐级引导的导向标志，通过逐级引导，达到对进站、出站和换乘乘客逐级分流的目的。

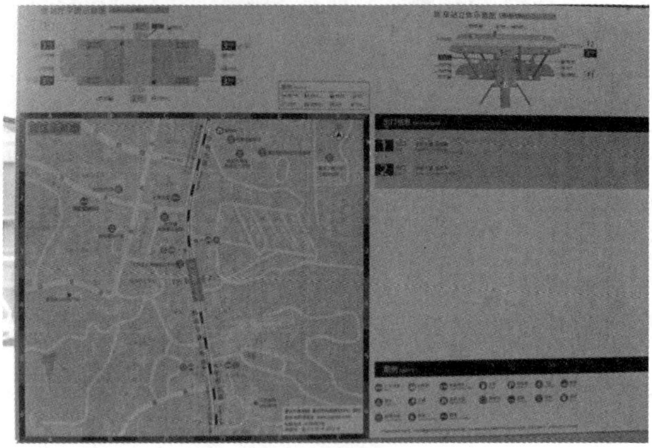

图 2-10　车站出口信息图

## 五、乘客信息系统

乘客信息系统，全称为 Passenger Information System，简称 PIS，主要包括传输网络、媒体播放的软硬件系统及信息显示终端几部分，设有一个中央控制系统及若干车站中继控制系统。它可涵盖城市轨道交通某条线路全线运营区域。信息发布的范围包括下设的车站（站台 PIS），正线行驶的载客列车（车载 PIS）两个部分。

该系统可根据信息发布点地理位置提供相应的实时运营信息（见图 2-11），包括列车预计到达时间和目的地等动态信息，同时也提供广告媒体信息，并可通过系统平台实现实时运营信息和其他服务信息及广告信息之间的切换发布。

图 2-11　乘客信息系统

## 六、轨道交通线路的命名和标识方式

### （一）轨道交通的标志

轨道交通的标志作为轨道交通的形象和符号，可以在轨道交通站外道路引导、车站、列车、票卡和信息系统等广泛使用。我国的城市轨道交通标志大致可分为以下几类：字母、汉字、动植物、列车或轨道形象。

其中以字母作为立意基础的最多，如北京、上海、大连、高雄、长春、重庆、武汉、成都、沈阳、昆明、杭州、哈尔滨、杭州、温州、常州、呼和浩特、厦门、南昌等。重庆轨道交通的标志为 Chongqing Railway Transit（重庆轨道交通）的首字母 C、R、T 组合后的艺术处理，如图 2-12（a）所示。

以汉字作为立意基础的有明显的地域性：太原、郑州、济南、台中、石家庄。郑州地铁的标志，以装饰的艺术手法将“中”字进行变形，喻示郑州从古至今都是华夏的“天地之中”，其形态颇似四通八达、往复运行的轨道，如图 2-12（b）所示。

以动植物作为立意基础的有南京、南宁、福州、洛阳。南京地铁标志以一朵梅花为主体元素，梅花既是南京的市花也是南京城市精神的象征，如图 2-12（c）所示。

突出列车或轨道形象的，如徐州、台州、兰州、乌鲁木齐、合肥、佛山等。兰州轨道交通的标志以渐变的蓝色圆形为背景，是汉字“兰”的变形，将飞驰的列车造型、地铁轨道形态与“兰”字有机结合。将“兰”的上半部分抽象为飞驰的列车造型，下半部分透视变化为地铁轨道形态，布设于“圆”形的轨道交通隧道里，如图 2-12（d）所示。

（a）重庆轨道交通标志

（b）郑州地铁标志

（c）南京地铁标志

（d）兰州轨道交通标志

图 2-12　轨道交通标志示例

## （二）轨道交通线路的常用命名方式

（1）用数字表示（如 1 号线，2 号线）。
（2）用字母表示（如 A 线，B 线）。
（3）用首末站表示［如重庆 2 号线运营初期叫作“较（场口）新（山村）线”］。
（4）综合表示（如重庆国博线、空港线，日本地铁的浅草线、银座线等）。

## （三）轨道交通车站的命名

轨道交通车站站名，不仅可实现车站的指位功能，在一定程度上还反映了一座城市的文化底蕴和风俗习惯，更是实现公交一体化换乘的纽带，可以引导城市的发展，成为新的区域性标志。

轨道交通车站命名可以与车站站位邻近的主要横向道路名称、相近的地域名称、相近的较为著名的公共设施名称命名（见图 2-13）；依据周边道路、地域或公共设施的重要程度和对社会导向性等因素，优先命名；轨道交通同一换乘站（或枢纽站）的名称应统一，后建车站一般以先期命名的车站名称命名。

图 2-13　以相近的地名命名

## （四）轨道交通线路的颜色识别

轨道交通线路各自的识别色可分别用于轨道交通引导系统、各线路列车车身或轨道交通线网图等，以达到简化信息传递、方便乘客换乘、提高服务水平的目的。如重庆轨道交通目前已开通的 1 号线标识色为“石榴红”，2 号线标识色为“森林绿，3 号线标识色为“琉璃蓝”，4 号线标识色为“太阳橙”，5 号线标识色为“浅葱蓝”，6 号线标识色为“谦粉红”，10 号线标识色为“罗兰紫，环线标识色为“柠檬黄”（见图 2-14）。

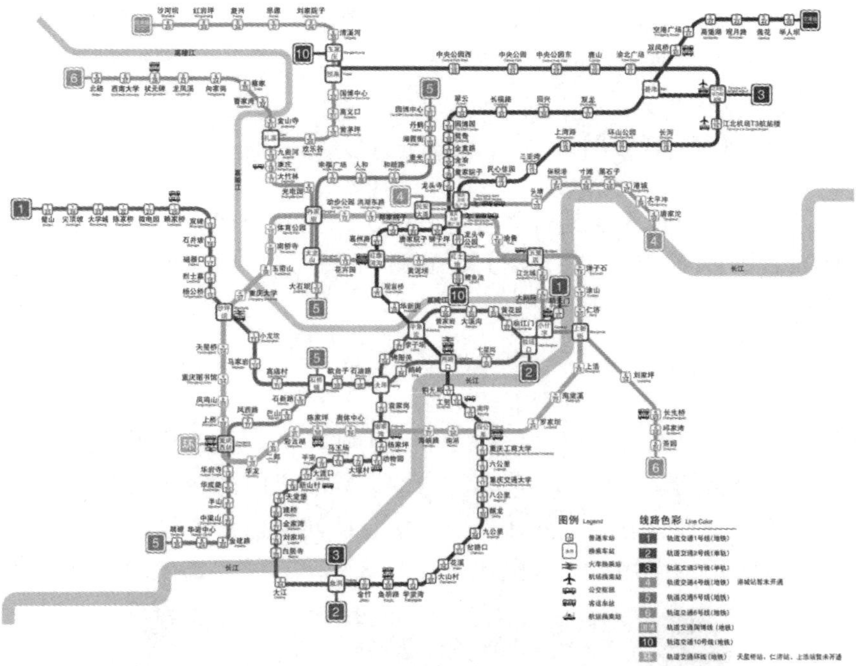

图 2-14　重庆轨道交通线网图

### 任务解析

学习完本部分的内容可以明白，当我们进入轨道交通车站的时候，可以通过车站内的各类导向标识迅速地找到售票窗口、自动售票机的位置；在站台候车的时候，可以通过站台的 PIS 系统了解自己乘坐列车的信息；下车出站的时候，可以通过站台、站厅出站闸机、出口等位置布置的信息图了解出信息；车站内的各类提示、警告、禁止标识，以及各类电子信息显示屏可以直观、清晰地帮助乘客完成乘车的各个步骤。

## 任务三　屏蔽门系统

### 任务导入

站台屏蔽门系统是从 20 世纪 80 年代开始应用于地铁、轻轨等轨道交通系统中的新兴机电设备。屏蔽门系统安装在站台边缘，形成将站台区域与轨道区域隔开的一道屏障，为乘客提供一个更安全、更安静、更舒适的乘坐环境，同时屏蔽门的应用还能节约运营成本。

1988 年，世界上第一套地铁屏蔽门系统安装于新加坡地铁的 NEL 线。中国第一条有屏蔽门系统的线路是 2002 年 12 月 29 日开通试运营的广州地铁 2 号线，第二条有屏蔽门系统的线路是 2004 年 12 月 28 日开通试运营的深圳地铁 1 号线一期工程。对屏蔽门的控制采用与列车信号联锁，在列车到达、出发时可自动开启和关闭。

## 一、屏蔽门的分类

屏蔽门是安装于轨道交通站台靠轨道侧边沿，把站台区域与轨道区域隔离开的设备。从封闭形式上可将屏蔽门分为闭式屏蔽门和开式屏蔽门两种类型。开式屏蔽门即安全门，又有全高和半高两种形式。

### （一）闭式屏蔽门

闭式屏蔽门又称全高闭式屏蔽门，一般用于地下站台，除具有保证乘客安全的作用外，还具有隔断区间隧道内气流与车站内空调环境之间的冷热气流交换的功能，所以要求屏蔽门的气密性良好，这样才能使车站与区间的热交换减小到最低程度，达到节能的目的。这种结构多用于设有空调系统的站台，如图 2-15 和 2-16 所示。

图 2-15　屏蔽门开启

图 2-16　全高闭式屏蔽门

### （二）开式屏蔽门

开式屏蔽门又称“安全门”，分为全高开式屏蔽门和半高开式屏蔽门。

全高开式屏蔽门：门体结构超过人体高度，门体顶部距离站厅顶面之间有一段不封闭空间。不具有密封性能的轨道交通站台安全门与闭式屏蔽门系统相比较，两者的结构形式基本相同，可以比较容易地升级为闭式屏蔽门。

半高开式屏蔽门：高度一般为 1.2 ~ 1.5 m，由于它不能完全隔绝风和噪声对乘客的影响，主要作用是保障候车乘客的安全。这种结构多用在地面站台或高架站台，如图 2-17 所示。

图 2-17　半高开式屏蔽门

## 二、屏蔽门的功能

（1）安全：屏蔽门杜绝了乘客或者物品跌入轨行区发生安全事故的可能性，保障了列车的安全正点运营；封闭的站台区间，提高了候车乘客及车站工作人员的安全感；屏蔽门上安装了探测各种障碍物的传感器，一旦有障碍物存在，传感器发出的信息将使屏蔽门开闭机构操作 3 次，如果 3 次屏蔽门还没有关闭，门则处于开启状态，警示灯也会随即亮起。这时只能采取人工关闭的方法，即用屏蔽门钥匙才能关闭，可有效减少夹人、夹物事故。

（2）节约运营成本：对于采用空调系统的地铁由于空调风不再散失到隧道中去，大大降低了环控空调系统的能耗，节约了电费；由于减小了对空调系统的容量要求，也能降低空调系统的初投资；减少了对站台工作人员的数量要求，节约运营人力成本。

（3）舒适：屏蔽门能有效减少列车进站和离站时所带来的噪声、活塞风等的影响，候车环境更安静舒适；可以减少隧道中的灰尘等污物进入车站，为乘客提供一个更加清洁的候车环境；减少因安全事故导致的列车误点，保障列车准点运行。

（4）乘客能更加有序从容地上下列车，提高了客运组织效率。

## 三、屏蔽门系统基本设计原则

（1）屏蔽门要根据列车具体编组形式、停车精度要求、采用的车体类型、列车运行速度及当地气候条件（温度、湿度、风压、地震条件）等资料进行综合设计。

（2）屏蔽门应设置在车站站台边的有效站台长度范围以内，以有效站台中心线为基准向两端对称布置。

（3）屏蔽门在站台边缘的设置和外形尺寸任何时候不得侵入列车行驶动态包络线，屏蔽门系统的任何构件在轨道侧应满足《地铁限界标准》（CJJ/T 96—2018）规定的设备限界要求。

（4）车站设置屏蔽门时，安装尺寸应考虑在门体弹性变形状态下，屏蔽门最外突出点至车辆限界间有不小于 25 mm 的安全间隙。

（5）站台屏蔽门最大运行强度一般保证至少每 2 min 开闭 1 次，每天可连续正常运行 20 h，每年可连续运行 365 d。

## 四、屏蔽门系统的控制方式

屏蔽门系统的控制方式包括系统级控制、站台级控制和手动级控制 3 种控制方式。

系统级控制是由信号系统通过中央控制盘 PSC 控制屏蔽门。站台级控制则由两侧站台的就地控制盘 PSL 控制屏蔽门。手动级控制则通过每个门单元的就地控制盒 LCB 来进行开关门操作或由工作人员通过三角钥匙进行开关门操作。其中，手动级控制为最高优先级，不受其他控制方式的权限影响；其次是站台控制级别；系统级控制为最低优先级。

此外，屏蔽门系统还设有火灾控制模式，即在相应的火灾模式下，车站值班人员在车站控制室操作屏蔽门紧急控制开关，配合打开滑动门，疏散乘客和配合环控系统排烟。火灾控制模式的优先级高于站台级控制和系统级控制。

### （一）屏蔽门系统级控制

系统级控制应用于正常运行模式，此时屏蔽门系统和信号系统及两者间的接口等设备都处于正常状态。屏蔽门的开关均由信号系统通过中央接口盘（PSC）来控制（见图 2-18）。

PSC 由单元控制器控制系统和监视系统构成。每个单元控制器控制一侧站台的屏蔽门，各单元控制器都配备有与相应侧信号系统进行接口的设备。PSC 内完成与其他系统接口前的所有准备工作，如将两侧站台屏蔽门的状态信息集成，并将信息以每个车站为单位与 BAS 进行数据传送。其具体工作过程如下：

（1）当列车进站且停在允许的误差范围内时，屏蔽门系统接收信号 ATC 发来的“开门”指令，PSC 通过硬线安全回路向每个门单元的门机控制器 DCU 发送打开屏蔽门的命令。DCU 接收到开门命令后，按顺序自动执行解锁、开门等操作，在滑动门打开过程中，滑动门顶箱上的状态指示装置会做出响应动作。

（2）当列车需要离开站台时，屏蔽门系统接收信号 ATC 发来的“关门”指令，PSC 通过硬线安全回路向每个门单元的 DCU 发送关闭屏蔽门的命令。DCU 接收到关门命令后，按顺序执行关门、闭锁等操作。当所有滑动门都关闭且锁紧后，屏蔽门系统向信号系统发出“屏蔽门关闭且锁紧”信号，允许列车离站，顶箱上的状态指示装置做出响应动作。

（3）在开/关门过程中屏蔽门都需要进行防夹检测，如果检测到滑动门被夹，则认为该挡滑动门在开/关时遇到了障碍物，于是 PSC 撤销开/关门命令，滑动门停止动作复位并延迟 2 s（时间可调），再重新开/关滑动门。

（4）如果重开/关滑动门 3 次后障碍物仍然存在，滑动门打开并发出声光报警，需要进行人工操作，将该挡滑动门进行隔离等待维修。

图 2-18　由系统级控制的屏蔽门和车门同步开关

## （二）屏蔽门站台级控制

站台级控制为在系统级控制出现故障时，可进行站台级控制。列车驾驶员或站务人员可在就地控制盘（PSL）（见图 2-19）上通过“专用钥匙”及“开/关门按钮”对屏蔽门进行“开/关门”操作，实现屏蔽门的站台级控制操作。

图 2-19　PSL 控制盘位于站台端门的后面

### （三）屏蔽门手动级控制

手动操作是由站台人员或乘客对屏蔽门进行的操作。当控制系统电源故障或个别屏蔽门操作机构发生故障时，站台工作人员可在站台侧用“专用钥匙”或乘客在轨道侧通过“开门把手”打开屏蔽门。

手动级操作控制有以下 4 种方式：

（1）在维修测试情况下，单扇门操作由维保人员使用就地控制盒 LCB 开、关滑动门。LCB 一般位于顶箱门楣下方，如图 2-20 所示。LCB 设“自动、隔离、手动”三位钥匙。

图 2-20　手动开门的钥匙孔

当转换开关处于“手动”位置时，维修人员可操作顶箱内的开关门按钮进行手动操作；当转换开关处于“自动”位置时，允许门控单元接收中央控制盘的“开门命令”与“关门命令”；当转换开关处于“隔离”位置时，单个滑动门单元与系统隔离，隔断本单元的电力供应，不影响整个系统的正常工作，便于维修。

（2）当个别滑动门发生故障，站台工作人员根据需要，在站台侧使用专用钥匙打开滑动门。

（3）站台人员可根据需要在站台侧用专用钥匙打开应急门和端头门，但打开应急门时必须确认行车安全。

（4）在轨道侧可用手动方式打开滑动门，通过推杆打开应急门与端门。

### （四）火灾控制模式

火灾控制模式又称 IBP 盘控制模式，是在车站紧急情况下（如在列车、区间隧道、站台、站厅等处发生火灾时），在车站控制室 IBP 盘上打开滑动门，滑动门完全打开后 PSC 面板、PSL 盘、IBP 盘上的开门指示灯亮。本命令属于紧急状态下的紧急开门命令，优先级高于站台控制和系统级控制。IBP 盘控制盘面如图 2-21 所示。

屏蔽门火灾模式的注意事项为：

（1）屏蔽门火灾模式仅适用于火灾模式启动时使用。

（2）正常运营时，勿将专用钥匙插入操作开关的钥匙孔，以免引起误操作，特别要避免在运营期间误操作开门。

（3）屏蔽门火灾模式控制不设置关门功能，如需要关闭屏蔽门，可采用站台就地控制盘关门。

图 2-21　IBP 盘控制盘面

## 五、屏蔽门的操作方式

（1）在正常运行模式下，屏蔽门接收列车司机或 ATC 发出的指令，与车门同时执行开/关门操作。

（2）当列车司机无法将列车停在规定的范围内且偏离量不多而乘客仍能从滑动门中进出时，或屏蔽门控制系统与信号 ATC 之间发生通信故障等情况时，则可操作 PSL 开关滑动门。当列车司机无法将列车停在规定的范围内且偏离量较大乘客不能从滑动门中进出时，则引导乘客从应急门疏散。

（3）当个别门的故障一时难以修复时，则通过屏蔽门上方的就地控制盒，将该挡滑动门的控制与整个系统脱开或隔离，不影响其他门的动作。

（4）如果滑动门在关闭过程中检测到有人或物被夹（即检测到障碍物），则该挡滑动门立即停止关闭并自动弹开，然后重新关闭，若重复 3 次障碍物仍存在，门仍无法完全关闭并锁紧，则该挡滑动门自动打开，并报警。

（5）在轨道侧通过把手、在站台侧通过专用钥匙打开/关闭滑动门。

（6）列车发生火灾时，可在 IBP 盘上操作开门钥匙开关，打开滑动门疏散乘客；站台发生火灾时，可配合通风空调排烟模式进行排烟。

### 任务解析

站台屏蔽门系统有效提高了乘客候车的安全性和客运组织效率，降低了车站的运营成本；同时减少了列车驶入、驶出车站时带来的噪声和活塞风的影响，使候车环境更安静舒适。

## 任务四　环境监控和地下通风系统认知

### 任务导入

城市轨道交通车站通常位于地面以下，处于一种极度封闭的环境中。那么，在这样一种密闭的空间中，乘客和工作人员为何感觉不到与外界有什么不同？这个庞大封闭的地下空间中的空气又是如何调节的呢？回答这 2 个问题的关键是城市轨道交通的环境监控和地下通风系统。

环境监控和地下通风系统是 2 个独立的系统，但是它们之间又有着紧密的联系，因此通常将两者放在一起学习。环境监控系统是将城市轨道交通沿线车站、区间和相关建筑内的环控、低压照明、给排水和屏蔽门等设备，以集中监控和科学管理为目的而构成的综合自动化系统。

地下通风系统，又称通风空调系统，是采用人工的方法，创造和维持满足一定要求的空气环境，包括空气的温度、湿度、流动速度和质量。

## 一、环境监控系统

环境监控系统又叫楼宇自动化系统，英文简称 BAS，是 Building Automation System 的缩写。BAS 是采用计算机及其网络技术、自动控制技术和通信技术组成的高度自动化的建筑物设备综合管理系统。BAS 广泛应用在城市轨道交通系统中。

城市轨道交通，尤其是地铁车站的 BAS，是利用专门的地铁环境通风空调及防灾处理等理论为基础的自动化控制系统，利用分布式微机监控系统，对地铁车站及区间隧道内的空调通风、给排水、照明、电梯、自动扶梯、导向标识等机电设备进行全面运行管理与控制，在发生火灾或列车阻塞等非正常情况时，能够及时迅速地进入防灾运行模式，根据火灾报警系统发送的着火点信息或列车自动控制系统发送的阻塞点信息，自动调度送风和排风状态，进行通风排烟，提高城市轨道交通运营的智能化和安全性（见图 2-22）。

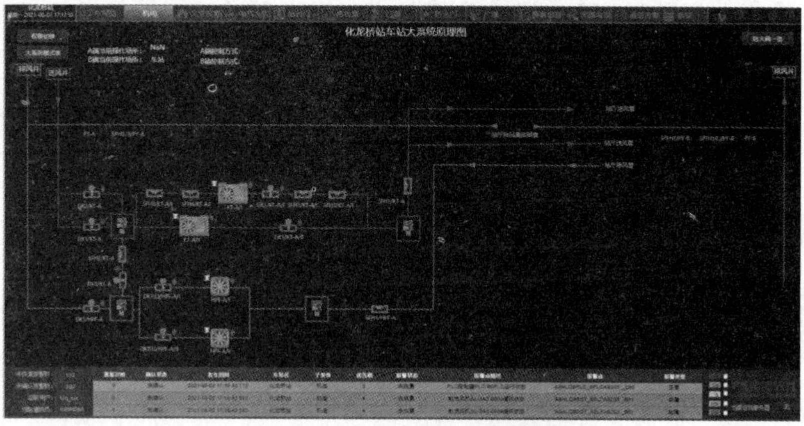

图 2-22　综合监控系统界面

环境监控系统以节能为特色，综合考虑列车、客流、车站设备、通风等影响空调通风系统负荷的各种因素，根据热环境变化的规律，对空调通风系统的全年运行方式自动进行调整，对车站、区间的通风、空调、给排水、照明、自动扶梯等设备进行自动化管理，调节指定区域内的空气温度、湿度，并控制二氧化碳、粉尘等有害物质。BAS 不仅可以保障车站机电系统设备的安全可靠运行，为乘客创造安全、舒适、高效的乘车环境，而且能降低空调通风系统的运行能耗，减少运营成本。

### （一）环境监控系统的组成及功能

#### 1. 环境监控系统的主要设备

（1）中央级环境监控系统的设备设于控制中心综合设备用房，由工作站、服务器、管理网络、电子值班系统、打印机及不间断电源 UPS 等组成，负责线路所有环控设备的监视和控制，并提供与火灾报警系统的通信接口，在发生火灾时接收火灾报警系统火灾信息执行火灾模式。

（2）车站级环境监控系统的设备主要由监控工作站、系统车站模拟屏盘、与火灾报警系统的接口和维修工作站组成。

其中，监控工作站配有在线式不间断系统电源和历史（报表）打印机。模拟屏盘通常兼容在车控室 IBP 盘中，是系统在紧急情况下（如车站工作站故障或火灾等）的后备操作手段，盘面以火灾及紧急工况操作为主。车站级模拟屏盘采用按键式，操作程序简便、直接。与火警报警系统的接口主要用于接收车站火警报警系统发送的车站火警信息，并根据火警信息的内容自动选择并执行相应的车站火灾通风模式。维修工作站是系统维修人员专用的远程维修终端，可赋予最高的操作级别和一定的软件修改权限。

（3）现场级的环境监控系统主要由 DDC（Direct Digital Control，直接数字控制）现场控制器、现场传感器和执行机构组成。

2．环境监控系统的功能

中央监控站只需安排一至二名操作管理人员监控 BAS，即可承担对线路所有监控设备的管理任务，从而减少有关的设备操作人员，主要实现的功能有监视操作功能、模式控制功能、节能控制功能、报警管理功能、时间管理功能、历史记录功能、趋势记录功能以及电子值班功能。

### （二）车站环境监控系统的运行管理

1．运行管理组织及有关人员的职责

环境监控系统的运行方式为 24 h 无间断自动运行，按控制功能及权限不同可分为中央级、车站级和就地级三级控制。中央级工作站由环控调度员使用并负责日常管理；车站级工作站由车站值班员使用并负责日常管理。环境监控系统的维修和故障处理由系统维修工班全面负责，确保机电设备监控系统的正常使用。

（1）环控调度员。

环控调度员简称环调，负责对其管理的城市轨道交通线路所辖范围内的所有车站及隧道环境进行控制和调度，控制指挥环控设备按运行需要合理运作，以保证城市轨道交通环境的舒适性。环调还负责对城市轨道交通突发事件进行反应，调度城市轨道交通相关防灾设备执行灾害模式。环调是机电设备监控系统以及火灾报警系统中央级的使用者，通过机电设备监控系统中央级工作站对全线车站及区间隧道内设备的运行状态、故障情况以及机电设备监控系统的自动运行情况进行监视，控制全线环控设备运作。

（2）车站值班员。

车站值班员又称行车值班员，负责本站所辖范围内车站设备的操作。车站值班员是环境监控系统车站级的使用者，通过环境监控系统车站级工作站对本站所辖设备的运行状态、故障情况以及机电设备监控系统的自动运行情况进行监视，接收环调指令，控制车站内设备运作，并对设备的执行情况进行确认。

（3）系统维修人员。

环境监控系统的维护、维修及故障处理工作由专业维修人员完成。在维修部门应设立机电设备监控系统维修工班，以对环境监控系统进行维护，确保为使用部门提供运行良好的系统设备。其具体工作责任：对机电设备监控系统进行计划性维护与维修，确保系统良好运行；对机电设备监控系统进行故障维修，确保系统功能完整；对系统缺陷进行整改，对系统功能进行优化，根据实际需要扩展系统功能，最大限度地发挥系统的作用；对使用部门进行培训，规范系统操作，并做好技术支持，确保系统的正确使用；分配并维护使用部门用户权限，保障系统使用安全；编写相应的技术文本，包括操作及维修手册等。

（4）行车调度员。

负责管辖系统运营设备的监控，做好设备故障情况的缺陷记录、报修与状态追踪，及时改变设备运行方式与人为干预措施，维持系统运行。行车调度是列车运行的组织者、领导者和指挥者。

（5）环境监控系统运行中相关用户及维修部门工作接口关系。

维修部门负责对相关用户进行培训，并对系统进行维护，保障系统功能完善。正常状态下，机电设备监控系统处于全自动运行，无须人为介入运行，各使用单位按各自权限和责任通过机电设备监控系统对车站设备的运行状态进行监视，并按要求打印设备运行报表。根据运营需要，环调可对系统的运行参数进行修改，如时间表、模式边界转换条件等参数，并可人为启动相关设备。

车站操作人员仅对本站内设备进行监控，并检查实际设备的运作情况，若需操控设备，可报告环调，待环调授权后，方可对设备进行操控。机电设备监控系统出现故障时，车站人员及环调应立即通知维修部门对系统进行维修处理，如此时发生火灾等紧急情况，环调可通过环调电话通知车站操作人员通过模拟屏或就地对现场设备进行操作（取决于系统故障情况）。

在火灾状况下，机电设备监控系统自动接收火灾报警系统指令，车站操作人员应实时监控环控模式及设备运行情况，如有错误，应立即人工更改模式指令或通过模拟屏发送新的指令。环控同样可对设备的运行状况进行远程监控，并随时干涉系统运行。

2．运行管理的有关规程和制度

（1）正常运营下环境监控系统的运行规程。

正常情况下，环境监控系统自动根据预设程序运行，并由车站站务人员和环调进行监控。

环调可随时通过环境系统中央级工作站和中央模拟屏掌握全线环控设备的运行状态，并及时正确地进行调度指挥。

对于车站环控小系统，在正常情况下，车站站务人员可根据各自车站的实际情况对系统运行进行介入，运行相应模式。当设备发生故障时，车站站务人员须及时报告环调；当车站站务人员认为会影响列车正常运作时，应及时报告环调和行调，在得到同意后方可控制设备运行。环控大系统及隧道通风系统属于环调管辖，环境监控系统根据列车运营方案、季节以及站内温度和湿度等，自动执行各种工况下环控系统的运行模式，并可根据实际情况选择运行模式。

若需车站站务人员控制环控运行模式，可以以环调命令的形式通过录音调度电话下达各车站执行。车站站务人员按环调命令要求直接输入环境监控系统指令，控制环控系统的运行，完成操作后应及时报告环调。

正常情况下，设备值班员不得任意改变系统的运行模式；当设备发生故障时，应首先报告环调，得到命令后，再进行操作。在危及人身或设备安全的紧急情况下，设备值班员可不经环调同意先行操作，但事后须尽快报告环调。

车站站务人员应通过车站火灾报警系统和环境监控系统车站级工作站，对车站各火灾保护区域、环控系统和各种环境的运行进行不间断的监控，并随时掌握运行情况，及时做好值班记录。遇到异常情况，应及时报告环调和维修调度。

车站站务人员应熟悉管辖范围内的各种设备和消防设施，了解其分布情况。对设备操作必须严格按操作规程进行，并保证设备处于良好的工作状态。

车站站务人员及其他运营人员，未经环调同意不得随意修改各设备系统的软件参数设置。

环调应不断收集各种防灾资料、信息和设备运行数据，认真填写各种统计报表，建立系统运营档案，定期进行整理、汇总和分析。各种报表、打印数据必须完整，并应妥善保管，不得任意更改，谨防丢失。

（2）非正常运营下环境监控系统的运行规程。

根据城市轨道交通的运营特点，城市轨道交通内火灾区域可分为以下几类：公共区（站厅、站台）；站台轨行区；设备管理用房，包括气体保护房间（如环控电控、通信、信号设备室等）和非气体保护房间（如车控室、环控机房等）；区间隧道。

环境监控系统与火灾报警系统在车站控制室设有数据通道，当火灾报警系统接收到火警信号后：若通道处于开启状态，则将相应的防火分区信号传输给环境监控系统；若通道处于关闭状态，则应由车站操作人员确认火灾后，打开通道，将防火分区信号传输给环境监控系统。环境监控系统接收到火警后，若此时处于自动运行模式状态，则自动执行相应的防火排烟模式，否则由环调或车站操作人员人工选择火灾模式指令。

火灾指令执行后，环调及车站站务人员应检查相应火灾模式的执行情况以及设备的运作情况，并及时调整设备的运作指令。若模式无法自动执行，则应由车站在模拟屏上实行相应模式，或由环调下令在环控电控室就地执行。

重要设备房若安装了气体自动灭火系统自动进入气体自动灭火系统模式（手动或自动），进行灭火工作，事后人工启动排毒模式。

列车在车站站台内发生火灾报警后，应按应急方案下达站台火灾环控模式命令，并组织气流对站台实施排烟。

列车在区间隧道发生火灾时，若列车在区间失火并无法驶入车站，环境监控系统会从列车自动监控系统（简称 ATS）接收相应的列车停车位置信号，然后由环调按行调通知确认列车失火部位（分车头、车中、车尾），选择执行合适的火灾模式指令。

## 二、地下通风系统

地下通风系统，又称通风空调系统，是采用人工的方法，创造和维持满足一定要求的空气环境，包括空气的温度、湿度、流动速度和质量。

位于地面及地上的轨道交通线路，其环控问题比较容易解决，而位于地下的轨道交通线路，除了车站出入口等极少部位与外界相连通外，其他部位基本上与外界隔绝，只有用人工气候环境才能满足乘客的要求，因此城市轨道交通地下通风系统主要针对地下线路的环控问题。

为了给乘客和工作人员提供一个舒适的环境，保证各种设备能持续、正常地运行，在发生火灾等事故时能及时排除有害气体，必须在车站站厅、站台、隧道、设备及管理用房 4 个要求不同的环境中，通过强制通风进行散热、除湿和空气调节。

### （一）地下通风系统的类型

城市轨道交通地下通风系统有开式系统、闭式系统和屏蔽门式系统 3 种类型。

#### 1. 开式系统

开式系统是应用机械或“活塞效应”的方法使地铁内部与外界交换空气，利用外界空气冷却车站和隧道。这种系统多用于当地最热月的月平均温度低于 25 °C 且运量较少的地铁系统。

（1）活塞通风。

当列车的正面与隧道断面面积之比（又称“阻塞比”）大于 0.4 时，由于列车在隧道中高速行驶，如同活塞作用，使列车正面的空气受压，形成正压，列车后面的空气稀薄，形成负压，由此产生空气流动。利用这种原理通风，被称为活塞效应通风。

活塞风量的大小与列车在隧道内的阻塞比、列车行驶速度、列车行驶空气阻力系数、空气流经隧道的阻力等因素有关。利用活塞风来冷却隧道，需要与外界有效交换空气，因此对于全部应用活塞风来冷却隧道的系统来说，应计算活塞风井的间距及风赶时井断面授尺寸，使有效换气量达到设计要求。实验表明：当风井间距小于 300 m、风道的长度在 25 m 以内（有时可以达到 40 m）、风道面积大于 10 $m^2$ 时，有效换气量较大。在隧道顶上设风口效果更好。由于设置许多活塞风井对大多数城市来说都是很难实现的，因此全“活塞通风系统”只在早期应用，现今建设的地铁多设置活塞通风与机械通风的联合系统。

（2）机械通风。

当活塞式通风不能满足地铁除余热与余湿的要求时，需设置机械通风系统。

根据地铁系统的实际情况，可在车站与区间隧道分别设置独立的通风系统。车站通风一般为横向的送排风系统；区间隧道一般为纵向的送排风系统。这些系统应同时具备排烟功能。区间隧道较长时，宜在区间隧道中部设中间风井。对于当地气温不高，运量不大的地铁系统，可设置车站与区间连成一起的纵向通风系统，一般在区间隧道中部设中间风井，但应通过计算确定。

2．闭式系统

闭式系统使地铁内部基本上与外界大气隔断，仅供给满足乘客所需的新鲜空气量。车站一般采用空调系统，而区间隧道的冷却是借助于列车运行的“活塞效应”携带一部分车站空调冷风来实现。

这种系统多用于当地最热月的月平均温度高于 25 °C、且运量较大、高峰时间内每小时的列车运行对数和每列车车辆数的乘积大于 180 的地铁系统。

3．屏蔽门系统

在车站的站台与行车隧道间安装屏蔽门，将其分隔开，车站内安装空调系统、隧道用通风系统（机械通风或活塞通风，或两者兼用）。若通风系统不能将区间隧道的温度控制在允许值以内时，应采用空调或其他的有效降温方法。

安装屏蔽门后，车站成为单一的建筑物，它不受区间隧道行车时活塞风的影响。车站的空调冷负荷只需计算车站本身设备、乘客、广告、照明等发热体的散热，及区间隧道与车站间通过屏蔽门的传热和屏蔽门开启时的对流换热。此时屏蔽门系统的车站空调冷负荷仅为闭式系统的 22%～28%，且由于车站与行车隧道隔开，减少了运行噪声对车站的干扰。地铁环控系统一般采用屏蔽门制式环控系统或闭式环控系统。屏蔽门制式系统即站台和轨行区分开，车站有独立的制冷、除湿区，因此有安全、节能和美观等优点。

### （二）地下通风系统的组成

地下通风系统包括风系统、车站空调水系统和集中供冷系统 3 个部分。

1．风系统

风系统指空调通风系统，包括空调机、风机、风阀与风管路（风道）设备，可分为隧道通风系统、空调大系统和空调小系统。

（1）隧道通风系统分为区间隧道机械通风（兼排烟）和车站隧道通风两部分。隧道机械通风的主要设备有隧道风机、推力风机、射流风机及相关的电动风阀；车站隧道通风的主要设备有轨道排风机、电动风阀和防火阀。活塞风是列车在隧道内运行过程中的强迫气流形成的阵风，通过隧道和隧道活塞风道进出。

（2）车站站厅、站台公共区的制冷空调及通风（兼排烟）系统，简称空调大系统，由组合空调机、回/排风机、新风机、排烟风机、各种风阀及防火阀等组成。

（3）车站管理及设备用房空调通风（兼排烟）系统，简称空调小系统，由小空调机、排风/排烟风机、风阀、防火阀等组成。

2．车站空调水系统

车站空调水系统指各车站为供给其大/小系统空调用水所设置的制冷系统，由冷水机组、水泵、冷却塔、水阀与管路等设备组成。

3．集中供冷系统

集中供冷系统是指将相邻 3～5 个车站的空调器用冷冻水汇集到某一处集中处理。冷冻水再由二次冷冻水泵和管路长距离输送到各车站，以满足车站所需的冷量。集中供冷系统可分为以下 3 部分。

（1）制冷系统环路：主要由冷水机组、冷冻水一次泵、冷却水系统及其附属设备组成，主要功能是根据运营要求所编制的时间表和各车站负荷的变化，启动或停止冷水机组的运行，为各车站提供满足空调用水要求的冷冻水。

正常运营时根据二次环路的实际冷负荷值，同时分析二次环路上的温度测点值及末端比例积分二通阀的开度，确定一次环路中冷水机组的开启台数，并进行相应的联锁控制。冷水机组的主控制器实现冷水机组与一次冷冻水泵联动，一次冷冻水泵与冷水机组成唯一对应关系。

（2）冷冻水二次环路：由二次冷冻泵、变频器、管网等组成，主要功能是实现冷冻水的远距离输送，并通过监视末端的阀门开度和压力差，计算出末端的冷负荷，进而改变二次泵的供电频率（变频）来满足车站实际冷负荷的需求，二次泵的变频由末端压差控制。

由于管路长，水网稳定性差，各站的分流管上需要加装水力平衡阀进行水力平衡和减压。

（3）末端设备：主要由各车站的组合空调器、风机盘管及前后的控制阀门组成。组合空调器（或落地式风机盘管）过水量受其出水管的比例积分二通阀控制，而控制比例积分二通阀开度的信号是由设置在站台、站厅的温度探头，经车站 PLC 计算后发出的。车站 PLC 可将站台、站厅及进出水温度通过网络传给冷站控制室。

### 任务解析

学习了本任务的内容后，我们知道大多数的城市轨道交通车站位于地下，不能直接实现同外界的空气交流。因此，在车站这种密闭的地下空间中，通过地下通风系统来调节站内的空气，使工作人员和乘客不会因为密闭而感觉不适。本部分重点介绍了环境监控、地下通风系统的组成结构和工作原理。

## 任务五　火灾报警系统（FAS）和给排水系统

### 任务导入

2003 年 2 月 18 日，是人类轨道交通史上悲惨的一天。这一天，韩国大邱市地铁中央路站发生重大火灾，造成 198 人死亡，146 人受伤，298 人失踪。调查结果显示，此次火灾是由一男子人为纵火所致。负责调查纵火事件的专家表示，车站的消防安全设备不足是造成这场惨剧发生的另一个重要因素。

轨道交通列车或车站一旦着火，其自身的防灾系统和控制指挥系统对于人员逃生、疏散、扑灭火灾起着至关重要的作用。因此，完善的火灾报警系统和健全的给排水系统对于城市轨道交通运营安全而言，不可或缺。

## 一、火灾报警系统（FAS）

火灾报警系统，简称 FAS，是 Fire Alarm System 的英文缩写，主要负责监测城市轨道交通车站和隧道内的空气温度及车站烟雾浓度，监测防排烟设备和气体灭火设备的运行状态。当检测到火灾危险情况时，及时向控制中心、本站气体灭火系统、本站环境监控系统发送报警信息。

### （一）火灾报警系统的组成及原理

火灾报警系统主要分为控制中心级、车站级、就地级三级控制，两级管理。在车站控制室内设系统监控工作站和控制主机，从控制主机引出三条探测回路，分别用于连接分布于站厅层、站台层和重要设备用房的烟感/温感探测器、电话插孔、声响可视报警设备、人工手动报警设备、扬声器及联动控制模块等就地设备。站台层探测回路中还在站台下设置电缆探测系统用于检测电缆的故障状况，在隧道中设置了光纤探测系统用于检测隧道空气温度。

各车站监控工作站通过城市轨道交通通信主干网向控制中心传输相关信息。控制中心是整个城市轨道交通的火灾报警中心，负责接收并记录各车站发送的危险警报信息，包括系统设备运行状态和灭火系统信号、设备维护报告等。

### （二）火灾报警系统的特殊性

与地面公共交通相比，城市轨道交通线路具有运营线路长，系统设备多，运行模式和运行管理要求较高的特点。同时，城市轨道交通内部与外界联通的通风口少、出入口少，且客流量大，人员疏散不易。一旦发生火灾，如果不能及时有效地通风排烟并控制火情，将酿成巨大的灾难。因此，智能的环境监控系统应该具备防灾功能。BAS 系统在接到火灾报警信号后，可以自动将机电设备的运行状态切换到火灾状态，启动灾害模式；在列车因事故暂时停在隧道无法驶入站台时，系统也可以通过启动紧急状态，确保隧道内空气流通，以保证车厢内有充足的氧气。

气体灭火系统用于重要设备用房和办公用房，在火灾情况下采用惰性气体方式灭火，在车站内按照区域分成 7 个独立的子系统，每个子系统包括智能烟感探测器、测温器、气体灭火药剂储存装置、气体分布管道，自动释放装置及其管道设施设备等，分别连接到火灾报警系统的车站控制主机上。当接收到火灾报警系统发来的火灾报警信息后，相关区域的气体灭火子系统自动按照预设模式控制气体灭火装置进行灭火操作。在整流站、动力照明变电站等无人值班场所，采用二氧化碳气体灭火系统，技术室、管理室等办公用房，采用七氟丙烷灭火系统。

所有设备的状态信息都发送给火灾报警系统的车站级控制主机，并通过通信主干网将所有报警信息和设备运行状态信息发送到控制中心，由控制中心统一显示并管理。火灾报警系统在车站级通过信息接口和环境监控系统进行数据通信。当出现火情时，火灾报警系统向环境监控系统发送危险警报信息。环境监控系统由控制中心级根据实际情况，在预设的若干火灾模式中进行合理选择，统一调度着火区域前后相邻车站的通风设备用以通风和排烟的气流组织，自动向相关车站发出灭火指令，并接受反馈信号。

## 二、车站给排水系统

城市轨道交通车站的给排水系统由供水系统和排水系统两部分组成。其中供水系统包括日常供水系统（生活供水、生产供水）和消防供水系统，其功能是满足生产、生活和消防用水对水量、水质和水压的要求。排水系统则包括污、废水处理系统和雨水系统，其功能是保证车站排水畅通，为城市轨道交通安全运营提供保障。掌握给排水系统各组成部分及功能，能在给排水系统故障时，有效提高站务人员的应急处置能力。

### （一）轨道交通供水系统的组成及功能

城市轨道交通供水系统采用城市自来水作为供水水源，从城市自来水管网的干管道引入。根据建筑结构的布局不同，轨道交通车站供水管路经地面风亭或其他建筑预留口引入车站，管径为 DN150（不同城市市政供水管径略有区别），接管点处水压要求不低于 0.2 MPa。两条供水引入管上的电动蝶阀及隧道两端的消防电动蝶阀由车站控制室车站设备监控系统（EMCS）实行监控，两条引入管互为备用，进站前设置水表和水表井，每条进水管水表前设置室外消火栓。生产、生活和消防采用分开的直接供水方式，由城市自来水引入水管接出生产、生活及消防水管。生活和生产供水在站内采用枝状或环状管网；消防供水在站内采用环状管网（见图 2-23）。

#### 1．生活、生产供水系统的组成及功能

生活、生产供水系统主要由水源（城市自来水）、水池、水泵、水塔、管道、阀门、气压罐及水龙头等设备或构筑物组成，一般采用枝状管网。其功能是满足车辆段生产、生活用水对水量、水质和水压的要求。

#### 2．消防供水系统的组成及功能

城市轨道交通车站与车辆段对消防用水需求有所不同，消防供水系统由水源（城市自来水）、水池、消防水箱、水塔、消防水泵、管道、阀门、消火栓（喷头）、气压

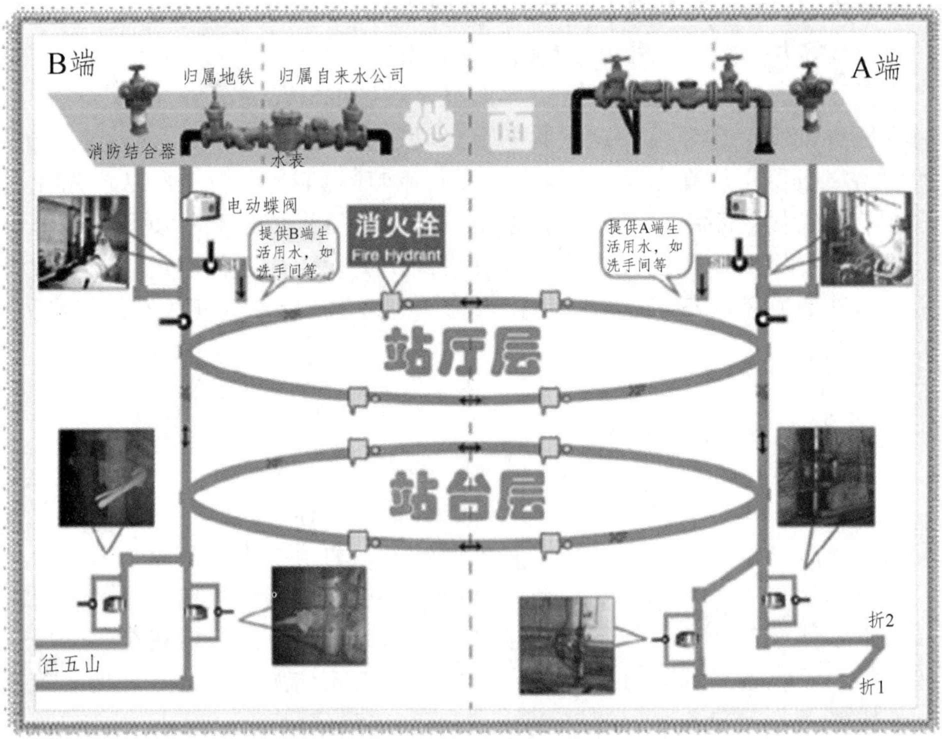


图 2-23　广州地铁 3 号线天河客运站供水系统管网图

罐及水流指示器等设备或构筑物组成，一般采用环状管网。消防供水系统立足于自救，其功能是满足车站、车辆段发生火灾时用水对水量和水压的要求。以广州地铁三号线为例，车站站厅层两侧每隔 50 m，站台层的楼梯口和设备房间头端设消防箱，内设 DN65 单头单阀消火栓两个，25 m 长的水龙带两盘，DN19 多功能水枪两支，DN25 自救式软管卷盘一套；并在消防箱上设手动报警按钮和消防电话插孔各一个；整个车站的消防干管呈环状，并与区间的消防管网连接。根据消防要求，车站两个取水点间的市政供水管网上设间阀，每条市政进水管水表前设置室外消火栓。在进入区间的消防管上设电动蝶阀，平时全部关闭，手动蝶阀关闭 98%（当有手动蝶阀时），当区间发生火灾时由 EMCS 系统自动/手动开启，保证车站消防应急处置的用水需要。

（1）室外消火栓：为消防车提供水源，根据环境条件，可分为地上式、地下式和墙壁式。

（2）水泵结合器：一端由室内消防栓供水管网最底层引至室外，另一端井口可供消防车或移动水泵站加压向室内管网供水，防止断电或消防水泵故障时能保证消防供水。与室外消防栓的距离为 15 ~ 40 m。

## （二）轨道交通排水系统的组成及功能

轨道交通排水系统包括污水系统、废水系统和雨水系统，其功能是保证车站日常生产、生活排水畅通，保障洪涝灾害、雷暴雨天气等突发情况的应急防洪需要，为轨道交通运营安全提供服务。

1．污水系统的组成及功能

污水系统主要由集水井、潜污泵、管道及附件、化粪池、压力井、排水检查井等组成。由于车站与车辆段污水的成分不同，地理环境也不一样，污水系统的组成略有区别。车站污水系统将站厅及站台按就近原则汇集的厕所、盥洗室、茶水间冲洗水等生活污水通过潜污泵提升，经过地面压力井消能后进入车站地面化粪池，再排入城市污水管网。压力井内进、出水管道要求不在一条出水直线上，且侧壁有防冲洗的措施，车站化粪池采用各市环卫局印制的 4 号化粪池。

2．废水系统的组成及功能

废水系统主要由集水井、潜水泵、管道及附件、压力井、排水检查井等组成。车站与车辆段污水的成分不同，地理环境有差异，废水系统的组成略有区别。车站将按就近原则汇集的生产、消防废水、结构渗漏水通过潜水泵提升，经过地面压力井消能后排入城市污水管网。每一个区间隧道基本上独立设置一套排水系统，其泵房设在区间隧道线路下坡段的最低处，明挖施工区段废水泵房设在隧道外侧边或联络通道，盾构施工区段则利用联络通道作为废水泵房。压力井内进、出水管道要求与污水系统一样。

3．雨水系统的组成及功能

雨水系统的组成和功能跟废水系统基本一样，包括室外排水明沟（埋地雨水沟）、PVC 排水管、排水检查井等，车站出入口扶梯下方设有集水井及潜水泵。雨水不做处理，汇集后直接排入城市附近河道，车站雨水汇入废水系统或污水系统处理。

## 拓展任务

【罕见暴雨致郑州地铁全线停运，12 人死亡】自 7 月 17 日（2021 年）以来，郑州市连降罕见特大暴雨，造成郑州地铁发生积水等情况，郑州地铁启动紧急响应机制，全面疏散乘客。此次强降雨造成郑州地铁 5 号线五龙口停车场及其周边区域发生严重积水，7 月 20 日 18 时许，积水冲垮出入场线挡水墙进入正线区间，造成郑州地铁 5 号线列车在海滩寺街站和沙口路站隧道列车停运。18 时 10 分，郑州地铁下达全线网停运指令，组织力量，疏散群众，共疏散群众 500 余人，其中 12 人经抢救无效死亡、5 人受伤。

——“郑州发布”官方微博

思考：结合郑州地铁 5 号线严重积水事故，谈一谈车站给排水系统对于城市轨道交通运营的重要性。

# 情境再现

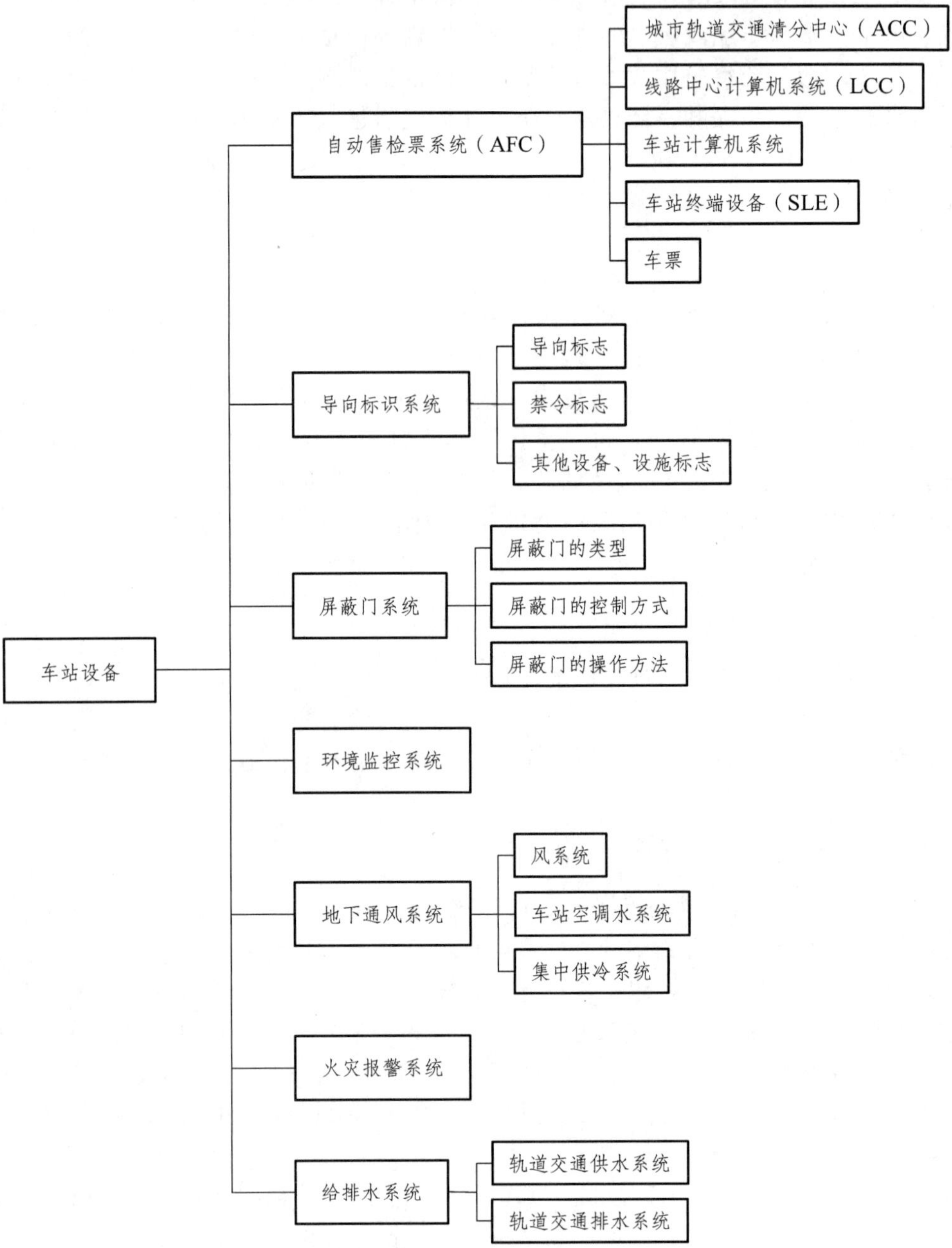
车站设备
自动售检票系统（AFC）
城市轨道交通清分中心（ACC）
线路中心计算机系统（LCC）
车站计算机系统
车站终端设备（SLE）
车票
导向标识系统
导向标志
禁令标志
其他设备、设施标志
屏蔽门系统
屏蔽门的类型
屏蔽门的控制方式
屏蔽门的操作方法
环境监控系统
地下通风系统
风系统
车站空调水系统
集中供冷系统
火灾报警系统
给排水系统
轨道交通供水系统
轨道交通排水系统

# 课后习题

## 一、判断题

1. AFC 的层次结构是按照全封闭的运行方式，以计程收费模式为基础，采用非接触式 IC 卡为车票介质，根据各层次设备和子系统各自的功能、管理职能和所处的位置进行划分的。(　　)

2. TVM 一般安装在付费区内。(　　)

3. 需要清晰直观的标识系统是因为城市轨道交通车站多数为地下车站，且内部结构复杂，设施场所众多。(　　)

4. 重庆轨道交通的行业标识“CRT”是 Chongqing Railway Transit（重庆轨道交通）的首字母 C、R、T 组合后的艺术处理。(　　)

5. 屏蔽门分为闭式屏蔽门和开式屏蔽门两种类型。(　　)

6. 就地控制盘 PSL 位于站台中部。(　　)

7. 环境监控系统主要由中心级、线路级、车站级和就地级四级控制构成。(　　)

8. 地铁环控系统包括风系统、车站空调水系统和集中供冷系统 3 个部分。(　　)

9. 火灾报警系统结构主要分为控制中心级、车站级、就地级三级控制。(　　)

10. 城市轨道交通车站的给排水系统分别由日常供水系统（生活供水、生产供水）和水消防供水系统构成。(　　)

## 二、单项选择题

1. 下列设备属于自动售检票系统的是(　　)。

A. 闸机　　B. 车站出入口

C. 手持安检仪　　D. 额温枪

2. 下列设备可以区分站厅付费区与非付费区的是(　　)。

A. 安检仪　　B. 售票亭

C. 闸机　　D. 车站入口

3. 车站禁止换乘的标志属于(　　)。

A. 导向标志　　B. 禁令标志

C. 其他设备、设施标志　　D. 提示标志

4. 重庆轨道交通 5 号线跳蹬站的命名方式属于(　　)。

A. 主要横向道路名称　　B. 地域名称

C. 相较为著名的公共设施　　D. 其他名称

5. 屏蔽门控制级别最高的是(　　)，其不受其他控制方式的权限影响。

A. 手动级控制　　B. 站台级控制

C. 系统级控制　　D. IBP 盘控制

6. 车站设置屏蔽门时，屏蔽门最外突出点至车辆限界间有不小于（　　）mm 的安全间隙。

A. 15　　B. 20　　C. 25　　D. 30

7. 环境监控系统的运行方式为（　　）无间断自动运行，按控制功能及权限不同可分为（　　）（　　）和就地级三级控制。

A. 24 h　中央级　车站级　　B. 24 小时　中央级　线路级

C. 24 h　线路级　车站级　　D. 12 小时　中央级　车站级

8.（　　）指空调通风系统，包括空调机、风机、风阀与风管路（风道）设备，可分为隧道通风系统、空调大系统和空调小系统。

A. 环控系统　　B. 空调水系统

C. 风系统　　D. 集中供冷系统

9. 火灾报警系统的简称是（　　）。

A. BAS　　B. FAS　　C. PSL　　D. IBP

10. 城市轨道交通车站的（　　）系统分别由供水系统和排水系统两部分组成。

A. 集中供水　　B. 空调水

C. 风系统　　D. 给排水

## 三、多项选择题

1. AFC 的层次结构共分 5 层，分别是轨道交通清分中心、（　　）。

A. 线路中心计算机系统　　B. 车站计算机系统

C. 车站终端设备　　D. 车票

2. 自动售票机主要以主控单元（ECU）为核心，辅以现金处理装置、车票处理装置、（　　）、电源等模块组成。

A. 乘客显示器　　B. 车站计算机系统

C. 打印机　　D. 车票

3. 导向标识系统是乘客在乘坐轨道交通过程中起到（　　）等作用的重要系统。

A. 提示　　B. 警告　　C. 禁止　　D. 警示

4. 导向标识系统包括（　　）。

A. 各类导向标志　　B. 禁令标志

C. 其他设备、设施标志　　D. 提示标志

5. 从封闭形式上可将屏蔽门分为（　　）。

A. 全高式　　B. 半高式

C. 闭式屏蔽门　　D. 开式屏蔽门

## 四、简答题

1. 简述自动售检票系统的架构层次。
2. 简述自动售票机的结构组成及其结构功能。
3. 站台屏蔽门一般有哪几种形式？分别适用于什么场合？
4. 简述站台屏蔽门控制系统的组成和控制方式。
5. 简述使用就地控制盘 PSL 进行站台屏蔽门的开关操作流程。
6. 简述环境监控系统的主要设备及其作用。

# 情境三 城市轨道交通车站行车组织

行车组织工作是城市轨道交通运营管理最重要的内容，主要以列车运行图为基础，以线路、道岔、信号、通信、供电等系统设备为支撑。

[学习目标]

1. 了解城市轨道交通行车组织的概念。
2. 掌握车站行车组织技术设备。
3. 掌握车站行车组织工作的具体内容。
4. 熟悉车站施工组织管理的具体内容。

## 任务一 车站行车技术设备

### 任务导入

行车技术设备是城市轨道交通重要的设备之一，它在保证列车安全运行、发挥线路的运输能力、提高运输效率和服务质量、指挥列车运行、公务联络、传递各种信息等方面起着至关重要的作用。

全面了解城市轨道交通线路、道岔、信号及通信系统的组成和各部分的功能，是学习行车组织和从事相关工作的基础。

行车组织是城市轨道交通运营管理的重要内容，它包括列车运行控制、运输计划编制、行车交路设置等多个方面。而行车技术设备是支撑行车组织工作的基础。

车站行车技术设备主要包括线路、道岔、信号系统、通信系统和行车凭证。

### 一、线　路

线路是列车运行的基础设施，由路基、轨道、桥涵和隧道等组成。车站线路包括正线、越行线、存车线、渡线、折返线。

（1）正线是列车在站内到发、通过及停留的线路。
（2）越行线，设置在越行站，供列车不停车通过，也叫侧线。
（3）存车线，供列车临时停放的线路，又称临时停车线，可进行折返作业。
（4）渡线是供列车转线的线路，分为单渡线和交叉渡线2种。
（5）折返线是供列车折返的线路。折返线的布置应尽可能保证线路最大通过能力的实现。

## 二、道 岔

道岔是使列车、车辆由一条线路转入另一条线路的连接设备，通常设置在车站和车辆段内，是轨道的组成部分（见图3-1）。

图3-1 车场内的道岔

### （一）道岔的组成

按照道岔的分岔数量，通常将道岔分为单开道岔、双开道岔和交分道岔等类型。单开道岔是最常用的道岔。

### （二）道岔的使用

正常情况下道岔采用遥控操作、电气锁闭；在故障情况下道岔采用就地手摇、人工锁闭。

一般来说道岔的人工操作由扳道员专人负责，在没有扳道员的车站可以由值班站长指定可以胜任该工作的其他人员进行操作。

人工操作道岔时应执行“六部曲”的操作步骤，即一看、二开、三摇、四确认、五加锁、六汇报。

一看：看道岔开通位置是否正确，道岔尖轨及辙岔心处是否有杂物。

二开：打开盖孔板及钩锁器的锁，拆下钩锁器。

三摇：摇动道岔，将其转向所需的位置，在听到“咔嚓”的落槽声后停止。

四确认：手指尖轨，“尖轨密贴开通位”并和另一人共同确认。

五加锁：确认正确后，用钩锁器锁定道岔尖轨，盖上盖孔板并上锁。

六汇报：向车站控制室汇报道岔开通位置正确。

此外，手摇道岔时必须确认锁闭。确认锁闭的常用方式如下：

（1）尖轨密贴：尖轨与基本轨间，顶端 4 cm 以内无大于 2 mm 的间隙。

（2）手摇操作到位：以听到电动转辙机箱内动接点与静接点接触后发出的“咔哒”声为准。

（3）必要时还要加钩锁器。加钩锁器一般在非电器锁闭的情况下，手摇道岔无“咔哒”声或其他特殊情况时，由行车值班员下达命令才进行。

## 三、信号系统

城市轨道交通信号系统是保证列车运行安全，实现行车指挥和列车运行现代化，提高运输效率的关键系统。信号系统由各类信号显示、轨道电路、道岔转换装置等主体设备及其他附属设施构成，包括轨道交通信号基础设备、联锁设备、闭塞设备 3 部分，是城市轨道交通“信号、联锁、闭塞”的总称。信号设备传递轨道交通列车运行指挥命令，保障行车安全，提高行车速度和行车密度，提高运输效率和改善行车工作人员的劳动条件；联锁设备保证轨道交通车站列车运行的安全；闭塞设备则是保证区间内列车运行安全的专门装置。

### （一）城市轨道交通信号的基础设备

#### 1．信号色及其表示意义

（1）基本色。

① 红色：停车，禁止越过信号机，即信号处于关闭状态。

② 绿色：按照规定速度通过，即信号处于正常开放状态。

③ 黄色：注意减速运行，即信号处于有条件的开放状态。

（2）辅助色。

① 月白色：调车信号表示允许越过调车信号机调车；引导信号加红色信号显示，准许列车越过红灯，以不超过 20 km/h 的速度进站，并随时做好停车准备。

② 蓝色：调车信号，表示禁止越过调车信号机调车。

需要说明的是：我国城市轨道交通的信号系统没有对地面信号的显示方式和显示意义进行统一规定，因此信号显示存在一定差异。例如，有的城市轨道交通公司采用一个红色灯光和一个黄色灯光构成引导信号。

#### 2．信号的种类

（1）按信号发出的地点分为：地面信号和车载信号。

地面信号：设置在线路附近供司机辨识的信号（见图 3-2）。

车载信号：通过传输设备，将地面信号或其他方式传输的信号直接引入车辆，并能显示的信号。

城市轨道交通系统一般运用地面信号与车载信号结合的方式。

图 3-2　地面出站信号机

（2）按发出信号的机具能否移动可分为：固定信号和移动信号。

固定信号：固定设置在规定位置的信号装置所显示的信号，如地面信号机等。

移动信号：根据需要可以临时设置的信号装置所显示的信号，如信号牌、手提信号灯、信号旗等。

一般以固定信号为主要信号，移动信号为辅助信号。

（3）按接收信号的感官可分为：视觉信号和听觉信号。

视觉信号：以信号灯的颜色或信号装置的位置变化来显示信号意义，如信号旗、信号牌、色灯信号机等。

听觉信号：以声音的多少、长短等方式来显示信号意义，如口哨、口笛、响墩等。一般以视觉信号为主要信号，听觉信号为辅助信号。

### （二）车站信号机的设置及其功能

城市轨道交通系统的信号机指设置在线路、车站、车辆基地等处，用于传递运行指挥命令的地面信号机，是一种昼夜均以信号灯的颜色显示信号意义的色灯信号机，主要指固定信号机。

车站常用的固定色灯信号机有如下几种。

（1）进站信号机。

进站信号机设置在车站入口适当距离处，用来防护车站内作业安全，指示列车能否由区间进入车站的信号机。

进站信号机信号显示有两种：一个是红色灯光，表示不准列车越过该进站信号机（不准进站）；另一个是绿色灯光，表示允许列车按规定速度越过该进站信号机（允许进站）。

（2）出站信号机。

出站信号机设置在车站的出口，即列车由车站向区间发车处的前方，用来防护区间列车安全，指示列车能否由车站进入区间。

出站信号机信号显示有两种：一种是红色灯光，表示不准列车越过该进站信号机（不准出站）；另一种是绿色灯光，表示允许列车按规定速度越过该进站信号机（允许出站）。

（3）防护信号机。

防护信号机设置在道岔处或进路的始端处，对通过道岔的列车显示信号，防护道岔开通的线路或进路的安全。

（4）阻挡信号机（遮断信号机）。

阻挡信号机一般设在尽头线的终端，表示列车停车位置。

（5）引导信号机。

当主体信号机因故障等原因不能正确显示信号时，通过人工办理手续，显示一个白色灯光加一个红色灯光（闪光）。其显示意义为：准许列车以低速（不超过 20 km/h）越过该信号机进站，并随时做好停车准备。

（6）列车速度信号（速度表）。

列车速度信号（速度表）设置于司机室便于司机确认的合适位置，是一种双针数字速度计，其中红针所指表示最大允许速度（带警示功能），黄针所指表示为列车即时实际运行速度。

### （三）联锁的要求和种类

（1）联锁的要求。

① 在开通铁路的道岔位置未确定到位之前，防护该进路的信号机不能开放。

② 进路的道岔开通之后，即进入锁闭状态不能再转换，防护该进路的信号机能开放，敌对进路信号机不能开放。

③ 在主体信号未开放之前，预告信号和复示信号均不开放。

（2）联锁的种类。

① 电气集中联锁：通过继电器、轨道电路将道岔、信号机用电气回路集中控制与监督。

② 计算机联锁：由计算机控制系统来集中控制和监督道岔与信号机的动作状态。随着计算机技术的发展，现在新建的城市轨道交通线路几乎全部采用微机联锁。因为它运算更加可靠，信息量大，且便于远程传送。

## 四、通信系统

城市轨道交通通信系统是既能传输语言又能传输文字、数据、图像等各种信息的综合数字通信网。城市轨道交通对通信的要求是能够迅速、准确、可靠地传递和交换各种信息，达到双向联络的要求。

城市轨道交通通信系统按其用途来分，可分为地区自动通信、地铁专用通信、有线广播、闭路电视、无线通信以及子母钟报时系统、会议系统、传真及计算机通信系统。按信息传输的媒介可分为有线通信和无线通信，有线通信的传输媒介为光缆、电缆，包括：光纤传输、程控交换、广播、闭路电视等；无线通信利用空间电磁波进行传输。

1．通信传输系统

通信传输系统是城市轨道交通通信系统最重要的子系统，担负着城市轨道交通几乎所有通信系统信息传输的重任。通信传输系统是系统各站点与控制中心及站与站之间的信息传输和信息交换的通道。

通信传输系统由光纤骨干网、网络节点、用户接口卡和网络管理系统等组成。通信传输系统采用双环路运行方式：一条环路运行，负责传送信息；另一条环路备用。两条环路功能一致，同时运行，并不断监测备用环路，确保备用环路能随时启动。一旦主环路故障，备用环路立即启动。

2．有线电话系统

轨道交通各职能部门所使用的有线电话系统从功能上可分为公务电话系统和专用电话系统两类。

从现有的交换网络来看，每条轨道交通线路都各自成网。由于轨道交通对语音通信的需求规模不大，所以专用电话系统由轨道交通自建交换网络；而公务电话系统既可以采用轨道交通自建模式，也可利用公众电信运营商的交换网络的原则设置。

（1）公务电话系统。

公务电话以数字程控交换机设备为核心，连接办公室、OCC 车站和设备室等电话分机，以满足城市轨道交通对内和对外的通信，为保证安全和减少成本使用专网网络构建。

公务电话网由数字交换机通过传输系统构成环形结构。该网络是用 3 个数字交换机组成的网络，当任意两台交换机之间的传输中断时，可以迂回通过传输线路保证联络的畅通，从而保证通信的顺利进行。

（2）专用电话系统。

专用电话系统主要供控制中心调度员及车站、停车场、车辆段的值班员组织指挥行车、运营管理及确保行车安全等工作使用，如图 3-3 所示。

系统主要包括调度电话、站（场）内集中电话、站间电话、区间电话、紧急电话、接车电话、市内直线电话等。专用电话系统在控制中心设置数字专用通信系统主系统设备，在各车站、停车场、车辆段设置数字专用通信系统分系统设备。数字专用通信系统主系统设备与分系统设备间通过传输系统提供 2 Mb/s 通道连接。

图 3-3　专用电话

3．无线列车调度系统

如图 3-4 所示，无线列车调度系统是调度员与驾驶员通信的基本方式，也是移动作业人员和抢险人员实现通信的主要手段。

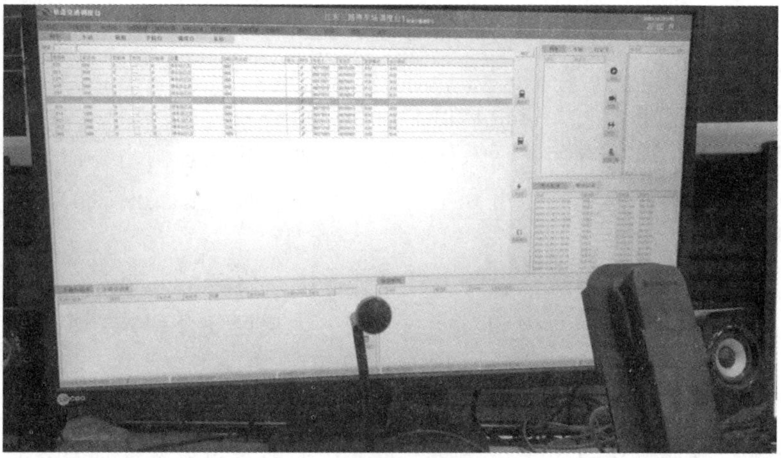

图 3-4　无线列车调度系统

根据行车组织、业务管理和指挥的需求，无线列车调度系统设置以下 5 个子系统。

（1）行车调度子系统，供行车调度员、列车驾驶员、车站值班员、站台值班员之间进行通信联络使用，满足行车要求。

（2）事故及防灾子系统，供环控调度员、车站值班员、现场指挥人员及相关人员之间进行通信联络使用，满足事故抢险及防灾需要。

（3）车辆段/停车场调度子系统，供车辆段/停车场信号楼值班员、列检库运转值班员、列车驾驶员、场内作业人员之间进行通信联络使用，满足段网调车及车辆维修需要。

（4）维修调度子系统，供维修调度员与现场值班员之间进行通信联络使用，满足线路、设备日常维护及抢修要求。

（5）公安调度子系统，供公安调度员与车站、车辆段或停车场公安人员之间进行通信联络使用，满足公安要求。

各调度员与无线用户以及无线用户之间具有通话呼叫功能，根据不同用户之间的业务联系，有选呼、组呼和全呼 3 种方式。

中心调度员对运行中的列车具有广播功能，对通话台的标志码、用户名、通话内容等具有显示功能，对通话台的通话内容可进行录音和检索。同时，具有多级优先呼叫功能、数据集辅助功能、系统网络管理功能。

目前，用于专用无线通信调度的系统主要有专用频道、模拟集群和数字集群 3 种制式。

#### 4．广播系统

广播系统是城市轨道交通运营行车组织的必要手段，它的主要作用是对乘客和运营人员进行广播。

广播系统主要由控制中心广播、车站广播和车辆段广播组成，采用控制中心和车站两级控制，正常情况下以车站广播为主；事故抢险及组织指挥时，以控制中心防灾广播为主。

为了运营防灾的需要，控制中心环控调度员有最高优先级。在优先级上，环控调度高于行车调度，行车调度高于维修调度，控制中心调度员高于车站值班员，站长广播台高于站台广播台。在同一广播优先级中，预存语音信息高于人工广播，通常预存信息防灾广播优先级最高。当多等级信息相继触发时，正在播放的广播中断，自动进入按序等待状态。

#### 5．闭路电视监控系统（CCTV）

闭路电视监控系统是控制中心调度管理人员、车站值班员、站台管理人员和驾驶员实时监控车站客流、列车出入站、旅客上下车等情况，以提高运营组织管理效率，保证列车安全、正点运送乘客的系统，该系统借助于录像还可以进行安全事故取证。

闭路电视的设备主要分为车站级和中心级。

车站级设备保证车站工作人员实时监视本车站情况，有摄像机、车站控制盘、监视器、视频交换矩阵、数字传输设备、视频插入分割器、视频均衡放大器、数字硬盘录像机等设备。车站级可以满足车站工作人员和驾驶员的图像显示、录像功能、图像文字叠加、驾驶员监视功能等要求。

控制中心设备主要满足中心调度人员实时监控所管辖车站和录像。其设备主要有视频解码设备、数字硬盘录像机、中心网络管理终端、中心控制盘和监视器，可保证每个使用人员有一套独立设备，互不干扰。

6．时钟系统

时钟系统是为运营准时、服务乘客、统一全线设备标准时间而设置的系统。系统采用 GPS 标准时间，使全线时间完全一致。

时钟系统由一级母钟、二级母钟和子钟组成。控制中心设置一级母钟，一级母钟的设置满足多条线路的共享。各车站、车辆基地应设置二级母钟；中心调度室、车站综合控制室、牵引变电所值班室、站厅、站台层及其他与行车直接有关的办公室等场所设置子钟。

一级母钟接收外部卫星定位系统基准信号和同步系统提供的标准时间信号，一级母钟定时向二级母钟发送时间编码信号用以校准；二级母钟产生的时间信号，传输给子钟。一级母钟、二级母钟应配置数字式和指针式多路输出接口，一级母钟应配置数据接口；子钟可采用数字式或指针式，根据用途采用双面或单面显示。

## 五、行车凭证

行车凭证是指列车进入区间或闭塞分区的凭证。只有在设备故障或者非正常发车时才填发行车凭证。行车凭证分为两大类：

一是采用基本闭塞法时，行车凭证为自动闭塞的列车速度码及出站信号机的显示；

二是当基本闭塞法停止使用后采用电话闭塞法时，行车凭证为路票或特殊情况下使用的调度命令（书面命令、口头命令等）。

1．路票

路票是在电话闭塞法行车时，根据区间空闲相邻两站所承认闭塞的电话记录号码而填发的行车凭证。

路票的要素包括：电话记录号码，车次，列车运行方向，车站行车专用章，行车值班签名，日期，具体样式如图 3-5 所示。

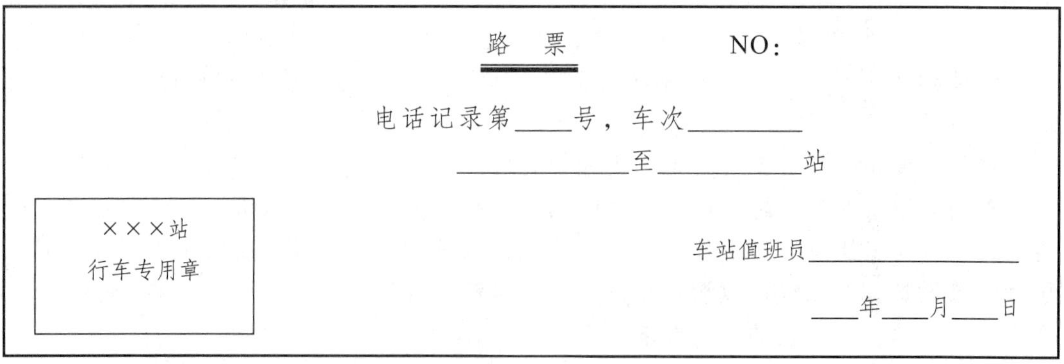
路　票　　　NO:

电话记录第____号，车次________

____________至__________站

×××站
行车专用章

车站值班员______________

____年____月____日

（注：规格 74 mm × 88 mm）

图 3-5　路票样式示意图

2．调度命令

调度命令是指在按规定进行某些行车作业时，向行车值班员、司机发布的作业指示，具有严肃性、授权性和强制性。调度命令只能由当班行车调度员发布，且一事一令，先拟后发。接调度命令后，行车值班员栏须由当班值班员手写，无本站行车专用章的调度命令单不能作为行车凭证使用；调度命令单的填写必须符合固定的规范（见图 3-6）。

**调　度　命　令**

表号：　　　　　　　　　　　　　　____年____月____日____时____分

| 受令处所 | | 命令号码 | 行调姓名 |
|---|---|---|---|
| | | | |
| 命令内容 | | | |

行车专用章________　车站值班站长________

（注：规格 110 mm × 160 mm）

图 3-6　调度命令样式示意图

## 任务解析

城市轨道交通行车技术设备以指挥行车、保证安全和提高效率为首要任务，在城市轨道交通的运营中起到重要作用。行车技术设备通过线路、道岔实现列车的正常行驶工作；通过信号系统、通信系统和行车凭证实现列车有序、安全的运营，为乘客提供优质的乘车服务。

## 任务拓展

一、无线列车调度电话的功能分类

（1）调度电话是为控制中心调度员组织、指挥所辖范围内的值班员而设的一种专用通信设备，为控制中心调度员与各车站、车辆段（或停车场）值班员以及办理行车业务直接有关的工作人员提供专用的直达通信工具。其必须迅速、可靠地直通电话，同时不应接入与本业务无关的电话；设有行车调度电话、电力调度电话、防灾调度电话、客运服务调度电话和总调度电话等。

（2）站内集中电话是站（场）值班员与本站（场）其他有关值班人员进行联系的点对点直通电话。

（3）站间电话是保证安全行车的专用电话设备，供相邻车站值班员之间办理有关行车业务联系时使用。在其回线上不得连接其他电话，应保证相邻值班员无阻塞地直达通话。

（4）区间电话是供驾驶员和区间维修人员与邻站值班员及相关部门联系的电话，区间内每隔 150～200 m 安装一部电话。

（5）紧急电话是在紧急状态下供乘客或车站工作人员使用的，用户摘机即可与本站车控室值班员或具有车控功能的客服中心值班员进行通话。

（6）接车电话供站台值班员与控制中心行车调度员进行接发车通话时使用。

（7）市内直线电话是供轨道交通相关部门或人员与地方相关部门直接联系的电话。其中，主变电所至地方供电局，控制中心防灾救援中心至市消防局、防汛指挥中心、地震监测部门之间应设置成热线电话并具有录音功能。

二、广播系统的广播内容与范围

1．面向乘客

广播内容：通知列车到站、离站、线路换乘、时间变更表、列车误点、安全状况；播放音乐以改善候车环境。

广播范围：站厅、站台、列车车厢。另外还可进行防灾广播，在突发或紧急情况下组织指挥事故抢险，提高应急响应能力。

2．面向运营工作人员

广播内容：发布有关通知信息，协同配合工作。

广播范围：办公区、站台、站厅、运用库、段内道床群附近和人行道。

三、广播系统不同级别的内容

中心广播台设置在控制中心，具有语音和信号等控制功能，供环控调度、行车调度、维修调度使用，在紧急情况下，调度人员可对中心和车站任何区域广播；站长广播台设于车站控制室，具有语音、信号及各种控制功能，有人工广播、线路广播、预存广播，车站值班员可对站台、站厅、办公区广播。

站台广播台是全天候、有防护门的对讲台，具有防水设置，在恶劣环境下使用。站台广播设于站台中部的墙上，每个站台一个，用于站台定向广播。

轨旁广播设于地面站轨道沿线，对检修区域定向广播。

# 任务二 车站行车组织作业

## 任务导入

城市轨道交通车站的管理主要分为客运服务工作和行车组织工作，通常我们看到的工作人员引导乘客上车、为乘客售检票、回答乘客询问等工作都属于客运服务工作。而车站内一些看不到的工作人员也同样在辛苦地忙碌着，他们所从事的就是利用行车技术设备进行车站的行车组织工作。

## 一、车站行车组织工作简介

行车组织工作，是城市轨道交通的重要工作内容。它是指以列车运行图为基础，通过调度指挥与信号、道岔、进路等精确配合，使列车在线路上正常运行，质量良好地完成城市轨道交通运输生产任务而进行的技术组织工作。而车站的行车组织工作，特指在车站范围内进行的行车组织工作，它仅仅是繁杂的行车工作中的一小部分。

## 二、行车作业的基本要求

车站行车作业包括列车接发作业、列车折返作业等。车站行车作业应按照列车运行图的要求，不间断地接发列车与折返列车，确保行车安全与乘客安全。

对车站行车作业的基本要求如下：

1．执行命令听从指挥

严格执行单一指挥制，车站行车作业由车站值班员统一指挥。列车在车站时，列车司机应在车站行车值班员的指挥下进行工作。车站行车值班员应认真执行行车调度员的命令和上级领导的指示。

2．遵章守纪按图行车

认真执行行车规章制度，遵守各项劳动纪律。办理作业正确及时，防止错办和忘办，严禁违章作业。当班必须精神集中，保证车站安全、不间断地按列车运行图接发列车。

3．作业联系及时准确

联系各种行车事宜时，必须程序正确、用语规范、内容完整、简明清楚，防止误听、误解和臆测行事。

4．接发列车且迎目送

接发列车严肃认真，姿势端正，认真做好看、听、闻，确保列车安全运行。

5．行车表报填写齐全

行车表报包括各种行车凭证、行车日志和各种登记簿。行车凭证有路票、绿色许可证和调度命令等，登记簿有“调度命令登记簿”“检修施工登记簿”和“交接班登记簿”等。应按规定内容、格式认真填写各种行车表报，保持表报完整、整洁。

## 三、行车作业制度

为加强车站行车作业组织，必须建立和健全各项行车作业制度，做到行车作业制度化、程序化、标准化。车站行车作业的制度主要有车站行车值班员岗位责任制、交接班制度、检修施工登记制度、道岔擦拭制度、巡视检查制度和行车事故处理制度等。

### （一）车站行车值班员岗位责任制

车站行车作业实行单一指挥制，车站行车值班员是车站行车作业的组织者和指挥者。根据行车作业和岗位的需要，车站还可指定可胜任的人员协助行车值班员工作。车站行车值班员的岗位职责是：执行行车调度员的命令和指示，监视列车到发、乘客乘降情况。集中站行车值班员还需监视行车控制台的进路开通方向、道岔位置及信号显示，监视列车运行状态和乘客乘降情况。在实行车站控制时，按列车运行图及行车调度员下达的列车运行计划办理闭塞、排列进路、开闭信号、接发列车；填写行车凭证和其他各种行车表报；办理设备检修施工登记；组织交接班工作。

助理车站行车值班员的岗位职责包括：接送列车、监护列车运行，交递调度命令及行车凭证，手信号发车，调车作业现场组织，进行站线巡视和协助乘客乘降组织。在不设助理车站行车值班员岗位时，上述职责由站台站务员承担。

### （二）车站交接班制度

车站行车值班员交班时，应将列车运行状态和设备状态、上级指示和命令及完成情况等填记在“交接班登记簿”上，并口头向接班车站行车值班员交代清楚。

车站行车值班员接班时，要了解列车运行情况，对行车设备、备品、报表进行检查后，签认接班。

### （三）检修施工登记制度

对各项检修施工作业，车站行车值班员应根据计划，向施工负责人交代有关注意事项后，方可登记。凡影响行车作业的临时设备抢修，要与行车调度员联系作业时间并获同意后，方可登记。检修施工作业结束后，行车设备经试验、确认技术状态良好，方可签认注销。

### （四）道岔擦拭制度

道岔必须由专人负责，定期擦拭。擦拭道岔，必须与行车调度员联系，办理控制权下放手续。道岔擦拭时，车站控制室要有人监护，不准随意扳动道岔；擦拭道岔人员一律穿绝缘鞋，携带防护用具，擦拭前施放木楔，无关人员不得擅自进入道岔区；如需转换道岔，室内监护人员与现场擦拭人员应进行联系，说明道岔编号及定、反位。道岔擦拭完毕，要认真清理现场，清点工具，撤除木楔，并检查有无妨碍列车运行及道岔转换的物品；试验道岔及确认良好后，与行车调度员办理控制权上交手续，有关按钮由信号人员加封并做记录；填写“道岔擦拭登记簿”。

### （五）巡视检查制度

送电前，车站值班员应进行站线巡视，检查线路上有无影响列车运行的异物。对站内检修施工后的现场进行巡视检查，复核检修施工登记注销情况等。

### （六）行车事故处理制度

发生行车事故，应立即采取有效措施进行处理，同时向行车调度员及有关部门报告。认真记录事故发生的时间、地点、列车车次、车号、关系人员姓名、人员伤亡和设备损坏情况。赶赴现场，查找人证与物证，并做好记录。清理现场，尽快开通线路，并恢复运营。对责任行车事故，应认真找出原因，提出处理意见，制定防范措施。

## 四、车站行车作业

车站行车作业主要包括列车进路办理和电话闭塞法下的车站行车作业组织两部分内容。

### （一）列车进路办理

1．列车进路与联锁的概念

列车在车站到达、出发或通过所需占用的一段线路称为列车进路。列车进路的排列通常涉及道岔位置的转换，列车进路的防护则由设置在进路入口处的信号机担当。为了确保列车进路的安全，在道岔、进路和信号机三者之间的相互制约关系为联锁。联锁设备是实现联锁关系的技术设备。

联锁关系可以归纳为以下几点：① 只有进路上有关道岔开通位置正确并锁闭，敌对进路未排列，防护这一进路的信号机才能开放。② 当防护某一进路的信号机开放以后，该进路上的所有道岔均不能转换。③ 当防护某一进路的信号机开放以后，所有敌对进路的信号机均不能开放。

2．办理列车进路

（1）电气集中联锁。

在采用电气集中联锁设备时，列车进路办理在行车控制台上进行。在行车控制台上按下拟办理进路的始始、终端按钮，只要该进路区段无列车占用且无敌对进路存在，与进路有关的所有道岔即会自动转换到规定位置并锁闭，即进路排列完成。

此时，在行车控制台的显示盘上，选出的进路从始端到终端呈现一条白色光带，防护该进路的信号机也同时开放，信号表示器显示绿灯。

当列车驶入进路，防护信号机关闭，信号表示器显示红灯，白色光带随着列车运行逐段变为红色光带，表示该进路被占用。

列车出清进路后，光带由红色变为灭灯状态，表示该进路已经解锁。进路解锁可以分段解锁，也可以一次解锁。

（2）微机联锁。

采用微机联锁设备时，列车进路办理在操作员工作站上进行。

在工作站显示器窗口的视图上进行操作，计算机根据输入的操作命令，经过联锁判断，自动建立进路、开放信号。当列车驶入进路，防护信号机关闭。随着列车的运行，进路可逐段解锁。

## （二）电话闭塞法下的车站行车作业组织

在城市轨道交通行车组织工作中，通常采用自动闭塞法行车，又称基本闭塞。当改用电话闭塞法行车时，必须有行车调度员的命令。由于电话闭塞法行车时无设备控制，为了防止因疏忽向占用区间发车，造成同向列车追尾，要求车站值班员在接发列车作业过程中，严格按照规定的作业程序和要求进行，以确保接发列车作业安全。

电话闭塞法行车时，车站值班员办理接发列车作业的内容、程序与办法如下：

1．办理闭塞

发车站向接车站请求闭塞。接车站确认接车区间空闲，接车进路准备妥当后，向发车站发出承认某次列车闭塞的电话记录号码，并填写“行车日志”。所谓进路准备妥当是指接发列车进路空闲、有关道岔位置正确和影响接发列车进路的作业已经停止。闭塞办妥后，因故不能接车或发车时，应立即发出停车手信号进行防护，并由提出一方发出电话记录号码作为闭塞取消的依据，取消闭塞应及时向行车调度员报告。

2．发出列车

发车站接到接车站承认闭塞的电话记录号码后，填写路票交给列车司机，向司机显示发车手信号。列车出发后，发车站向接车站和行车调度员报点，并填写“行车日志”。

3．接入列车

接车站在列车停车位置向司机显示停车手信号。列车整列到达停妥后，向列车司机收取路票。

4．闭塞解除

接车站在列车整列发出或进入折返线，以及接车进路准备妥当后，向发车站发出到达列车闭塞解除的电话记录号码。向行车调度员报点，并填“行车日志”。

需注意：由于采用的设备类型和行车组织方式不同，对电话闭塞法时的接发列车作业内容、程序与办法的规定存在一定的差异。

# 任务三　车站施工作业管理

## 任务导入

在城市轨道交通运营结束后，还有列车会行驶在轨道线路上。这并不是什么奇怪的现象，而是运营工作人员在对列车进行调试作业。除了调试作业外，轨道交通的很多工作都需要在夜间进行。由于轨道交通是一个复杂、庞大的系统，因此很多设备需要在运营结束后进行检修，我们把对这些设备的检修、维护等工作统称为夜间施工作业，而车站是夜间施工作业的主要卡控点。

## 一、车站施工作业的概念

车站施工作业，是为城市轨道交通运营提供安全保障的重要工作。白天，列车一趟趟地在线路上运行，只有夜间结束运营后，才可以对轨道及车站的设备进行维修和保养。城市轨道交通行车设备由轨道、供电、机电、信号、通信等 10 多个专业组成，各专业设备都要按照检修周期与工作内容对其设备进行检修。由于检修工作都集中在夜间这个有限的时间、空间和工作平面内，这就要求有严格的统一计划、统一指挥、统一组织、统一协调的管理手段及协调部门。处理好调度、车站、行车、检修等方面的关系，以确保设备检修和工程施工工作安全、优质、高效。

## 二、施工作业的分类

### （一）按照施工作业的范围和性质划分

（1）影响正线、辅助线行车的作业。如：开行工程车的施工作业，触网停电作业，车站范围内影响行车设备的施工作业等。此类施工作业，均须经行调批准，方可进行。

（2）在车场线范围内的施工。此类施工作业须经车场运转值班员同意方可进行，如影响正线行车须报行调批准。

（3）在车站范围内进行但不影响行车的施工作业。此类施工作业如由公司内部单位进行施工，须经车站批准；如由外部单位施工，须经涉外单位生产管理的职能部门同意，与有关车站或车场协调，经车站或车场批准方可进行。

### （二）按施工计划的时间划分

按施工计划的时间可分为周计划、日补充计划、临时抢修和抢险计划。

## 三、施工计划的编制原则

（1）周施工作业计划的安排应确保在安全的前提下考虑均衡性，避免集中作业。

（2）处理好列车的开行时间和密度、施工封锁等几方面的关系，避免和克服抢时、争点现象。

（3）施工作业系统计划内的各项作业应注明施工日期、作业起止时间、作业内容、作业区域、负责人、安全事项、是否停电及其他应说明的问题。

（4）确保计划的严肃性，规定日补充计划不能超过周施工计划数的一定比例。施工计划一般需要各专业的相互配合与协调，合理安排，不得随意更改。

## 四、施工作业组织

城市轨道交通企业施工检修作业应按《施工检修作业管理办法》严格办理、控制中心调度负责对申请的各施工检修作业统一编制定期施工计划，并根据情况分期对施工计划进行调整，将每周的施工作业下发车站。在车站管辖范围内的任何施工均应在车站行车控制室登记，在得到行车值班员的签字确认后方可进行；对影响运营的施工检修作业，如信号设备检修、道岔检修等作业必须得到控制中心的同意后方可进行。

车站施工作业内容一般包括施工登记、施工注销、施工延长、异地注销等。

### （一）施工登记

施工负责人应在施工开始前规定时间到车站行车控制室按要点施工，行车值班员核对施工作业计划，向控制指挥中心申请，在得到控制指挥中心同意后，由施工负责人填写“施工检修作业登记簿”，行车值班员确认无误后，签字同意，施工作业方可开始。

### （二）施工注销

施工负责人应在规定的施工作业时间内完成施工检修作业，并到车站行车控制室进行施工注销，行车值班员对施工检修作业后的运营设备进行检测并确认工作状态正常，以及施工场地、人员、工具出清后，向控制指挥中心报告后签字确认施工注销。

（三）施工延长

因故施工检修作业未能在规定的施工时间内完成，施工负责人应在规定施工结束时间前的规定时间至车站行车控制室申请施工延长，行车值班员应立即向控制指挥中心汇报，控制指挥中心同意后，应先对原施工进行注销，重新进行施工登记后方可进行。如施工延长未得到控制指挥中心的同意则施工按原规定时间结束并注销。

（四）异地注销

施工作业登记开始与注销不在同一车站办理称为异地注销。异地注销施工在进行施工登记时应向车站说明情况并由车站向控制指挥中心汇报，得到同意后，由登记站行车值班员电话通知注销站值班员，两站均须对施工进行登记；施工结束，施工负责人在注销站办理施工注销手续，车站行车值班员向控制指挥中心汇报并通知登记站同时对施工进行注销手续。车站为确保行车安全应建立健全各类行车作业、管理的规章制度，这些制度包括车站行车控制室的管理、交接班制度、行车值班员岗位责任制、道岔保养制度等，对车站的行车组织工作进行规范管理，确保行车安全。

## 五、特殊施工作业

特殊施工作业一般是指典型的、具有一定特殊性或危险性的施工作业，如使用电客车或工程车的施工作业，需要对接触网停电的施工作业以及影响通信系统的施工作业等。

（一）动车施工

每日运营结束后车站值班员需查看本日施工计划，若本站在动车施工范围内则应再次确认本站管辖范围内无其他施工与该动车施工冲突；运营结束后根据行车调度的调度命令使用电话闭塞或自动闭塞办理列车的出库；列车出库后，至相应站办理施工申请手续，该站行车值班员根据行车区域施工办理手续申请施工；其他施工相关车站在列车施工期间做好安全监护工作；施工列车施工结束后回注销车站注销施工，该站行车值班员根据行车区域施工办理手续注销该施工；列车回库所经各站根据行车调度下达的调度命令，使用电话闭塞或自动闭塞办理列车的回库作业。

（二）触网停电施工

每日运营结束后车站值班员需察看本日施工计划，若本站在触网停电施工范围内则应确认无其他必须带电施工与该触网停电施工冲突；运营结束后施工人员至相应车站办理申请手续，该站行车值班员确认需触网停电后，根据行车区域施工办理手续向行车调度员申请该施工，并申请触网停电。行车调度员通知电力部门指挥办理，触网停电完毕后发布施工命令后同意该施工。施工结束后施工现场负责人回登记车站注销施工并申请触网送电，该车站行车值班员根据行车区域施工办理手续注销该施工；行车调度发布施工注销号码，注销该施工后通知电力部门办理触网送电操作。触网送电完毕后相关集中站确认触网处于供电状态，以便次日正常运营。

（三）影响通信设备施工

施工人员至相应车站办理申请手续，该站行车值班员需向施工现场负责人再次核实影响哪些通信设备，再根据行车区域施工办理手续，向行车调度员申请该施工，并说明影响的通信设备。行车调度员根据当日施工计划及实际情况发布施工命令后同意该施工，车站值班员告知邻站临时通信方式后同意该施工。

施工期间发生通信设备严重故障时按《通信设备故障预案》办理。施工结束后施工现场负责人回车控室注销施工，车站值班员确认相关通信设备恢复正常后向行车调度员注销该施工并通知邻站恢复正常通信方式。

（四）施工冲突

动车作业区域内不安排其他检修施工同时作业。两列或两列以上动车在同一线路同时作业时，相邻动车须设置一定的安全防护距离；动车和其他无须动车的检修施工在同一线路同时作业时，安全防护距离至少为一站一区间；电动列车和其他需接触网停电的检修施工在同一线路同时作业时，须设置一定的安全防护距离。

## 任务拓展

### 城市轨道交通施工作业管理系统简介

城市轨道交通施工作业管理系统是一套依托互联网开发的数字化管理系统，主要服务于城市轨道交通的施工作业管理工作。其主要功能包括施工计划的填报、审批与下发，施工作业令的审批与下达，施工作业的请销点、施工时间延长，施工作业的统计与分析等功能。

目前，我国大多数城市轨道交通运营单位都采用了这种施工作业线上申请、线上审批的工作模式，大大提高了施工计划审批的效率，增强了施工作业管理的安全性，减少了传统施工作业需要的人力和物力，降低了企业成本。

# 情境再现

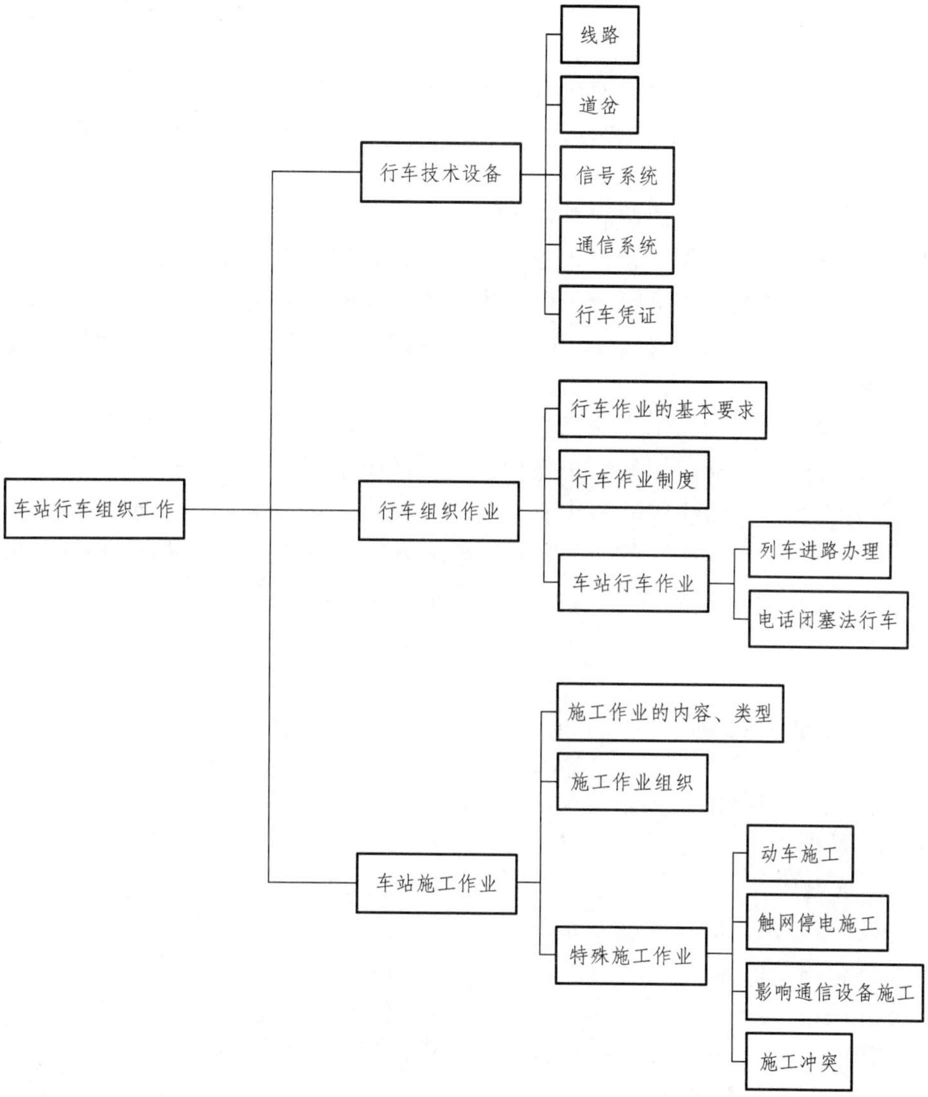
车站行车组织工作
行车技术设备
线路
道岔
信号系统
通信系统
行车凭证
行车组织作业
行车作业的基本要求
行车作业制度
车站行车作业
列车进路办理
电话闭塞法行车
车站施工作业
施工作业的内容、类型
施工作业组织
特殊施工作业
动车施工
触网停电施工
影响通信设备施工
施工冲突

# 课后习题

## 一、判断题

1. 行车组织是城市轨道交通运营管理最重要的内容之一。(　　)

2. 车站行车技术设备主要包括线路、道岔、信号系统、通信系统和行车凭证。(　　)

3. 存车线只能供列车待避和存放。(　　)

4. 信号机红色表示停车，禁止越过信号机，即信号处于关闭状态。(　　)

5. 现在新建的城市轨道交通线路绝大多数采用电气联锁。(　　)

6. 车站行车作业实行单一指挥制，行车调度员是车站行车作业的组织者和指挥者。(　　)

7. 列车在车站到达、出发或通过所需占用的一段线路称为列车进路。(　　)

8. 在城市轨道交通行车组织工作中，多数时间采用电话闭塞法行车。(　　)

9. 影响正线、辅助线行车的作业，开行工程车的施工作业，触网停电作业，车站范围内影响行车设备的施工作业，均须经车站值班员批准，方可进行。(　　)

10. 施工作业按施工计划的时间一般可分为周计划、日补充计划、临时抢修和抢险计划。(　　)

## 二、单项选择题

1. 列车在车站内到发、通过及停留的线路叫作(　　)。

A. 正线　　B. 到发线

C. 通过线　　D. 主线

2. 尖轨密贴是指尖轨与基本轨间，顶端(　　)以内无大于(　　)的间隙。

A. 4 cm　1 mm　　B. 4 cm　2 mm

C. 2 cm　1 mm　　D. 2 cm　2 mm

3. 当列车前方信号机显示红色时，下列说法错误的是(　　)。

A. 列车前方区间被占用　　B. 列车不能越过该信号机

C. 列车应停车观察再越过该信号机　　D. 列车前方进路未排好

4. 行车调度员与车站联系的首选工具是(　　)。

A. 无线调度系统　　B. 专用电话

C. 公务电话　　D. 对讲机

5. 无线列车调度电话主要用于行车调度员和(　　)之间的联系。

A. 值班主任　　B. 列车司机

C. 车站值班员　　D. 值班站长

6. 车站值班员不用执行下列哪个岗位的命令？（　　）

A. 值班站长　　B. 行车调度员

C. 客服部经理　　D. 列车司机

7. 为了确保列车进路的安全，道岔、进路和信号机三者之间的相互制约关系为（　　）。

A. 封锁　　B. 信号保护

C. 联锁　　D. 进路排列

8. 在车站范围内进行但不影响行车的施工作业如由公司内部单位进行施工，须经过（　　）批准后，方可作业。

A. 车站　　B. 行车调度

C. 车场调度　　D. 上级领导

## 三、多项选择题

1. 车站线路包括（　　）和存车线等。

A. 正线　　B. 配线　　C. 折返线　　D. 渡线

2. 按照道岔的分岔数量，通常将道岔分为（　　）等类型。

A. 单开道岔　　B. 双开道岔

C. 三开道岔　　D. 交分道岔

3. 城市轨道交通信号系统包括轨道交通信号、（　　）等部分。

A. 基础设备　　B. 联锁设备

C. 闭塞设备　　D. 传输设备

4. 通信系统主要包括（　　）、闭路电视系统、时钟系统等。

A. 传输系统　　B. 有线电话系统

C. 无线调度系统　　D. 广播系统

5. 车站行车作业的制度主要有车站值班员岗位责任制、（　　）、道岔擦拭制度等。

A. 交接班制度　　B. 检修施工登记制度

C. 巡视检查制度　　D. 行车事故处理制度

## 四、简答题

1. 简述城市轨道交通信号系统的作用。
2. 简述联锁设备的概念和要求。
3. 闭塞有几种方式？闭塞的发展前景如何？
4. 通信系统包括哪几个部分？其功能分别是什么？
5. 简述通信传输系统的概念及组成。

# 情境四 城市轨道交通客运组织

如今，城市轨道交通在公共交通系统中所起的作用越来越大。而城市轨道交通客运组织的基础知识，包括客运组织的概念、宗旨、特点、基本要求等，以及国内外客运组织、车站管理的区别，正是本情境要介绍的内容。

[学习目标]

1. 了解城市轨道交通客运组织的概念。
2. 理解城市轨道交通客运组织工作的宗旨、特点、基本要求。
3. 掌握城市轨道交通客流的基本概念及其影响因素。
4. 掌握车站日常客流组织方法。
5. 掌握大客流的分类及组织方法。
6. 掌握城市轨道交通换乘方式。

## 任务一 城市轨道交通客运组织认知

### 任务导入

“人进去，相片出来；饼干进去，面粉出来。”这是人们对北京地铁早晚高峰拥挤程度的无奈调侃。2013 年 3 月 8 日，北京地铁日客运量突破了 1 000 万人次，成为全球最繁忙的地铁之一。从 2013 年 6 月开始，每周一至周五，北京地铁的每日全线路网客运量均在 1 000 万人次以上，早晚高峰列车的间隔时间都在 2 分半钟以内，停站开关门的时间均以秒计。不仅是北京，国内许多城市的轨道交通也有类似的拥挤状况。

思考：如此大的客运量，如何才能保证每位乘客安全出行？

### 一、城市轨道交通客运组织的概念

城市轨道交通客运组织是指通过合理布置客运有关设备、设施，对客流采取有效的分流或引导措施，从而组织客流运送的过程。城市轨道交通主要通过合理的客运组织来完成其大容量的客运任务。

客运组织工作是城市轨道交通运营生产的重要组成部分，其质量直接反映城市轨道交通运营企业的管理水平。客运组织工作必须实行集中领导、统一指挥的原则，控制指挥中心（OCC）负责全线的客运组织工作，车站站（区）长或值班站长负责车站的客运组织工作。

## 二、城市轨道交通客运组织的宗旨

城市轨道交通与其他城市交通相比较，其特点可归纳为：速度快、运量大、安全性好、正点率高、服务优和污染少。要想完美诠释这些特点，必须做好城市轨道交通的客运组织工作。城市轨道交通客运组织的宗旨就是为乘客提供安全、准时、迅速、便利、优质的服务。

### （一）安　全

安全是城市轨道交通运营中不可忽视的重要问题，“安全第一”是乘客的基本需求和首要标准，也是轨道交通运营管理的主题。运营安全不但反映了轨道交通运营管理水平和运输服务质量，而且是城市轨道交通系统实现顺畅、高效运营的前提。运营安全有序是每个轨道交通运营公司所追求的目标，也是满足乘客需求、获得良好社会和经济效益的根本保证。

### （二）准　时

城市轨道交通运营单位根据行车组织、设备维护以及客流情况编制列车运行时刻表。运营各部门严格遵照时刻表执行，通过准时发车（见图 4-1）、及时报站、准时到站（见图 4-2），来实现轨道交通准时的目标，从而满足乘客准时到达目的地的需求。

图 4-1　列车发车时间显示器

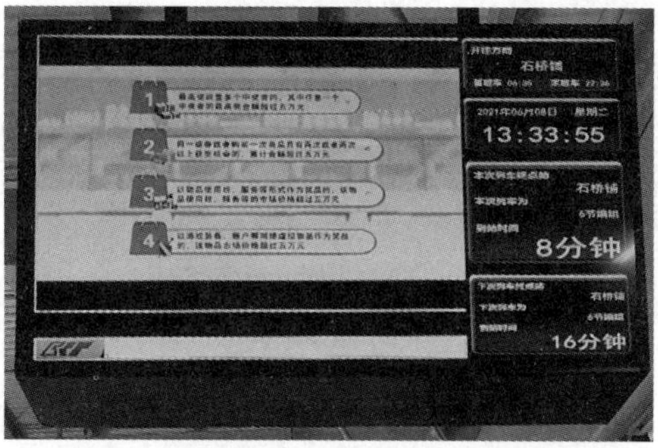


图 4-2　PIS 显示的列车到达时间

### （三）迅　速

在城市生活节奏越来越快的今天，是否能够迅速出行、到达，成为乘客选择交通工具的重要考量指标，城市轨道交通的迅速性主要通过出行时耗、列车旅行速度指标来反映。出行时耗是指乘客从起点到终点的总耗时，即乘客的旅行时间，它包括车内时间和车外时间。车内时间主要由列车旅行速度决定，车外时间包括到站台时间、候车时间、换车时间等几个方面，主要与线网布设、换乘方便性等因素有关。目前，城市轨道交通运营单位主要通过提高列车运行速度、缩短列车间隔、合理规划线网等手段来节省乘客出行耗时。

### （四）便　利

城市轨道交通的便利性主要体现在：列车间隔较短，可缩短乘客候车时间；购票、检票、进站和出站环节便于操作，进出站时通过乘坐自动扶梯可节约时间；干净整洁的卫生间可为乘客提供便利；完善的设备，如无障碍电梯和轮椅升降机可保证残疾人乘客顺利乘车（见图 4-3 和图 4-4）；合理的线网布局与站点设置可满足乘客的出行要求。

图 4-3　地铁车站无障碍直梯

图 4-4　地铁车站轮椅升降机

### （五）优　质

城市轨道交通在服务方面要为乘客提供干净、整洁的车站环境，适宜的车内温度、湿度，平稳的列车运行状况，以及低噪声等优质环境。

## 三、城市轨道交通客运组织工作的基本特点

城市轨道交通客运组织工作是城市轨道交通运营工作的核心，是直接反映城市轨道交通运营管理水平的标志之一，其特点如下：

一是城市轨道交通客运服务的对象是城市内的交通乘客，它不办理行李、包裹托运业务。

二是城市轨道交通全日客流分布在时间上有较为明显的高峰（一般为早晚高峰）

和低谷之分，高峰时段客流量集中，时间性强；在空间上有不同的区间客流分布。

三是全年客流分布在时间上按季、月、周、节假日有较大起伏。

四是服务对象较为广泛，包括各地区、各阶层、各职业的常住居民和流动人口。

## 四、城市轨道交通客运组织工作的基本要求

### （一）站容站貌整洁

车站内外应整洁、干净，门、窗、出入口应齐全、明净，各种设备和设施摆放整齐、有序、无积尘，站厅、通道及出入口的墙壁光洁，地面无痰渍和脏物，厕所清洁、卫生，照明充足、温度适宜（见图 4-5 和图 4-6）。

图 4-5　干净整洁的站厅

图 4-6　干净整洁的站台

### （二）导向标志清晰、完备

车站出入口应有站名标记，车站内应有到达出入口、检票口、站台、票务中心、卫生间、商铺、列车运行方向的指引标志牌，在乘客乘车的全过程不中断地提供导向信息（见图 4-7）。此外，车站还应有出入口外主要干道名称图、指引乘客换乘其他轨道交通线路或地面公交线路的换乘导向示意图等（见图 4-8）。

图 4-7　轨道交通车站内导向标志一

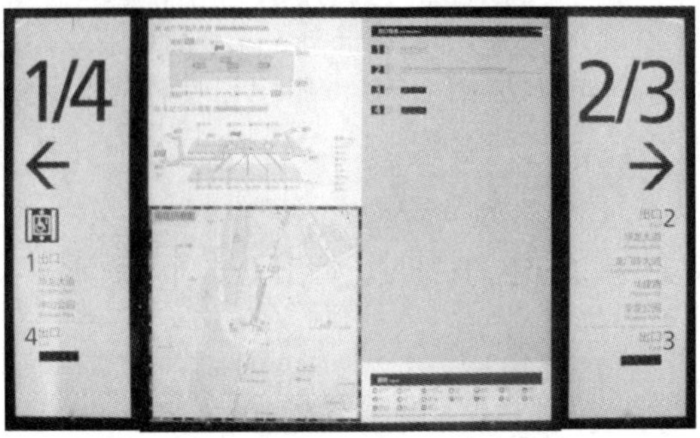


图 4-8　轨道交通车站内导向标志二

（三）服务质量第一

客运作业人员应遵守职业道德，文明礼貌、主动热情地为乘客服务。耐心、正确地回答乘客提出的询问，帮助乘客解决疑难问题。服务工作中做到耐心、虚心、细心、热心、贴心、真心。经常征求乘客的意见，及时改进工作，提高客运服务质量。

（四）遵章守纪

客运服务人员应认真执行各项客运规章制度，服从命令，听从指挥。执行客运工作任务时，客服人员应按规定着装并佩戴标志，仪表整洁，体现良好的精神风貌。

（五）掌握客流变化

车站及客运部门要经常进行客流调查与分析，积累客流资料，掌握不同时期的客流变化规律，及时有效地调整客流组织方案，确保乘客运输安全、平稳、有序。

（六）与其他部门紧密配合

客运作业人员应与地铁控制指挥中心、列车司机、故障维修部门、公安、消防等有关部门加强联系，密切配合，协同工作，确保列车按图运行，保障行车安全与乘客安全。

## 五、城市轨道交通客运组织的基本内容、程序和原则

（一）客运组织的主要内容

城市轨道交通客运组织的主要内容包括车站售检票位置的设置、车站导向的设置、车站自动扶梯的设置、隔离栏杆等设施的设置，以及车站广播的导向、售检票数量的配置、工作人员的配备、应急措施等。

### （二）乘客乘车的基本程序

不管是高架车站、地面车站还是地下车站，乘客进站的基本流程都是一样的，即购票、过检票机、通过楼梯去站台（侧式站台地面站一侧的乘客可直接进入站台）、乘车（见图 4-9）；乘客出站则相反（见图 4-10）。

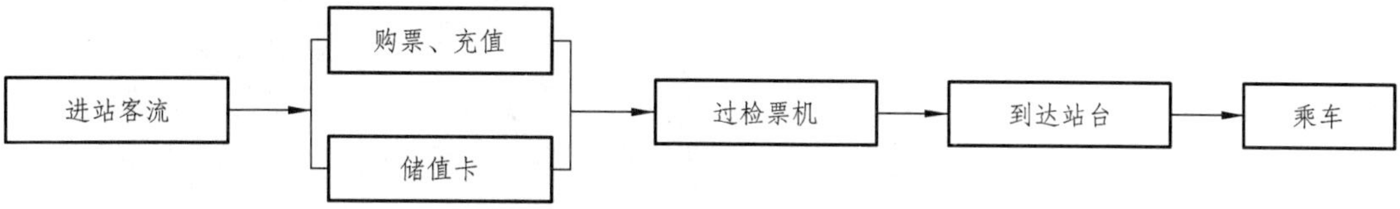


图 4-9　乘客进站流程

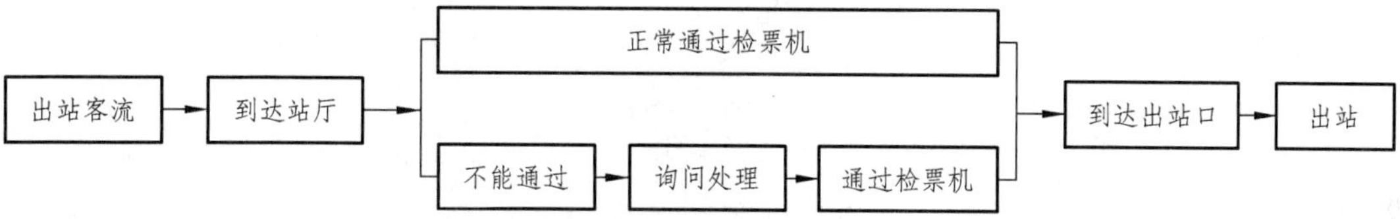


图 4-10　乘客出站流程

### （三）车站客运的组织原则

客运组织应以保证客流运送安全，保持客流运送过程的畅通，尽量减少乘客出行时间，避免拥挤，便于大客流发生时能及时疏散为原则。

（1）客运组织管理工作要与行车组织、线网规划相匹配，以方便乘客为原则。

（2）车站客流组织应有序、可控。

（3）乘客购票、进出闸机顺畅，均匀候车。

（4）进站客流与出站客流避免相互交叉干扰，换乘客流与进出站客流分开设计，尽量较少客流交叉、对流。

（5）合理安排售检票、出入口、楼梯位置，使行人流动路线简单、明确，最大限度地缩减乘客行走距离。

（6）车站出入口处应设置便于乘客换乘其他交通工具的标志。

（7）完善诱导系统，快速分流，减少客流集聚和过分拥挤现象。

（8）满足换乘客流在方便、安全、舒适等方面的基本要求，如专门为残疾人设计无障碍通道等。

## 任务拓展

以学习小组为单位，明确组长及各位同学的分工，调研所在城市的一个轨道交通车站。根据实地调研数据，绘制该车站的平面布局示意图，并在车站平面布局示意图上绘制乘客进、出站活动流线。

# 任务二　城市轨道交通客流认知

## 任务导入

四公里站作为重庆轨道交通 3 号线与环线的换乘站，是连接商业网点、生活网点、旅游景点的重要站点。根据相关调查发现，在国庆节旅游、购物的黄金周，大批游客的到来及市民在节假日期间的出行购物、休闲等会使客流大幅增加。春节期间，一般在年前 15 天与年后 25 天，出现大规模的乘客返乡、回城的运输任务，客流量会大幅增加。另外，在节假日前后，高峰小时客流比其他工作日的早、晚高峰小时客流都要大。

由于人们的工作与休息是以一周为周期进行循环的，因此这种活动的周期性必然会反映到一周内每天客流的变化上来。在四公里站，一周内每天客流情况均不同，周一至周五是工作日，在上下班期间客流量剧增；而周六、周日这种变化不明显，客流多以休闲、娱乐及购物为主，客流的高峰期也比工作日晚一些。

思考：四公里站成为换乘站后，客流有何变化？这些变化与哪些因素有关？

## 一、客流的概念

客流是指在单位时间内，轨道交通线路上乘客流动人数和流动方向的总和。客流的概念既表明乘客在空间上的位移及其数量，又强调这种位移带有方向性和具有起讫位置。

### （一）客流的几个数量指标

客流是由城市和郊区的固定人口以及外地住城市的临时人口，因生产、生活等需要出行乘车而构成的，其中包含时间、方向、地点、距离、数量等因素。客流流动的数量称为“流量”，流动的方向称为“流向”，流动的距离称为“流程”，流动的时间称为“流时”。

为了分析客流在公共交通线路上的具体分布，经常要了解某一路段或某一站点的乘客乘车情况，因而就产生了以下几个有关客流的数量指标。

（1）流向量：在单位时间内，向同一个方向乘车的乘客通过人数。

（2）客运量：在单位时间内，乘客乘车的总次数。

（3）通过量：在单位时间内，通过某站的单方向乘客人数。

（4）集结量：在单位时间内，某站需要乘坐公共交通车辆的人数。

（5）疏散量：在单位时间内，某站下车的乘客人数。

（6）待运量：在单位时间内，某站未乘上公共交通车辆的滞留在站上的乘客人数。

（7）客运工作量：在单位时间内，全部公共交通乘客的乘车总行程，用 $M$ 表示，单位为“人 · 千米”，计算公式为：

$$M=\sum_{i=1}^{m}K_iL_i$$

式中：$K_i$——站内或各断面人数；

$L_i$——各站站距。

（8）平均运距：单个乘客在公共交通工具上的运行里程，计算公式为：

$$平均运距=\frac{客运工作量}{乘客人数}$$

（9）客流交替量：在单位时间内，某站上下车的乘客总人数。

### （二）断面客流量

在单位时间内，通过轨道交通线路上某一地点的客流量称为断面客流量。断面客流量可分为上行断面客流量和下行断面客流量。城市轨道交通采用双线单方向运行，按右侧行车，南北向线路，往北为上行，往南为下行；东西向线路，往东为上行，往西为下行；环形线路，外环为上行，内环为下行。计算公式为：

$$P_{i+1}=P_i-P_{下}+P_{上}$$

式中：$P_{i+1}$——第 $i+1$ 个断面的客流量；

$P_i$——第 $i$ 个断面的客流量；

$P_{下}$——车站下车的人数；

$P_{上}$——车站上车的人数。

### （三）最大断面客流量

单位时间内，通过轨道交通各个断面的客流一般是不相等的，其中断面客流量的最大值称为最大断面客流量。上行、下行方向上的最大断面客流量一般不在同一个断面上。

### （四）高峰小时最大断面客流量

在以小时为单位计算断面客流量的情况下，全天各个小时最大断面客流量一般是不相等的，其中峰值称为高峰小时最大断面客流量。高峰小时最大断面流量是指列车在单位时间内某方向运送的最大客流断面的客流量。高峰小时最大断面客流量是确定车站设备容量和行车组织的基本依据，也是评估车辆拥挤度的一项重要指标。

### （五）车站客流量

车站客流量包括全日、高峰小时、超高峰期等不同时段在轨道交通车站上下车和换乘的客流量以及经由不同的出入口进出站的客流量。超高峰期是指在高峰小时内存在的一个 15 ~ 20 min 的上下车客流特别集中的时间段。车站高峰小时和超高峰期客流量决定了车站的设计规模，也是确定站台宽度、售检票设备数量、自动扶梯数量、楼梯与楼道宽度、出入口数量等车站设备容量或能力的基础资料。

## 二、城市轨道交通客流分类

### （一）按出行目的分

（1）工作客流：因工作和学习产生的客流，由上班流和学生流组成。特点是时间集中、客流量大、规律性强、高峰期短、稳定性高，是高峰时客流的主要来源，也是全日客流量的主要部分。

（2）日常客流：由人们的日常活动构成，如探亲、访友、购物、就医、娱乐、体育、出游等。这种客流在一天中持续的时间长，受气候变化和季节变化影响较大。

### （二）以出行时间分

（1）平时客流：周一至周五的客流，比较稳定，每个时间段的客流情况容易掌握。

（2）特殊日客流：周末客流和节假日客流，流量变化大，发生时间突然，每周或者每年的情况都会有差异。

### （三）以乘距长短分

（1）城市客流：起始点和目的地都在市内的客流，其乘距短、流量大、时间性强，高峰低谷明显，起伏变化大，换乘交替频繁。

（2）市郊客流：流量相对较小，乘距长，早晚方向差异大，早晨主要从市郊流向市内，傍晚从市内流向市郊。

### （四）按照客流真实性分

（1）实际客流：通过城市轨道交通自动检票设备及人工检票计算得出的实际客流量。

（2）预测客流：通过一定的客流及影响客流因素调查后预测得出的未来一段时间后的客流量，预测客流与真实客流存在一定误差。

### （五）按照客流来源分

（1）基本客流：轨道交通线路既有客流加上按照正常增长率增加的客流。

（2）转移客流：由于轨道交通具有快速、准时、舒适等优点，使原来经由常规公交和自行车出行转移到经由轨道交通出行的这部分客流。

（3）诱增客流：轨道交通线路投入运营后，促进沿线土地开发、住宅区形成规模、商业活动繁荣所诱发的新增客流。

## 三、影响客流的因素

影响城市轨道交通客流量的因素众多，不同时间周期的客流量统计指标也会受到不同社会因素与经济因素的影响。一般来说，年客流量、月客流量受到宏观经济因素影响的可能性较大；日客流量受到自然气候条件、节假日、重大活动日影响的可能性较大。城市轨道交通客流的影响因素主要有以下几方面：

### （一）轨道交通沿线土地利用情况

土地的利用情况包括土地的用途、城市各区域功能的定位、用地上进行的社会经济活动的类型等。轨道交通土地的利用情况与客流是相对应的，如一些成熟社区和商业区，客流量稳定且有保障；而新开发的郊区，客流量相对较少。

### （二）城市布局发展模式

土地利用规划对城市布局发展模式有着重要影响，在城市，由单中心布局发展到单中心加卫星城镇布局，又进一步发展到多中心布局的过程，通常伴随着客流的大幅增长。

### （三）人口规模与出行率

城市中的人口规模和轨道交通的客流量有着密切关系，其中，人口包括常住人口、暂住人口和流动人口。另外，人口的年龄、职业、居住区域、出行目的等也对客流量有影响，不同人群的出行率存在差异。一般规律是：常住人口中，中青年人群的出行率高于幼年和老年人群的出行率，上班、上学人群的出行率高于退休人群的出行率，市区人口的出行率高于郊区人口的出行率；暂住人口、流动人口中，旅游人群的出行率高于民工人群的出行率，流动人口的出行率高于常住人口的出行率等。

### （四）客运服务的价格与质量

票价是影响客流的重要因素，市民的消费能力与收入水平直接相关，轨道交通的客源主要来自中、低收入人群，而中、低收入人群对票价的变动比较敏感，当轨道交通票价支出占收入水平的比例较大时，选择轨道交通方式出行的客流就会下降。

乘客会权衡各种出行方式的票价高低及性价比来选择出行方式。在收入水平稳定的情况下，只有轨道交通的性价比高于其他出行方式时，轨道交通才具有吸引客流的优势。

### （五）轨道交通服务水平

列车频率、运送速度、列车正点率、舒适便利、乘车安全、乘车环境等都可以体现轨道交通的服务水平，在可选择出行方式增多的情况下，市民会根据自己的收入水平选择服务水平较高的出行方式，因此，服务水平是影响客流及潜在客流需求的关键因素。

（六）政府的交通运输政策

大城市确立以公共交通为主、个体交通为辅的交通运输政策，优先发展公共交通、大力发展轨道交通、控制自行车与私人汽车的发展，对引导市民利用公共交通与轨道交通出行有重要意义。要实现这一交通运输政策，首先是加快公共交通设施的建设，如提高轨道交通线网的密度、建成大型换乘枢纽等；其次是优化现有交通资源的利用，如完善轨道交通与常规公交、自行车、私人交通的衔接换乘，减少与轨道交通线路重复的常规公交线路等。

（七）交通网的规模与布局

多层次的轨道交通线网、合理线路布局及走向和功能完善的换乘枢纽，对实现城市中心区域 45 min 交通圈、增大轨道交通对出行者的吸引力、提高轨道交通在公共交通中的运量分担比例有着重要的作用。

（八）私人交通工具的拥有量

在客运需求稳定的情况下，利用私人交通工具出行越多，则通过公共交通出行的人数就越少。在发展个体交通，还是发展公共交通的问题上，国外的经验教训值得借鉴。西方国家的一些大城市曾对私人汽车的发展不加控制，结果在破坏城市生态环境的同时，出现了严重的道路拥挤和出行难问题，最后不得不重新转向发展公共交通和轨道交通的道路上来。因此，从优化出行方式结构和提高公共交通的客运比例出发，应有序控制私人汽车的发展。

## 四、城市轨道交通客流特点分析

（一）客流时间特点分析

1．一日内小时客流的特点

小时客流随人们的生活节奏和出行目的而变化，通常是夜间少，早晨渐增，上班和上学时达到高峰，午间稍减，傍晚又因下班和放学再次形成高峰，此后逐渐减少，子夜最少。

轨道交通线路走向、轨道交通站点周边土地开发情况、城市轨道交通所处交通走廊特点、城市轨道交通运能、城市轨道交通服务水平是影响轨道交通客流时段分布的主要影响因素。总结不同运能轨道交通的不同类型车站，可归纳出以下 5 种客流小时分布类型：

（1）单向峰型。轨道交通线路所处的交通走廊具有明显的潮汐特征，或者车站周边地区用地功能性质单一时（如郊区线路、通往市区外围的居住和工业区线路路段），车站客流分布集中，有早晚错开的上下车高峰，上午上学、上班形成早高峰，下午放学、下班形成晚高峰，其他时段是客流平峰期（见图 4-11）。

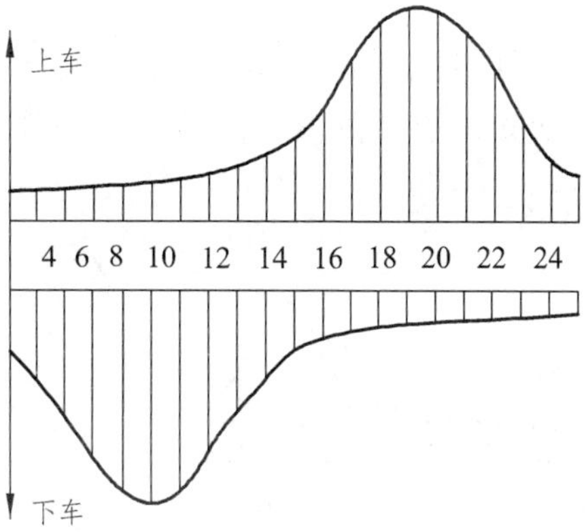

图 4-11　车站日客流为单向峰型

（2）双向峰型。当车站位于综合功能用地区位时，既有发生客流又有吸引客流，客流分布与其他交通方式的客流分布一致。在早晚上下班时段形成了轨道交通客流的双向高峰（见图 4-12）。

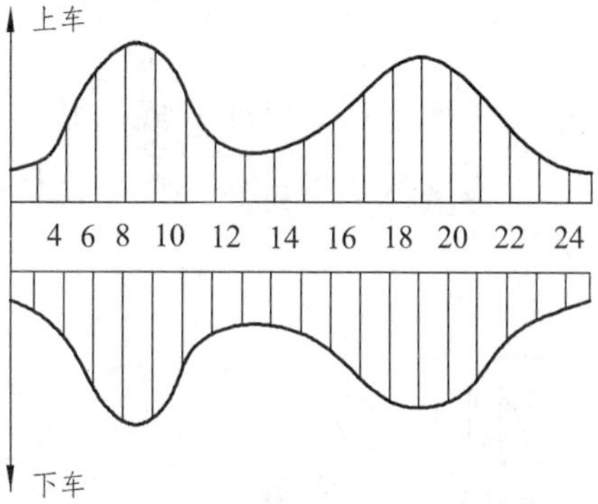

图 4-12　车站日客流为双向峰型

（3）全峰型。轨道交通线路位于沿线用地已经高度开发的交通走廊，或车站位于公共建筑和公用设施高度集中的地区时（如换乘车站或者是综合交通枢纽站），客流分布无明显的低谷，双向上下车客流全天都很大（见图 4-13）。

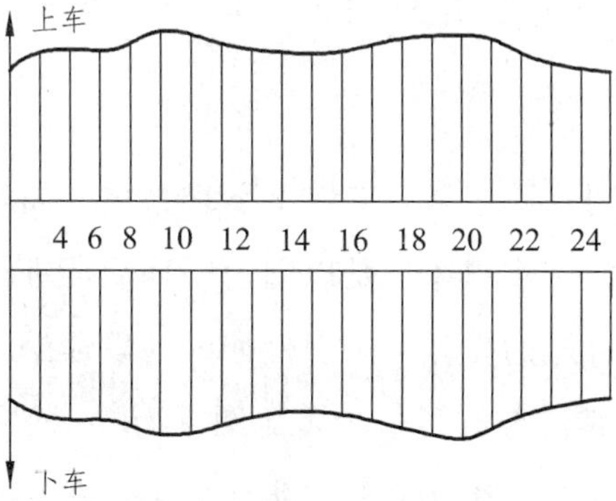

图 4-13　车站日客流为全峰型

（4）突峰型。车站位于体育场、影剧院等大型公用设施附近，演出节目或体育比赛结束时，有一个持续时间较短的突变的上车高峰。一段时间后，其他部分车站可能有一个突变的下车高峰（见图 4-14）。

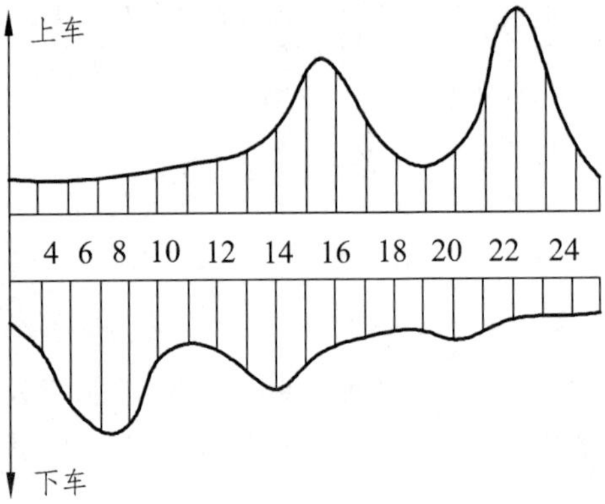


图 4-14　车站日客流为突峰型

（5）无峰型。当城市轨道交通本身运能较小，或车站用地未完全开发时，客流无明显上、下车高峰，双向上、下车客流全天都较小（见图 4-15）。

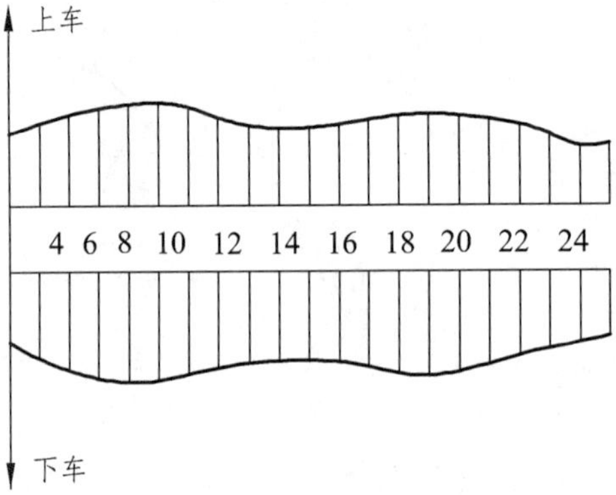


图 4-15　车站日客流为无峰型

2．一周内全日客流的特点

一周每日客流情况不同，周一至周五以上下班为主，周六、周日客流以休闲、娱乐、购物为主。由于人们的工作与休息是以周为循环周期进行的，这种活动的规律性必然要反映到一周内各日客流的变化上来。例如，在以通勤、学生客流为主的城市轨道交通线路上，双休日的客流会有所减少（见图 4-16）；而在连接商业网点、旅游景点的交通线路上，双休日的客流往往又会有所增加（见图 4-17）。

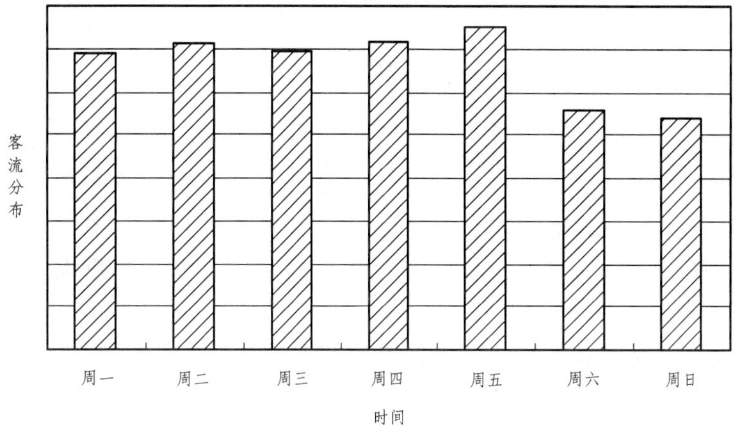


图 4-16 一周内全日客流分布规律 1

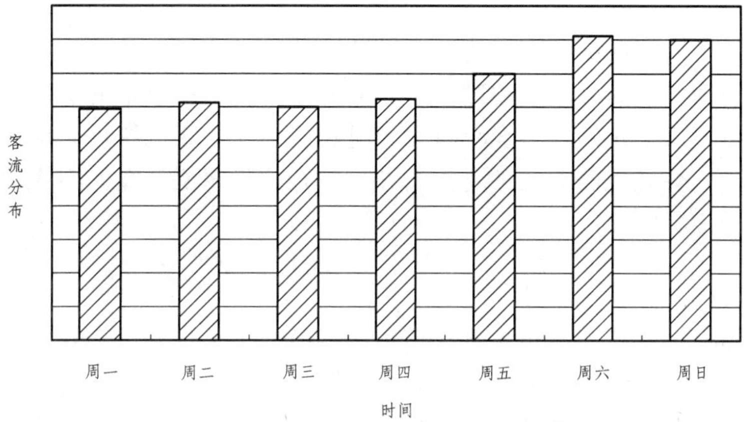


图 4-17 一周内全日客流分布规律 2

重庆轨道交通各线路日客流统计如图 4-18 所示。

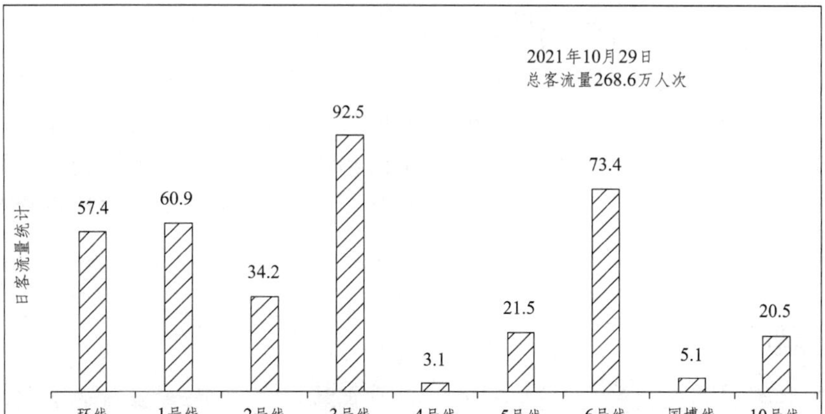


图 4-18 重庆轨道交通各线路日客流统计

另外，星期日与节假日后的早高峰小时客流和星期五与节假日前的晚高峰小时客流，都会比其他工作日早，且晚高峰小时客流要大。

3．季节性或短期性客流的特点

在一年内，客流还存在季节性的变化。例如，由于梅雨季节和学生复习迎考等原因，6 月份的客流通常是全年的低谷；另外，在旅游旺季，城市中流动人口的增加又会使城市轨道交通的客流增加。短期性客流激增通常发生在举办重大活动或遇到天气骤然变化的时候。

根据相关调查发现，季节性的轨道客流规律与节日特点密切相关，7—9 月与学生假期有关，10—12 月与“十一”长假、元旦节日活动有关。

## （二）客流空间特点分析

1．各条线路客流的分布特点

城市轨道交通线网的各条线路因其所在的城市客流走廊带不同、沿线用地性质不同，使其客流规模和分布规律各异。可以通过运营期间的客流统计数据分析各条线路的客流分布特征。各条线路客流的不均衡性，包括现状客流分布的不均衡和客流增长的不均衡两个方面。

2．上下行客流的分布特点

在城市轨道交通线路上，由于客流的流向原因，上下行方向发、到的客流通常不相等。在发射状的城市轨道交通线路上，早、晚高峰小时的上下行方向客流不均衡尤为明显。在上下行方向最大断面客流不均衡程度较大的情况下，直线线路上要做到经济合理的配备运力比较困难，但在环行线路上可采取内、外环线路安排不同运力的措施。

3．各个断面客流的分布特点

在城市轨道交通线路上，由于各个车站乘降人数不同，线路单向各个断面的客流存在不均衡现象是不可避免的。在线路单向最大断面客流不均衡程度较大的情况下，可采用在客流较大的区段加开区段列车的措施。但在行车密度较大的情况下，加开区段列车会有一定难度，并且加开区段列车对运营组织和车站折返设备都会提出新的要求。

## 任务拓展

以学习小组为单位，学生自主收集不同城市轨道交通运营公司的客流资料。学生根据所学理论知识及背景资料，分析客流的时间分布特征，提出相应的客流组织措施。

# 任务三　城市轨道交通客流组织

## 任务导入

上海轨道交通由上海申通地铁集团有限公司负责运营，按照上海市物价主管部门批复的轨道交通网络票价体系计价，有多种票价优惠情况和车票种类。

截至 2021 年 6 月，上海轨道交通共开通线路 19 条（含磁浮线），全网运营线路总长 772 km，车站 460 座（3 号和 4 号线共线段 9 个车站的运营路程不重复计算，多线换乘车站的车站数分别计数），并有 4 条线路延伸规划、5 条线路新建计划。据网络资料显示，上海城市轨道交通运营里程已经排名世界第一位，可是轨道交通拥挤的情况依然存在。

思考：上海轨道交通里程已属世界前列，可是拥堵的状况依然存在，与其他城市相比，怎样进行客运组织可以缓解拥挤的状况？

城市轨道交通以其安全、快速、舒适、环保的优势成为越来越多市民的出行首选交通工具，随着城市轨道交通网络化的形成，轨道交通承担城市出行客流量的比重逐步增大，车站的进出站客流量迅速增加，已建成车站的空间有限，与单位时间内因客流增加造成的车站可用空间不足相矛盾。解决这一矛盾的有效手段就是合理的客流组织。客流组织是为实现乘客运送任务，组织乘客按照预先设定的路线有序、安全地流动所采取的对应措施。

## 一、日常客流组织

按照乘客乘坐轨道交通在付费区与非付费区内的流程，将乘客的乘车流程分解为以下作业流程（见图 4-19）：乘客从出入口进入车站后先到站厅层购票，然后在进站

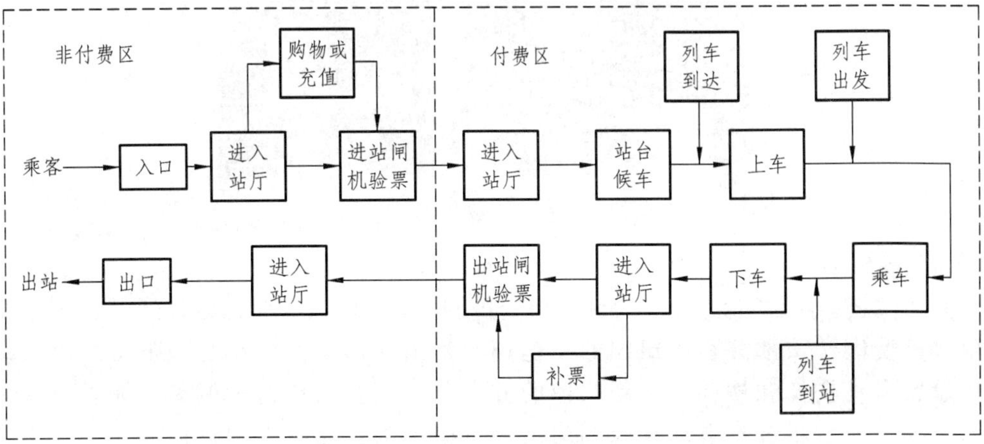


图 4-19　乘客乘坐城市轨道的基本流程图

闸机处刷卡检票进入付费区，然后到站台层候车，待列车到达后上车，到达目的车站下车，下车后从站台层到达站厅层，在站厅层出站闸机处检票出闸，通过导向标志指引选择正确的出入口出站。

## （一）进站客流组织

### 1. 进　站

市民需要乘坐城市轨道交通，进站是第一步。在乘客进站过程中，要分析乘客需求，确定对应客流组织措施。

（1）乘客需求：

① 乘客到达城市轨道交通车站方便、易达。

② 城市轨道交通出入口容易找到。

③ 城市轨道交通导向系统指示明确、清晰、易懂。

（2）客运设施设置要求：

① 出入口与其他交通方式换乘方便，换乘设施齐全、完善。

② 城市轨道交通出入口导向标识醒目，在车站 50 m 范围内设置连续指引标识（见图 4-20）。

③ 出入口位置设置合理，方便乘客到达，将出入口与周边物业、设施相结合，充分吸引客流。

图 4-20　轨道交通站外导向指引标志

（3）组织措施：

① 组织引导乘客经出入口、楼梯、自动扶梯、垂直电梯，通过通道进入车站站厅层非付费区。该部分客流组织的关键环节是出入口客流组织。地下车站出入口一般均设置自动扶梯和楼梯，自动扶梯的方向可以根据需要进行调整，如果只有一部自动扶梯，一般将该部自动扶梯调为向上方向，为出站乘客提供便利，利于出站乘客快速疏散。

② 楼梯根据宽度和出入口客流大小设置相应的隔离栏杆。当出入口客流不大时，进出站客流无须隔离分流，进出站乘客在楼梯上可混行；当出入口客流较大时，可在出入口楼梯、通向站厅层的通道内设置分流隔离设施，在通道内组织排队，确保进出站客流不相互干扰，不发生客流冲突；当出入口客流过大时，需在出入口限流，分批放行乘客进站或临时关闭出入口（见图 4-21）；在预测客流较大时，可提前在出入口设置限流栏杆，以减缓乘客进站速度。

图 4-21　临时关闭出入口

③ 对于与商场、物业连接的出入口，应考虑客流组成和出行特征，当客流较大时，应根据双方协议与相关单位共同制定措施组织客流。与商场、物业结合的出入口通道需与接入物业方商谈，确定出入口开关时组织乘客进站的注意事项及客流组织措施。

2．购　票

进入车站的乘客可以通过购买单程票、刷储值卡（一卡通）或扫描支付二维码进入付费区乘车。单程票可以通过自动售票机或半自动售票机购买；储值票可通过自动售票机或半自动售票机充值。

（1）乘客需求：

① 自动售票机或半自动售票机导向标识应醒目，进入站厅能很快找到。

② 能快速买到车票或给车票充值，等待时间短。

③ 在购票、充值过程中遇到问题（卡票、卡币、兑零等）能较快处理完毕。

（2）客运设施设置要求：

① 在非付费区设置一定数量的自动售票机和客服中心（通过半自动售票机人工处理车票、兑零等）。

② 自动售票机、客服中心的设置位置和数量合理，处于乘客进站流线上。

③ 站厅非付费区有增设临时票亭的空间。

（3）组织措施：

① 组织引导部分需要购票或充值的乘客到自动售票机购票、充值。该部分客流组织的关键环节是通过合理设置导流设施，组织乘客有序排队。车站可利用导流带、铁马、水马等隔离设施，使购票队伍不影响正常进出站客流。

② 尽力分散排队乘客，避免乘客大量集中于少数售票点，必要时可利用迂回隔离栏杆组织乘客排队。

③ 当排队乘客过多时，可加开临时票亭，安排人工售卖预制票或纸票，同时做好广播宣传和引导（见图 4-22）。

图 4-22　临时票亭

④ 合理安排补票时间，利用客流低峰时段对自动售票机补票，减少对高峰期售票速度的影响。

3．进　闸

乘客购票后，进站时需在进站闸机上检票进站，经过检票闸机检票后进入付费区，单程票和一卡通均需在检票机上刷卡。

（1）乘客需求：

① 进站闸机导向标识应清晰、明确。

② 闸机刷卡区域明确，容易辨认。

③ 不同需求的乘客（坐轮椅乘客、携带大件行李乘客等）均能快速过闸。

（2）客运设施设置要求：

① 站厅非付费区和付费区分界处设置数量合适的闸机，并应尽量置于客流进站流线上，缩短乘客进站走行距离。

② 闸机位置导向明确，验票指示简单易懂。

③ 闸机通过能力与车站客流量相匹配。

④ 设有一定数量供特殊需求乘客通过的宽通道闸机。

（3）组织措施：

① 引导乘客右手持票，站在进站闸机通道外方，排队依次检票进入付费区（见图4-23）。

图 4-23　右手持票检票

② 引导无票乘客或不能正常进闸的乘客至自动售票机或客服中心购票、处理车票。

③ 当有大量乘客进闸时，及时宣传组织乘客排队，引导乘客到较少人排队的闸机入闸，防止排队乘客阻挡出站客流。

④ 对携带大件行李或坐轮椅的乘客，引导其走宽通道闸机。

⑤ 对携带免费儿童的乘客，应宣传引导儿童走在成人前面通过闸机，或成人将儿童抱起通过闸机，避免闸机关闭夹伤儿童。

⑥ 可根据进出站客流实际情况，对双向闸机的方向进行调整，调整时须保证优先满足出站客流需求，同时尽量减少进出站客流交叉。

4．候　车

乘客检票入闸进入付费区后，可通过楼梯、自动扶梯或垂直电梯到达站台候车。

（1）乘客需求：

① 通过醒目的导向标识方便、快速到达站台候车。

② 在岛式站台上能迅速判定乘车方向。

③ 能清楚了解即将到达的列车时分，即需要等待的时间。

④ 能保证自己在站台候车的安全。

（2）客运设施设置要求：

① 在付费区设置楼梯、自动扶梯或垂直电梯，方便不同需求的乘客到达站台。

② 付费区和站台均有醒目的导向标识，引导乘客前往正确的站台及乘车方向。

③ 站台上设置适量候车座椅，便于有需要的乘客休息（见图 4-24）。

图 4-24　等候室

④ 安装站台屏蔽门，以保障乘客在站台候车的安全。

⑤ 采用自动广播系统和乘客信息显示系统，向乘客预告下趟列车到站时间等相关信息。

（3）组织措施：

① 乘客进入付费区后，通过导向标识、临时告示、隔离栏杆等，组织引导乘客快速经由楼梯、自动扶梯、垂直电梯进入站台层候车；必要时，可在自动扶梯下方设置铁马、水马等导流，减轻乘客在自动扶梯口的拥挤，将乘客疏散引导至站台均匀候车，防止乘客抢上抢下。

② 乘客到达站台后，通过导向标识和乘客信息显示系统指引，引导乘客选择正确的乘车方向，了解列车到站时间等信息，组织乘客快速离开自动扶梯出口区域，到安全区域候车。

③ 对设有屏蔽门的站台，需提示乘客不要倚靠屏蔽门，引导乘客在安全区域内按箭头方向排队候车（见图 4-25）。对未设屏蔽门的站台，应提示乘客站在安全线内有序排队候车，以免发生危险，特别要注意站台车尾位置，避免有乘客跳下或跌下站台。

图 4-25　有序排队候车

④ 站台站务员应根据客流情况及时引导乘客到人数较少的地方候车，并关注乘客动态，防止乘客违反安全候车的规定（如嬉戏打闹、吸烟、饮食等），发现危及乘客和行车安全的情况，必须及时处理和上报。

⑤ 及时提醒乘客不要在楼梯边缘和站台边缘区域停留，防止因拥挤发生意外事件。

⑥ 当有较多乘客需要上下楼梯时，应引导乘客顺序通行，并注意脚下台阶，同时应引导乘客按照导向标指示使用楼梯。

⑦ 站台无车时，站务员应巡视检查屏蔽门和端门状态、消防器材状态、自动扶梯运作情况、轨行区有无异物等情况，发现异常及时处理并上报；加强对站台四角的巡视，防止乘客进入区间。

⑧ 当有乘客物品落入轨行区时，应阻止乘客跳下站台捡拾物品，及时做好乘客的解释工作。在得到上级批准、保证安全的前提条件下，可使用拾物钳等专用工具帮助乘客拾起轨行区物品。

5．乘　车

列车到达站台，乘客应遵循先下后上的原则有序乘车。

（1）乘客需求：

① 安全有序上、下车。

② 列车运行准点、平稳。

③ 车内整洁舒适，能满足特殊乘客的需求。

④ 能及时了解列车运行、下一站站名、换乘站和哪侧车门即将打开等信息。

⑤ 发生意外情况能保障安全。

（2）客运设施设置要求：

① 站台与列车间的缝隙适当，不能过大，否则会影响上下车安全。

② 列车车门和屏蔽门对位标准，便于乘客上下车。

③ 车内有清晰可辨的列车运行线路图，配有轮椅专区、爱心座椅专区。

④ 列车符合运行标准，空调温度适宜，灯光配置合理，座位、把手数量适当，座椅舒适。

⑤ 列车上的乘客信息系统显示和广播信息及时准确。

⑥ 车内配有紧急情况下与司机通话的设备、手动开门装置。

（3）组织措施：

① 站台站务员应在列车即将进站前，立岗于紧急停车按钮（见图 4-26）旁，若发现乘客落入轨行区等危及乘客和行车安全的紧急情况时，应第一时间按下紧急停车按钮并上报。

图 4-26　紧急停车按钮

② 列车停稳开门，乘客乘降时，站台站务员应提醒乘客先下后上，注意站台与列车之间的缝隙，迅速疏导下车乘客前往站厅出站。

③ 列车关门时，关门提示铃响、提示灯闪烁，站台站务员应及时阻止乘客抢上抢下，防止乘客被夹伤；加强瞭望，及时处理突发事件。

④ 关闭车门、屏蔽门后，观察车门和屏蔽门关闭状态，发现因乘客或物品被夹未正常关闭时，立即呼叫司机，重新开启车门和屏蔽门，帮助乘客消除隐患后再关门；若车门和屏蔽门不能关闭是由于设备故障，应按相关作业办理程序处置。

⑤ 列车关门启动时，站台站务员需在紧急停车按钮处立岗，目送列车出站，发现危及行车安全的异常情况时，应立即按压紧急停车按钮，呼叫司机并上报车控室。

### （二）出站客流组织

#### 1. 下　车

列车到站停稳开门，到达目的站的乘客有序下车。

（1）乘客需求：

① 列车广播及时播报站名，提醒乘客到站从哪侧车门下车。

② 能有序下车，不被上车的乘客堵住车门。

③ 站台上的站名标识醒目、完整，能迅速判定是否为目的站。

④ 上站厅的楼梯、自动扶梯、垂直电梯以及相关通道指示清楚。

（2）客运设施设置要求：

① 列车广播信息及时准确。

② 列车车门和屏蔽门对位标准，便于乘客上下车。站台广播提示乘客先下后上，遵守秩序。

③ 站台上的站名标识位置设置合理、完整醒目。

④ 楼梯、自动扶梯、垂直电梯以及相关通道的标识清晰，容易辨识。

（3）组织措施：

① 列车开门后，站台站务员监督引导乘客在规定时间内，先下后上，有序上下车。

② 对需要换乘的乘客，应耐心解答其问题，正确引导换乘。

③ 组织下车乘客尽快离开站台，引导其经楼梯、自动扶梯或垂直电梯前往站厅层。

## 2. 出　闸

乘客乘坐轨道交通下车后，需要验票出闸。

（1）乘客需求：

① 站厅出站方向的闸机指示标识清晰，能快速找到出站闸机。

② 不同出入口标识清楚完备，能快速找到需要的出口方向。

③ 出站闸机刷卡区域明确、容易辨认，验票手续简单快捷。

④ 不同需求的乘客（坐轮椅乘客、携带大件行李乘客等）均能快速过闸。

⑤ 出站验票遇到票卡问题能得到快速处理。

（2）客运设施设置要求：

① 出站闸机的设置位置需结合出入口方向、乘客出站流线合理安排。

② 出站导向标识清晰，容易判断离需要出站方向最近的出站闸机位置（见图 4-27）。

图 4-27　出口导向

③ 出站闸机上的出站验票刷卡区域，单程票回收口标识清晰、醒目。

④ 闸机通过能力与车站客流量相匹配。

⑤ 设有一定数量供特殊需求乘客通过的宽通道闸机。

⑥ 客服中心靠近闸机，便于处理乘客票务事务。

（3）组织措施：

① 当乘客使用一卡通时，指导乘客右手持卡，在闸机通道外刷卡出站。当乘客使用单程票时，指导乘客右手持票，将车票投入回收口，验票通过。

② 引导持问题票不能正常出闸的乘客至客服中心处理相应票务事务，耐心回答乘客的询问。

③ 当有大量乘客出闸时，及时宣传组织乘客排队，引导乘客到较少人排队的闸机出闸。

④ 对携带大件行李或坐轮椅的乘客，引导其走宽通道闸机。

⑤ 对携带免费儿童的乘客，应宣传引导儿童走在成人前面通过闸机，或成人将儿童抱起通过闸机，避免闸机关闭夹伤儿童。

⑥ 可根据进出站客流实际情况，对双向闸机的方向进行调整，调整时须保证优先满足出站客流需求，同时尽量减少进出站客流交叉。

3. 出　站

乘客检票出闸后，通过出入口离开车站。

（1）乘客需求：

① 能快速找到出站目的地对应的出入口。

② 出站后方便换乘其他交通方式。

③ 出站后有到达大型商业区、娱乐场所、街道等目的地的便捷通道。

（2）客运设施设置要求：

① 出入口导向标识醒目，另配有各出入口周边环境、建筑设施、道路信息等标识，帮助乘客找到需要的出口，抵达目的地。

② 出入口与附近公交站、出租车停靠点、大型商业区、娱乐场所、街道间有便捷的通道连接，有清晰完整的导向标识指引。

③ 允许出入口兼作过街通道。

（3）组织措施：

① 乘客出闸后，通过导向标识，必要时配合人工引导，帮助乘客尽快找到所要到达目的地的出入口，耐心回答乘客的询问。

② 出站客流组织应坚持尽快疏散乘客出站的原则，出入口自动扶梯通常调为出站方向。注意防止出站客流和进站客流产生明显对冲交叉，必要时设置隔离栏杆分流。

③ 为防止出入口堵塞，需定期巡视检查，发现通道及出入口有摆摊、宣传卖艺等人员滞留时，应及时劝离，对不听劝阻的人员上报轨道交通公安处理。

## （三）换乘客流组织

换乘指乘客从城市轨道交通一条线路换乘至另一条线路或换乘至其他交通方式。

1．乘客需求

（1）换乘距离短、换乘方便、节省时间。

（2）换乘通道照明适度、环境舒适。

（3）换乘至其他交通方式容易找到。

2．客运设施设置要求

（1）换乘通道短、换乘客流组织措施得到，使换乘人流不产生较大对冲和交叉。

（2）换乘导向标志正确、清晰、完善（见图 4-28）。

图 4-28　换乘导向标志

3．组织措施

（1）付费区换乘。乘客到达换乘站下车后，不需通过出站闸机，直接在付费区内根据换乘导向标志指引经楼梯、自动扶梯（或垂直电梯）、换乘通道或换乘平台等到达另一站台层换乘候车。付费区换乘一般包括同站台平面换乘、站台立体换乘及通道换乘。这种换乘组织要求有良好的导向标志和通道设计，在容易出错的地点安排工作人员引导，保证乘客尤其是初乘者安全顺利完成换乘，在客流组织措施中还应尽量避免换乘客流与进出站客流产生对冲和交叉。

（2）非付费区换乘。乘客到达换乘站下车后，根据换乘导向标志指引，经楼梯、自动扶梯（或垂直电梯）到达站厅层付费区，通过出站闸机进入非付费区或出站，到另一线路重新进入付费区或进站换乘。这种换乘组织需要最大限度地缩短乘客的走行距离，设置良好的衔接引导标志，避免这部分客流与其他客流的交叉干扰。该种换乘形式需要出闸并再次购票进站，换乘手续烦琐、耗时较长，一般较少采用，因线网规划不合理或后期线网改造等情况需要采用此类换乘形式时，换乘沿线醒目、合理的导向标志至关重要。

## 二、大客流组织

大客流是指在某一集中时段集中到达，客流量超过车站正常客运设施或客运组织措施所能承受的流量时的客流。

大客流主要表现：非常拥挤或极度拥挤、乘客流动速度明显减缓、客流交叉干扰严重、对乘客正常的出行造成不利影响、对运营安全造成威胁。

### （一）大客流的分类

#### 1. 根据大客流产生的影响和后果不同分类

（1）一级大客流。

一级大客流是指各车站与本站的正常乘客数量进行比较，站台聚集人数达到和大于站台有效区域的 80%，并且持续时间大于实际行车间隔时间。这种情况会给乘客及城市轨道交通运营安全造成影响，存在明显的安全隐患。

（2）二级大客流。

二级大客流是指各车站与本站的正常乘客数量进行比较，站台聚集人数达到站台有效区域的 70%，并且有持续不断上升的趋势。这种情况下，乘客的正常出行和轨道交通所提供的服务水平受到一定程度的影响，车站较拥挤，乘客感觉比较压抑，但尚未对乘客及轨道交通运营安全造成影响。

#### 2. 根据大客流的时效性和产生原因不同分类

（1）可预见性大客流。

可预见性大客流包括节假日大客流、暑假大客流、大型活动大客流、恶劣天气大客流等。

（2）突发性大客流。

突发性大客流包括车站周边临时组织大型活动、天气突变、乘客群体上访、闹市轨道交通设施设备故障、紧急事件等。

### （二）大客流的基本控制原则

（1）由下至上，由内至外原则。在车站出入口、进站闸机、站厅与站台的楼梯和自动扶梯处，重点控制进站客流，组织乘客上车，保证客流均匀上下扶梯和尽快上下列车，保证站台候车乘客的安全。

（2）明确客流控制组织机构分工原则。客流控制组织机构可分为点控和线控。控制指挥中心负责地铁全线的客流控制，车站站长或值班站长负责本站的客流控制。

（3）集中领导，统一指挥原则。在实施大客流控制之前，车站须向行车调度中心报告，由调度中心统一指挥。

### （三）大客流控制的主要措施

1．增加列车运能

根据大客流的方向，在大客流发生时，利用就近的折返线、存车线组织列车运行方案，增开临时列车，增加列车运能，从而保证大客流的疏散。列车的运能是大客流组织的关键。

2．增加售检票能力

售检票能力差是大客流疏散的主要障碍，因此，车站在设置售检票位置时应考虑提供疏散大客流的通道。在大客流疏散时，可事先做好票务服务及相关服务设备设施的准备工作，具体工作如下：

（1）售检票设备的准备。在大客流发生前，设备维护人员应事先对车站全部售检票设备进行维护、检修，确保在大客流发生时售检票设备能正常使用。

（2）车票和零钞的准备。车站应根据客流预测和以往大客流所消耗的车票及零钞数，在大客流发生前向票务部门申领和储备充足的车票与零钞。

（3）临时售票亭的准备。车站根据大客流的进出方向，选择在进站客流较集中的位置设置临时售票亭。对于站厅面积较小的车站，可考虑将临时售票亭设置在进站客流较多的通道内。

3．提前进行客运设备准备

（1）自动扶梯和垂直电梯的准备。车站应事先通知厂商对车站全部自动扶梯和垂直电梯进行维护、检修。重点检查自动扶梯的毛刷、齿板和扶手带，确保在大客流时，自动扶梯能正常开启转换。

（2）临时导向标志和隔离设备的准备。车站应储备一些临时导向标志（见图 4-29）、告示牌（见图 4-30）、铁马、伸缩铁围栏、隔离带等设备，在大客流发生时，根据大客流的进出方向和客流组织的要求，选择适当位置张贴和摆放。

图 4-29　临时导向标志

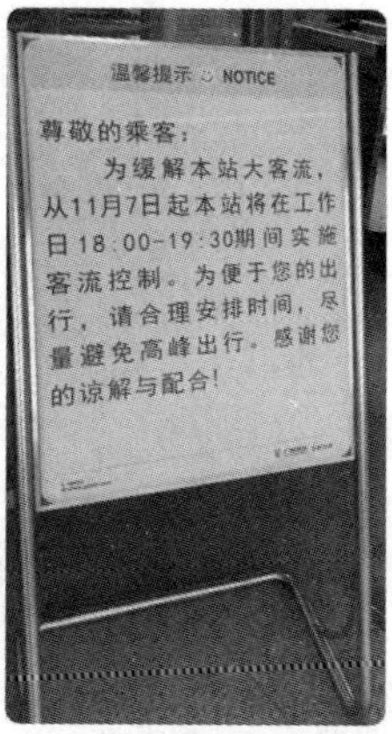


图 4-30　客流控制告示牌

（3）其他客运设备的准备。大客流发生前，车站还应准备人工语音广播和语音合成广播词、乘客咨询系统发布信息、急救药品和担架等，并根据车站工作人员的情况，相应增加手提广播、对讲机等设备。

4．控制车站客流

当遭遇大客流时，可采用站台客流控制、站厅付费区客流控制、站厅非付费区（出入口）客流控制的三级客流控制方法。

（1）站台客流控制：控制点在站厅与站台的楼梯（或自动扶梯）口。车站应将站厅与站台之间的自动扶梯改为向上方向，避免产生客流交叉（见图 4-31）。

（2）站厅付费区客流控制：控制点在进站闸机处。车站可根据实际情况适当关停部分自动售票机，关停进站闸机或将部分双向闸机设为只出不进，紧急情况下可以采用隔离带、铁马隔离进站闸机，以减缓来客进入付费区的速度，防止付费区压力过大（见图 4-32）。

图 4-31　站台客流控制

图 4-32　站厅付费区客流控制

（3）站厅非付费区客流控制：控制点在车站出入口处。车站组织人员人为地控制出入口的乘客进站速度，必要时可关闭部分出入口（见图 4-33）。

图 4-33　站厅非付费区客流控制

5．采取临时疏导措施

在大客流组织中，临时、合理的疏导是一项很重要的组织措施，主要包括出入口、站厅的疏导，站厅、站台扶梯以及站台的疏导。

出入口、站厅的疏导主要是根据临时售检票位置的设置来限制客流的方向，保持通道的畅通和出入口、站厅客流的秩序。临时售检票设备宜设置在站外或站厅层较空旷的位置，为排队购票的乘客留出充分的空间，确保通道的畅通，并应维护好出入口、站厅客流的秩序。采取的疏导措施主要有设置临时导向、设置警戒绳或隔离栏杆、采用人工引导及通过广播宣传引导等（见图 4-34）。

图 4-34　人工引导

站厅、站台扶梯以及站台的疏导主要是尽量保证客流均匀上下扶梯和尽快上下列车，保证站台候车的安全。站务人员应在靠近楼梯、扶梯处站岗，并分散在站台前、中、后部疏导乘客。

6．关闭出入口进行分流

大客流往往是难以预测的，因此，为了保证客流安全，在难以采用有效措施及时疏散客流时，可采取关闭出入口或在某部分出入口限制乘客进入车站的措施，以阻止一部分客流或延长大客流疏散时间。

## 任务拓展

### 常见大客流分析

对大客流，加开列车对是最直接的办法。但是很多情况下，我们无法再加开列车，如列车数量不够、控制系统无法将列车运行间隔再缩小等。同时，也要看所谓的大客流是指什么大客流。

（1）一天中的高峰时期。城市轨道交通一般情况下会在可能的条件下缩短发车间隔，同时对客流量大的车站采取不同级别的控制，以控制站台候车人数。

（2）城市中举行大型活动（如演唱会、体育赛事等），散场时会产生大客流，一般情况下会在特定的几个站点同时采取站内及站外的管理，即站外组织排队进站，站内控制站台候车人数。

（3）如果客流实在大到容易产生危险的程度，则关闭相关区域的轨道交通站点，停止开放相关区间，同时对该区域进行交通管制，使大客流有一个消散的空间。

虽然大客流持续时间一般不长，但在大客流冲击下，往往对客流组织形成较大甚至很大的压力，城市轨道交通运营企业必须在保证客流安全的前提下，尽快疏散客流。

# 任务四　城市轨道交通客流换乘组织

## 任务导入

### “史上最尴尬的火车站”——重庆北站

重庆北站一度被媒体吐槽为“史上最尴尬的火车站”。因为在建设之初，重庆北站并不是作为特等站来设计的，而是一个三等站，也就是现在的重庆北站南广场。而随着高铁时代的到来，兰渝、渝万等高铁线路引入，大大超出了南广场的设计容量，于是不得不扩建北广场。

由于前期规划上的问题和建设实施上的一些困难，重庆北站的南北广场最初并不互通。南广场只能检票进站乘普速列车；部分直达普速列车、动车和高铁只能从北广场检票进站（见图 4-35）。如果旅客在乘坐轨道交通时进错了广场，将无法到达列车停靠的站台。想要从南到北或是从北到南，乘客只能自己选择公交、打车步行等通过周边街道绕行。这在运营之初造成大量旅客误车，给市民出行带来了极大的不便。

2019 年 7 月 10 日，重庆北站南广场开始封闭改造，以将南北广场连为一体。2021 年 1 月 20 日，重庆北站南广场升级改造完成，南北站房地上、地下实现双联通（见图 4-36）。

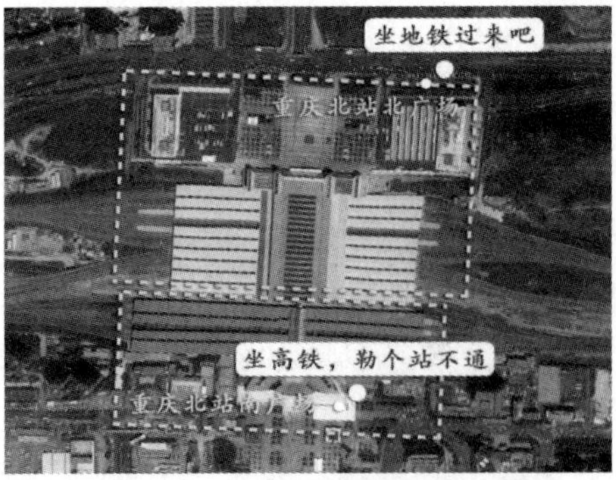


图 4-35　重庆北站改造前

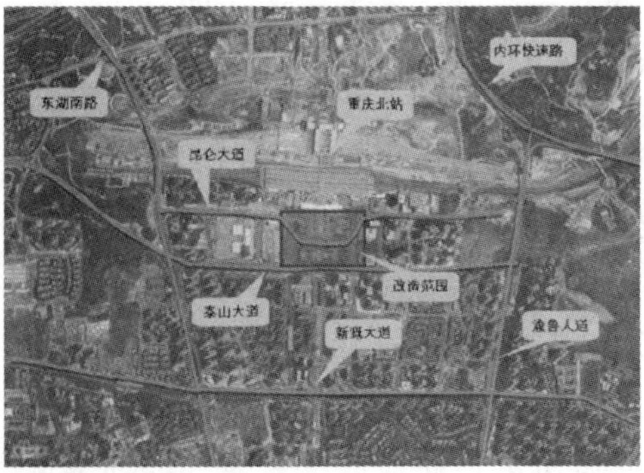


图 4-36　重庆北站改造方案

## 一、换乘的概念

随着国内轨道交通线网的快速建设和逐步形成，以及市民对换乘时间、出行质量要求的提高，轨道交通的换乘问题逐渐凸显，并得到重视。良好的换乘条件，不但关系到轨道交通的服务水平，而且关系到城市公共交通的吸引力。

换乘是指一个或多个车站，供乘客在不同线路之间，在不离开车站付费区及不另行购买车票的情况下，进行跨线乘坐列车的行为。

## 二、城市轨道交通的换乘方式

根据乘客换乘的客流组织方式，城市轨道交通的换乘方式可分为同站台换乘、上下层站台换乘、站厅换乘、通道换乘、站外换乘和组合换乘。

1．同站台换乘

同站台换乘，简称同台换乘，是最便捷的换乘方式。乘客在同一站台实现转线换车，只要走到站台的另一边就可以搭乘另一条线路的列车。乘客换乘非常方便，但不利于疏导客流，容易导致站台内乘客聚集。

同台换乘的基本布局是双岛式站台结构，可以平面布局（见图 4-37），也可以双层布局（图 4-38）。

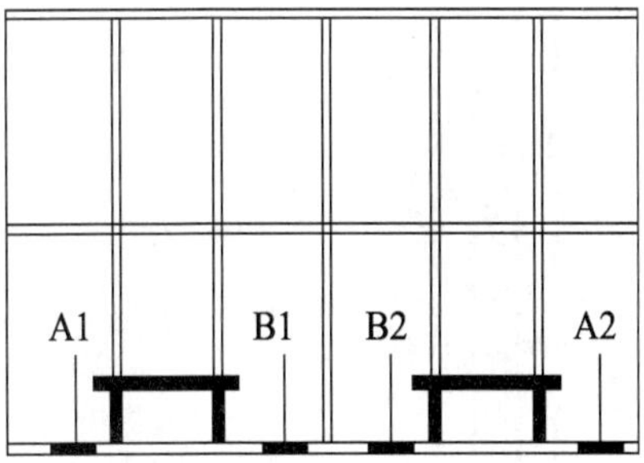

图 4-37　同平面布局

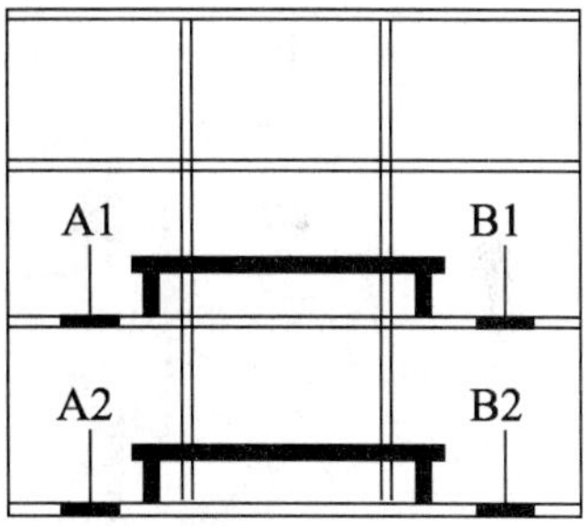

图 4-38　双层布局

如重庆西站是重庆轨道交通 5 号线和环线的换乘站，5 号线园博中心方向换环线内环方向，5 号线跳蹬方向换环线外环方向，均是同站台换乘。冉家坝站是重庆轨道交通环线、5 号线和 6 号线三线换乘车站，5 号线和 6 号线之间为叠岛式站台，换乘为同站台换乘。

2．上下层站台换乘

上下层站台换乘又称结点换乘，在两线交叉处，将两线车站（隧道）重叠部分的结构做成整体的结点，利用楼梯将两座车站站台连通，乘客通过该楼梯进行换乘。结点换乘方式依两线车站交叉位置的不同，又有“十”字形换乘站（见图 4-39）、“L”字形换乘站（见图 4-40）和“T”字形换乘站（见图 4-41）。

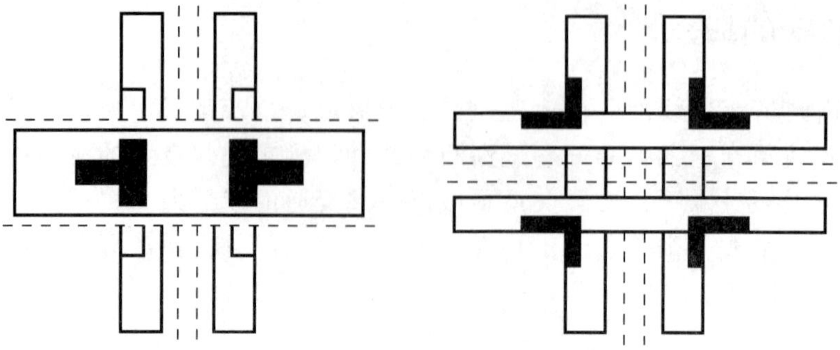

图 4-39 “十”字形换乘站示意图

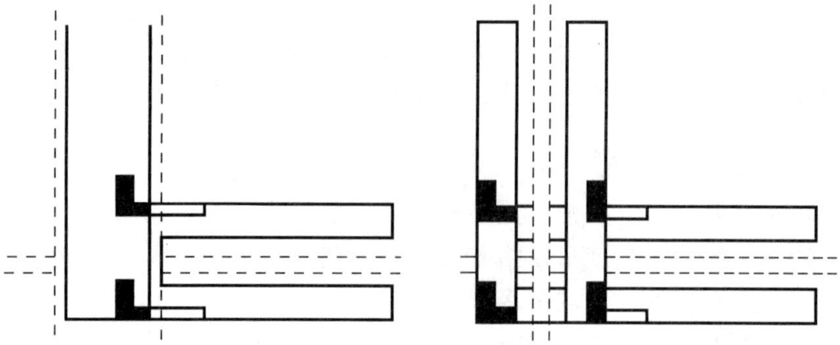

图 4-40 “L”字形换乘站示意图

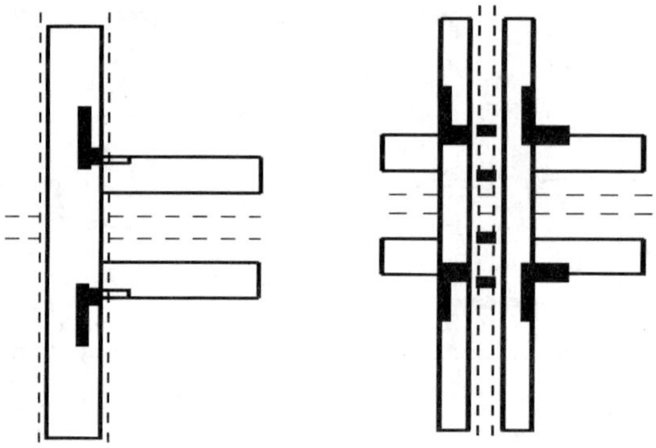

图 4-41 “T”字形换乘站示意图

3．站厅换乘

站厅换乘指设置两线或多线的共用站厅，或相互连通形成统一的换乘大厅。乘客下车后，无论是进站还是换乘，都必须经过站厅，再根据导向标志出站或进入另一站台继续乘车。如冉家坝站是重庆轨道交通环线、5 号线和 6 号线三线换乘车站，环线为侧式站台，与 5 号线/6 号线换乘为站厅换乘。

4．通道换乘

通道换乘指在两线交叉处，车站结构完全分开，用通道和楼梯将两车站连接起来，供乘客换乘。连接通道一般设于两站站厅之间，也可在站台之间直接设置。乘客下车后需经过专用通道，步行一段距离，到达另一条路线的月台转车，通常都需要在中途转换楼层。

下列两种情况常采用通道换乘：

（1）两线路在区间相交，车站布置构成“L”形。

（2）一条线路的区间与另一条线路的车站“T”形交叉时。如礼嘉站，为重庆轨道交通国博线的起点站，同时是重庆轨道交通 6 号线的一个中途站，国博线与 6 号线在礼嘉站呈“T”形交叉，该站为通道换乘。

5．站外换乘

站外换乘常见于因某种原因无法在付费区换乘，而进行的有条件换乘，就是使用一张公交卡在两条或多条线转乘站出站后在规定时间内换乘。使用单程票卡则无法换乘。

一般在下列情况下可能出现站外换乘：

（1）高架线与地下线之间。如重庆谢家湾站，2 号线为高架站，环线为地下站，由于换乘通道尚未修通，目前在该站的换乘方式为站外换乘。

（2）两线交叉处无车站或车站相距较远。如沙坪坝站，1 号线与环线距离较远，换乘通道还未修通，为站外换乘。

（3）规划不周。

6．组合换乘

在换乘方式的实际应用中，若单独使用某种换乘方式不能奏效时，则可采用两种或多种换乘方式组合，以达到完善换乘条件、方便乘客使用、降低工程造价的目的。

## 任务拓展

乘客在线网内同一线路上换乘，主要是由于采用衔接交路或列车跨线运行引起的。在同一条线路上，列车跨线运行的优点是乘客无须换乘，可充分利用运能，节约运用车辆数。但列车跨线运行也存在下列缺陷：共线区段的通过能力限制了非共线区段的列车密度提高，从而使乘客的候车时间增加；大线区段的列车密度有可能大于客流密度，从而造成运能虚靡；一条线路列车的运行延误可能会传递给线网中的其他线路，从而引起线网中多条线路的列车运行秩序紊乱。

鉴于上述不利于的运营因素，在客流量较大的轨道交通线网一般很少采用列车跨线运行组织方案。

# 情境再现

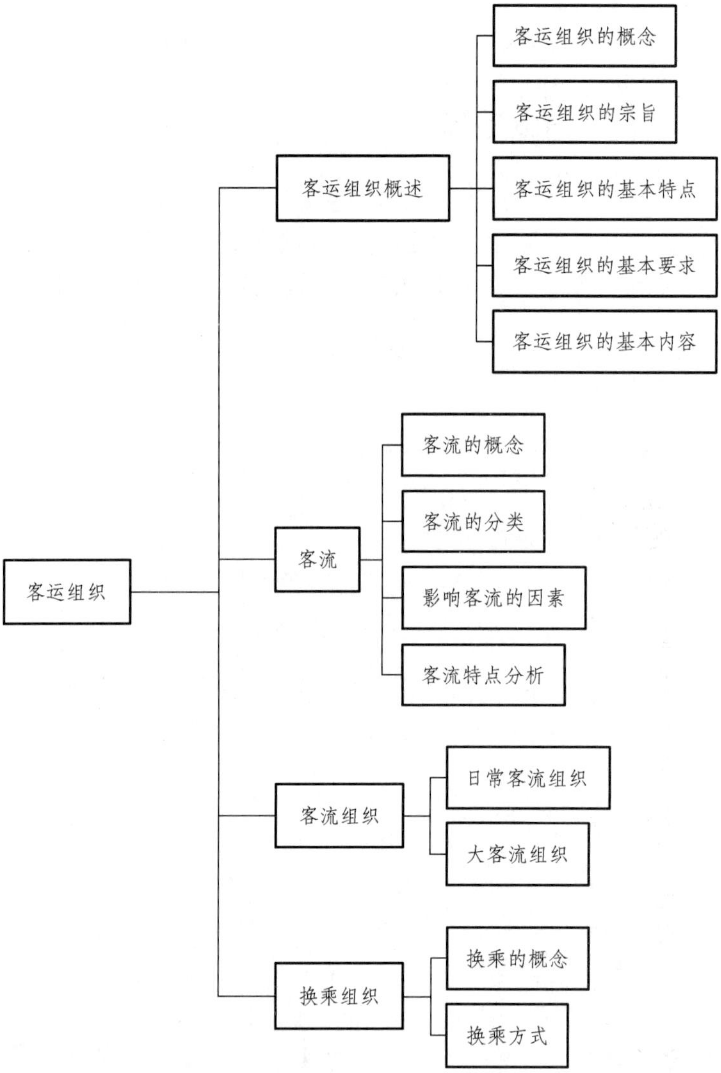
客运组织
客运组织概述
客运组织的概念
客运组织的宗旨
客运组织的基本特点
客运组织的基本要求
客运组织的基本内容
客流
客流的概念
客流的分类
影响客流的因素
客流特点分析
客流组织
日常客流组织
大客流组织
换乘组织
换乘的概念
换乘方式

# 课后习题

## 一、判断题

1. 车站设备的通过能力根据远期高峰客流量以及考虑留有余地进行。(　　)

2. 客流量越小，城市轨道交通企业越能充分发挥其服务资源。(　　)

3. 在断面客流量不均衡时，运营部门常采用在客流量较大的区段加开区段列车的措施。(　　)

4. 在一定的客流量下，采用缩短行车间隔时间，而不增加列车编组辆数的办法也能达到一定的运能。(　　)

5. 在单位时间内，通过各个断面的客流量是相等的。(　　)

## 二、单项选择题

1. 车站日常客流组织主要由进站客流组织、出站客流组织、(　　)3 部分组成。

A. 换乘客流组织　　B. 大客流组织

C. 突发客流组织　　D. 疏散客流组织

2. 乘客入闸后，进入，到达站台等候列车到达 (　　)。

A. 站厅层　　B. 进站口　　C. 付费区　　D. 非付费区

3. 在所有换乘方式中，(　　) 的换乘能力最小，其制约因素是自动扶梯的运量。

A. 同站台换乘　　B. 站台换乘

C. 上下层站台换乘　　D. 站厅换乘

4. 一级大客流的判定标准是：站台聚集人数达到或大于站台有效区域的 (　　)，并且持续时间大于实际行车间隔时间。

A. 90%　　B. 80%　　C. 70%　　D. 60%

5. 大客流的控制原则是 (　　)。

A. 由下至上、由外至内　　B. 由上至下、由内至外

C. 由上至下、由外至内　　D. 由下至上、由内至外

## 三、简答题

1. 简述城市轨道交通客运组织的特点。

2. 简述城市轨道交通的客流类型。

3. 简述影响城市轨道交通客流的因素。

4. 简述大客流的定义及主要表现。

5. 城市轨道交通车站换乘的方式有哪几种？请列举重庆典型的换乘站来说明。

情境五

# 城市轨道交通客运服务

客运服务管理是城市轨道交通管理的重要组成部分。良好的客运服务不仅能展示企业形象，也是保证企业社会效益与经济效益的重要环节，更是城市交通企业管理水平的综合体现。轨道交通客运服务发生在乘客与轨道交通设施、设备和各个岗位工作人员相互作用的过程中，目的是在这个过程中，尽可能地满足乘客的需求。

[学习目标]

1. 了解车站客运服务的宗旨，理解城市轨道交通行业职业道德的内涵。
2. 明确车站客运服务的内容。
3. 掌握车站客运服务仪容、仪表、仪态、沟通和表情礼仪的要点。
4. 掌握车站乘客服务的内容及技巧，能够灵活处理各类突发事故。
5. 熟悉特殊乘客的类型，掌握特殊乘客的现场处理流程及技巧。

## 任务一　城市轨道交通客运服务认知

### 任务导入

一位老人来城里某医院看病，下了火车后，想乘坐地铁去医院。因为之前没有乘坐过地铁，进入地铁站后，他不知道如何购票乘车。偌大的站厅，老人看着匆忙路过的行人，不知道该找谁询问，便在自助售票机前徘徊。这时，站厅巡视员小王发现了老人，走上前询问："老人家，有什么可以帮您的吗？"

思考：如果你是小王，你会为老人提供怎样的服务？

### 一、城市轨道交通客运服务概述

#### （一）乘客乘坐轨道交通的过程

乘客接受客运服务的过程从进入轨道交通车站开始，一直持续到在目的地下车出站为止。

乘客进站流程为：进站，购票、充值或刷储值卡、扫支付二维码，过检票机，到达站台，乘车。

乘客出站流程为：下车，到达站厅，正常通过检票机，若不能通过，则询问处理后，通过检票机，到达出站口，出站。

## （二）客运服务的宗旨

城市轨道交通客运服务的宗旨是“快速、准确、安全、舒适、便利”，目的是为广大乘客提供便捷的乘车服务和舒适的乘车环境。

## （三）客运服务的基本内容

一般来说，城市轨道交通客运服务的基本内容包括：引导乘客进站、问询服务、售/检票、安检服务、组织乘车和出站验票。

### 1. 引导乘客进站

城市轨道交通各入口处都设有明显的导向标志，方便乘客识别并根据导向指示进站乘车。（见图 5-1）遇到残疾人士提前预约乘坐轨道交通，车站工作人员应提前至入口处引导乘客进站。

图 5-1　城市轨道交通入口导向标志

### 2. 问询服务

车站的问询服务分为有人式服务和无人式服务。传统的问询服务由车站工作人员负责，但随着科学技术的发展，车站的问询服务开始向自助式服务方向发展。车站设有自助查询机，乘客可通过自助查询机对出行路线、票价及各类票卡的金额进行查询。

3．售/检票服务

城市轨道交通的售票方式包括人工售票和自动售票机售票。自动售检票系统可以为顾客提供更为方便的售票服务，提高服务效率和水平。目前，各城市都采用以自动售票机售票为主、人工售票为辅的方式进行售票。随着移动终端扫码支付的普及，手机扫码支付也逐渐成为年轻一代的主要支付方式。

4．安检服务

城市轨道交通安检的内容主要是检查旅客及其行李物品中是否携带枪支、弹药、易爆、腐蚀、有毒放射性等危险物品，以确保地铁及乘客的安全。地铁安检人员必须在旅客进入地铁前进行安检，拒绝检查者不准进入地铁，情节严重者可转交至警方处理。

5．组织乘车

列车进站前，站台站务员确认线路无障碍，并引导乘客在安全线内候车，组织乘客分散、均衡乘车。

列车进站停稳后，组织乘客先下后上，迅速疏导下车乘客出站，主动提醒上车乘客注意脚下站台缝隙；人多拥挤时，积极劝说乘客等候下趟列车。

列车关门时，密切注意列车车门状态，如有车门关闭不上或者夹人夹物，应及时协助司机采取必要的措施。

6．出站验票

不定时巡视进出站口，遇乘客无法正常通行时，应主动帮助乘客，提醒乘客站在黄线外刷卡，出现票卡异常情况，应将乘客引导至客服中心进行票卡分析、处理。

## 二、城市轨道交通客运服务的基本要求

1．客运服务人员的基本要求

（1）仪表着装。客运服务人员的着装应简洁大方，符合城市轨道交通的工作性质。一般来说，客运服务人员的着装要根据岗位的着装规定统一穿着制服（包括领带、头饰及帽子），并保持制服干净、整洁，佩戴标志。女性客运服务人员应化淡妆。

（2）行为举止。客运服务人员在岗时要精神饱满，举止大方，行为端正。具体要做到以下几个方面：① 站姿挺拔，双手不得抱肩、插兜或背握；② 坐姿端正，挺胸、直腰；③ 面对乘客要微笑、有耐心，履行好自己的岗位职责；④ 不得随意串岗，不聚众聊天，不在岗位上打电话、看书、打盹等。

（3）服务语言。客运服务人员在服务过程中应使用普通话，为乘客服务时应多使用“您好、请、谢谢、对不起、再见”等文明用语；与乘客对话、使用人工广播时，要注意语速适中、语调平缓、内容简洁明了。

（4）服务态度。客运服务人员在服务过程中要热情主动、耐心周到，主动关心乘客，帮助有困难的乘客解决问题。对老、弱、病、残、孕等特殊乘客，客运服务人员更要留心、耐心，特别是对耳、目不便的乘客。

2．客运服务人员岗位基本业务要求

城市轨道交通各岗位客运服务人员都必须掌握各自岗位的工作技能，熟悉与轨道交通相关的法律法规，熟知岗位责任和作业标准、乘车注意事项及城市轨道交通周边情况。

3．客运服务人员岗位纪律要求

（1）坚持点名制度。

班前点名：按时参加班前列队点名，接受任务，明确责任，检查仪容，进入工作状态。

班后总结：按时参加班后总结，对照岗位工作标准进行考核；总结本班工作中的经验教训，不断改进工作方法。

（2）严格遵守职业纪律、运营纪律、劳动纪律三项行为规则。

不得发生少找零、多收钱、少给票等违反职业纪律的错误行为；服从车站站长安排，遵守本岗位工作标准、作业纪律；有较强的时间观念，不迟到、不早退等。

4．服务环境要求

车站要保持整洁，整体要求窗明地净、清洁舒适、协调美观。消防设备的表面、空调系统的出风口、通风系统要定期清洗除尘；服务中心、车控室、收款室、AFC点钞室、站长室、交接工作室、管理用房内要求环境整洁、物品摆放整齐。

各种物品、工具要按规定摆放，不得影响列车运行、乘客通行和车站站容。乘客座椅、不锈钢栏杆、扶手、公告栏及车站工作亭等表面必须无积尘、无污迹。

各种导向标志要统一设置、悬挂端正，保持完好、整洁，不应产生倾斜、卷翘、破损现象；临时标志要求内容清晰，放置正确，不得丢字、少字或使用不规范文字；横幅、标语在固定位置悬挂，必须平整、干净，不得有撕角或破损；各种临时标志、宣传画须经客运管理部门批准后方可在规定位置和时间内张贴、摆放，到期及时拆除（紧急情况除外）。

## 任务解析

任务导入案例中的老人不熟悉路线及自助售票机的操作，站厅巡视员发现后，应主动上前，礼貌地询问老人需求“老人家，有什么可以帮您的吗”，并根据老人的路线需求，指导其购票、进站。

## 三、城市轨道交通行业职业道德

### （一）职业道德的含义

职业道德是从业者在职业活动范围内应当遵守的与其职业活动相适应的行为规范，是一定社会范围内道德基本要求在不同的职业活动中所表现出的特定行为规范。良好的职业道德是每一个员工都必须具备的基本品质。

### （二）职业道德的特征

1．职业性

每一种职业道德都只能规范本行业从业人员的职业行为，在特定的职业范围内发挥作用。

2．实践性

职业行为过程，就是职业实践过程，只有在实践过程中，才能体现出职业道德的水准。

3．继承性

职业道德是在长期实践过程中形成的，会被作为经验和传统继承下来。

4．多样性

职业道德的内容千差万别，各行各业为了使职业道德在实践操作层面上更具有针对性和实效性，都根据自己的行业特点，归纳整理出适应本行业的行业公约、规章制度、员工守则、行为须知、岗位职责等，行业将职业道德的基本要求规范化、具体化、通俗化，使职业道德在形式上也表现出极其丰富的多样性特征。

### （三）城市轨道交通职业道德规范的主要内容

城市轨道交通职业道德规范是城市轨道交通职业道德的一个重要组成部分，是城市轨道交通站务员在职业活动中从思想到行为都必须遵循的准则和规范。其主要内容如下：

1．热爱本职、忠于职守

热爱本职、忠于职守是城市轨道交通客运工作人员职业道德的基本要求，是由客运服务人员在城市轨道交通行业运营服务中的地位、作用及工作特性所决定的。

2．文明礼貌、尊重乘客

客运服务人员应以文明礼貌的态度，热情周到地接待每位乘客，使他们既感受到人格被尊重又得到需求的满足,这是城市轨道交通客运服务人员职业道德的中心内容。

3．方便周到、热情服务

为乘客乘车提供方便和周到的服务，努力满足乘客的各种需求，是体现热情周到服务的重要方面，也是客运服务人员的主要职业责任和义务。

4. 遵章守纪、维护正常运营

客运服务人员的工作往往远离指挥中心，在无人监督的情况下独立工作，这就要求客运服务人员必须有正确的工作态度和遵守各项规章制度的自觉性。

（四）城市轨道交通行业职业道德的基本特征

1．全局相关性

城市轨道交通客运服务人员，只有树立正确的职业道德观念，自觉遵守职业道德规范，才能站在全局和时代的高度认识城市轨道交通事业的重要性，自觉地把城市轨道交通服务工作同国家的富强、社会的发展和人民的幸福联系起来。

2．经济影响性

城市轨道交通是国民经济的先行，是“生产的第一道工序”，是联络各行业的纽带。因此，城市轨道交通客运服务人员的职业道德水平，既影响本行业的经济效益和社会效益，也影响其他行业的工作和发展。

3．服务广泛性

城市轨道交通是直接接触社会、沟通城市各个角落、连接四面八方的桥梁。由于城市轨道交通事业在一个城市的服务行业中每天接触的服务对象人数最多，其中包括社会各阶层人士，而且还经常接触内外宾客，因此它在社会上有着广泛的影响力。

4．社会制约性

城市轨道交通服务工作受城市道路、交通管理、车流量、社会环境和人民群众素质状态等多种因素的制约。因此，在服务过程中，城市轨道交通客运服务人员也要接受社会对职业道德执行情况的评价和监督，这就形成了广泛的社会制约性。

## 任务拓展

根据自己平时乘坐城市轨道交通的所见所闻，思考轨道车站工作人员是否严格遵守城市轨道交通行业职业道德？哪些方面还有待提升？

# 任务二　客运服务礼仪

## 任务导入

小丽是一名应届生毕业生，被录取成为某地铁站的一名站厅服务人员。第一天上班，小丽为了给乘客和同事留下一个好印象，精心打扮了一番。

小丽到达车站后，车站突然下起了暴雨，导致客流量较大。小丽就和同事用铁栅栏分隔客流，并来回跑动疏散客流。一番紧张的工作后，小丽已汗流浃背，妆容失色。小丽看表离休息时间只有 1 小时，便没有去更换衣服和补妆。这时，小丽看见一名乘客不会使用自动售票机，便主动上去引导。当小丽来到乘客身边问："您好！请问有什么可以帮助您？"乘客很诧异地看着小丽，并保持了一段距离问道："你是车站服务人员吗，我还以为你不是车站的工作人员呢！不用你帮我了，我再问问别的服务人员吧！"小丽听了之后很难过，匆匆忙忙跟乘客道别后，对着镜子照了一下，看到自己满头大汗、眼妆已花，还闻到衣服上有浓浓的汗味，便意识到自己的形象不佳，给乘客留下了很不好的印象。

思考：这个案例对你有什么启发？

礼仪的"礼"表示尊重，"仪"表示仪式。

礼仪是指在社会交往活动中，为了表示对他人和自己的尊重，在仪容、仪表、仪态、言谈举止等方面约定俗成的、共同认可的行为规范。

服务礼仪是礼仪的一种，是指在各种服务工作中形成的，得到共同认可的礼节和仪式，是服务人员在服务过程中恰当表示对服务对象的尊重、与服务对象进行良好沟通的技巧和方法。

## 一、仪容礼仪

仪容礼仪指一个人的容貌，主要包括面部修饰、发型修饰和手部修饰 3 个方面。就个人的整体形象而言，容貌是整个仪表的一个重要环节，它反映个人的精神面貌、朝气和活力，是传达给接触对象感官最直接、最生动的一个信息。

为了给乘客留下良好的第一印象，城市轨道交通站务员要在服务工作中保持洁净自然的仪容，这是城市轨道交通站务员是否具备职业素养的重要考核标准。

### （一）面部修饰的要求

一般情况下，面部要求：干净整洁、无油光。

女员工应适当化妆。化妆的总原则是少而精，具体应把握个性、自然、协调 3 个原则。男员工一般不用化妆，可根据自己的皮肤状况使用一些具有去死皮、补水、控油等功效的男性专用护肤品。此外，男性要养成定期剃须的习惯。

眼部、耳部、鼻部、口腔等部位，应注意局部修饰。具体修饰要求如表 5-1 所示。

表 5-1 面部局部修饰要求

| 修饰部位 | 修饰要求 |
|---|---|
| 眼部 | （1）保持眼部清洁，随时注意清除眼部的分泌物；<br>（2）注意休息，使目光清澈有神，避免出现红血丝、水肿、黑眼圈等；<br>（3）佩戴眼镜不能过于时尚夸张，同时应注意保持镜片的清洁 |
| 耳部 | （1）务必每天进行耳部的除垢；<br>（2）部分人耳毛过于浓密要及时修剪；<br>（3）男员工不允许佩戴任何耳部装饰，女员工可戴一对耳钉（直径不能超过 3 mm） |
| 鼻部 | （1）保持鼻腔的清洁，不要让异物堵塞鼻孔；<br>（2）切勿当众擤鼻涕、挖鼻孔、乱弹或乱抹鼻垢；<br>（3）及时修剪鼻毛 |
| 口腔 | （1）坚持每天早晚刷牙，饭后要漱口，及时去除牙齿上的污物；<br>（2）避免在会客或工作前进食葱、蒜、韭菜等有异味的食物，一旦发现自己口腔有异味应及时清除；<br>（3）口臭患者在与人交谈时要保持一定的距离 |
| 唇部 | （1）注意嘴唇的修饰与维护，不要让嘴角起泡、嘴唇干裂脱皮；<br>（2）可通过适当的化妆使嘴唇红润有光泽，但是不得选择夸张的颜色 |

客运服务人员应了解化妆的禁忌，例如：

（1）在公共场所内当众化妆（若确实需要修饰，要到洗手间进行）。

（2）不重维护，残妆示人。

（3）妆容离奇、风格怪诞。

（4）胡涂乱抹、技法错误。

### （二）发型修饰的要求

#### 1．头发整洁

头发处在人体的最高位置，最能引起别人的注意。对于城市轨道交通服务人员来讲，日常的发型风格宜庄重、简约、大方，并且应避免不伦不类的造型。

城市轨道交通服务人员应勤洗发，使自己的头发保持清洁卫生，不能有异味、不能出绺、不能有头皮屑；在梳理头发时应做到，不当众梳头，不直接用手梳头，不乱扔梳下来的头发和头屑。

#### 2．发型得体

（1）男员工的发型。

男员工的发型应给人得体、整齐和略显成熟、稳重的感觉。前不过眉、侧不过耳

（鬓角不超过耳朵长度的 2/3）、后不过领；但不宜过短，不可染成夸张的颜色，不过分追求时尚；不戴假发；过于干枯的头发宜上发油，如图 5-2（a）所示。

（2）女员工发型。

女员工应梳理整齐发型、不烫染个性发型。发型长度可以是短发、中长发或长发，但不宜奇特。

中短发：露耳、有层次感，可卷可直，但发型不宜奇特。

中长发：必须束起盘于脑后，保持两鬓光洁，刘海可卷可直，如图 5-2（b）所示。

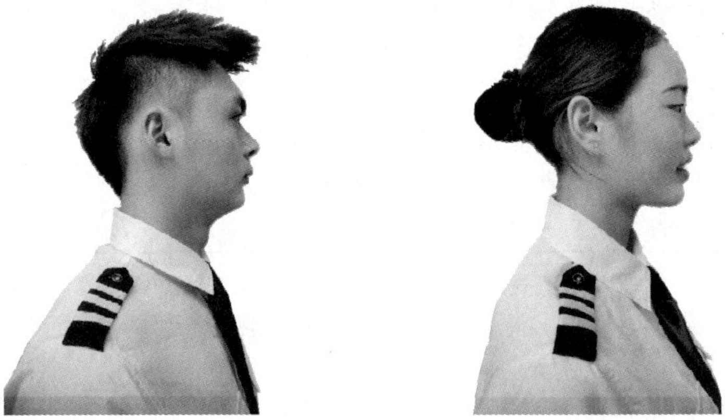

（a）男士发型示例　　（b）女士发型示例

图 5-2　站务员发型示例

### （三）手部修饰的要求

手是人的“第二张脸”，通过观察一个人的手，就可以判断其卫生习惯及内在修养，甚至对工作、对生活的态度。

城市轨道交通服务人员，在迎来送往的各种活动中有大量的礼仪行为需要手部的演示。“手部形象”不佳，整体形象将大打折扣。因此，城市轨道交通服务人员应注重手部的清洁与护理。

平时，城市轨道交通服务人员必须保持手部干净、清爽，不得留长指甲；不涂有夸张颜色的指甲油。指甲内部也要注意不能有污垢，不得在公共场所修剪指甲或用牙齿啃咬指甲。

## 任务解析

任务导入案例中的小丽虽然服务态度主动热情，但是妆容失色并且满身汗味，以致给乘客留下了很不好的印象，从而影响了后续的服务工作。

城市轨道交通服务人员一般在工作出汗后、用餐或者休息之后，容易脱妆，给人一种懒散、邋遢的感觉，因此，服务人员要及时补妆，在服务工作中时刻保持洁净自然的仪容，这也是城市轨道交通服务人员是否具备职业素养的重要考核标准。

## 二、仪表礼仪

仪表是人的综合外表，主要包括容貌、服饰、着装、举止、姿态、风度等。城市轨道交通服务人员的着装必须遵循国际公认的“TPO”原则。“TPO”是3个英文单词的缩写，其中，“T”（Time）代表时间、季节、时代，“P”（Place）代表场合、职位，“O”（Object）代表目的、对象。

城市轨道交通站务员直接面向广大乘客，在工作时应穿着统一的制服。醒目的制服不仅可以使乘客更好地辨认工作人员，从而快速、便捷地寻求帮助，而且可以让工作人员产生职业特殊感、责任感和荣誉感。

### （一）制服的穿着要求

城市轨道交通站务员，穿着要规范得体，以无声的语言告诉乘客自己的专业程度，从而让乘客感觉值得信赖。城市轨道交通制服的穿着要求可以分为以下几个方面：

（1）着装统一规范。根据岗位的着装规定，统一穿着制服（包括领带、领花、头饰及帽子）、工作鞋。制服要求熨烫挺括，衣着干净整洁，不缺扣，不破损，不褶皱，不立领，不卷袖挽裤，不得有异味。

（2）规范戴帽。戴帽子时，帽徽应朝向正前方，不得歪戴。男性客运服务人员帽檐边与眉毛保持水平，不露额头。女性服务人员帽檐在额头的1/2处，不露出刘海，两侧不留耳发，发花与后侧帽子边沿相贴合。

（3）季节替换时，按规定日期统一更换工作服，不得擅自替换。

### （二）饰品的佩戴要求

饰品包括戒指、项链、手表等，能起到装饰点缀的作用。城市轨道交通站务员佩戴饰品要以给乘客留下良好印象为原则，以少为佳、宁缺毋滥（见图5-3）。具体来说，饰品的佩戴要遵循以下标准：

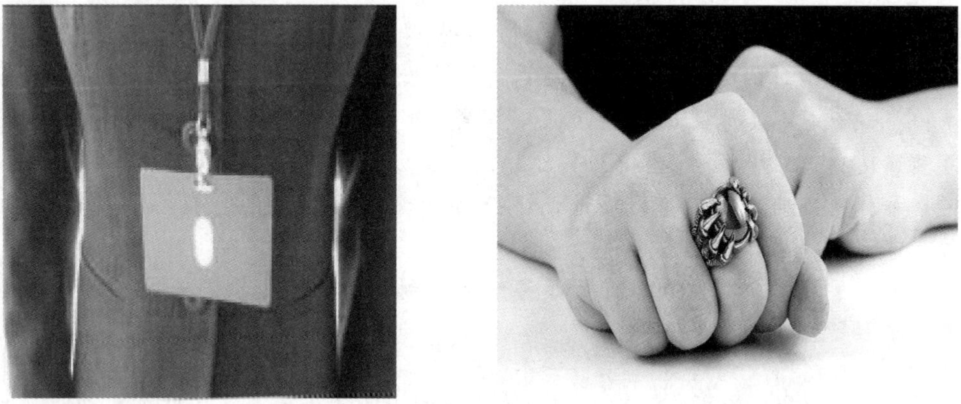

（a）错误的工牌佩戴方式　　（b）错误的戒指选择

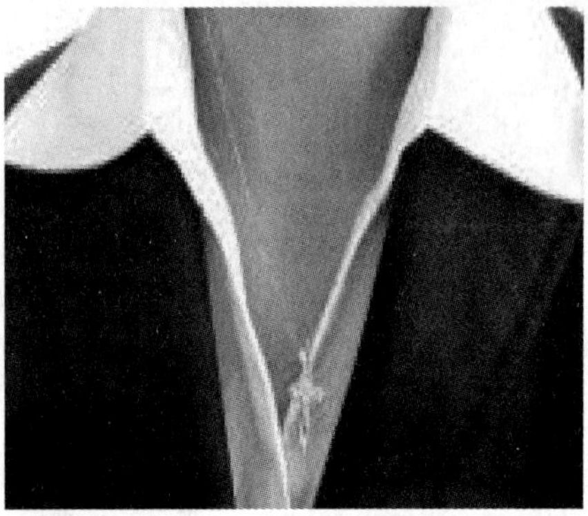

（c）错误的项链佩戴方式

（d）错误的手表选择

图 5-3 饰品的佩戴要求

（1）工号牌：佩戴在左胸上方，工号牌的下端与左胸的口袋上口平齐，佩戴的工号牌应端正、不能歪斜。佩戴党（团）徽时，应将党（团）徽佩戴于手工工牌中上方。

（2）戒指：只能佩戴一枚，戒指最宽处不大于 5 mm，且只能佩戴在中指或无名指上。

（3）项链：应佩戴在衣领内，不可外露。

（4）手表：款式应自然大方，不宜佩戴卡通手表、运动手表等。

（5）耳环：男员工不可佩戴耳钉、耳环；女员工只可佩戴耳钉，仅限一副（直径不能超过 3 mm）且对称，耳钉款式应与自身仪表相协调。

（6）其他饰品：不得佩戴手链、脚链。

## 三、仪态礼仪

### 任务导入

王阿姨第一次坐地铁。虽然前期利用手机导航查询了线路，但在偌大的地铁站，摸不清具体出站口的方向，便向站厅内的一名女性站务员询问。这位站务员向王阿姨挥手一指，表情冷漠地回道："在那边，跟着那些人走就可以了。"王阿姨没有听清楚，便继续追问："在哪边？哪些人？"此时，这位站务员单手掐腰，另一只手用一根手指指向指示牌的方向，非常不耐烦地说道："你听不明白，还不会看指示牌啊！"王阿姨听后非常郁闷地离开了。

后来，王阿姨向其他乘客询问了路线才找到要出站的方向。王阿姨对地铁的"初印象"非常不好。

仪态也叫仪姿、姿态，泛指人们身体所呈现出的各种姿态，包括举止动作、神态表情和相对静止的体态。人们的面部表情，体态变化，行、走、站、立、举手投足都可以表达思想感情。仪态是表现个人涵养的一面镜子，也是构成个人外在美好的主要因素。常言道："站如松、坐如钟、行如风"，这是中国传统的有关于形象的标准。不同的仪态显示人们不同的精神状态和文化教养，传递不同的信息，因此仪态又被称为体态语。

城市轨道交通站务员在服务过程中的行为举止，要符合相应的仪态礼仪规范。因为良好的仪态礼仪不仅展示着站务员的素质和职业规范，体现着站务员良好的工作态度，还是对乘客尊重的直观体现。不雅的姿态、不当的行为举止不仅是对乘客的不尊重，还可能导致乘客的误解，产生不良后果。

### （一）站姿礼仪

站姿是人的一种本能，是一个人站立的姿势，它是人们平时所采用的一种静态的身体造型，同时又是其他动态身体造型的基础和起点。

标准规范的站姿，不仅能够展现出站务员良好的个人气质和风度，更能给乘客以挺拔笔直、精力充沛、积极进取、充满自信的良好印象。

#### 1. 站姿的基本要求

基本站姿，即原地站立式站姿。不管是男士站姿还是女士站姿，都是在原地站立式站姿的基础上演变而来的。正确的站姿要求是"站如松"，即站相要像松树一样挺拔。基本站姿的要点：头正、肩平、臂垂、膝并、背挺直。

（1）头正：双目平视、嘴唇微闭、下颌微收，面部平和自然。

（2）肩平：双肩放平、略为放松，稍向下沉。

（3）臂直：手臂呈一条直线，五指并拢；双臂放松、自然垂于体侧，手指自然弯曲。

（4）膝并：双腿并拢直立、膝盖并拢，不留缝隙；双脚呈 V 字步式站立（男员工双脚可分开，但不能超过肩宽）。

（5）背挺直：胸部挺起、腹部内收、腰部立直、臀部向上，并向内收紧。

城市轨道交通站务员在服务过程中大部分时间处于站立状态，为了维持长时间的站立状态，可以在基本站姿的基础上，演变出一些比较放松的站姿形式。

#### 2. 男士常见站姿

男士的站姿要稳健挺拔，能体现男性刚健、强壮和潇洒的风采。一般而言，男士站姿分为前腹分腿式站姿和后背分腿式站姿。

（1）前腹分腿式站姿：双手交叉握于腹前，左手握住右手手腕，两腿自然分开，两脚距离约半步（20 cm 左右，不宜超过肩宽），身体重心落于两脚之间，脚部疲惫时可让重心在两脚上轮换，如图 5-4（a）所示。这种站姿郑重而略显自由，常适用于基本站立以及与乘客交流时使用。

（2）后背分腿式站姿：双手交叉于背后，左手握住右手手腕，两腿自然分开，两脚距离约半步（20 cm 左右，不宜超过肩宽），如图 5-4（b）所示。这种站姿适应于前方无人、巡视时使用。

（a）前腹分腿式站姿　　（b）后背分腿式站姿

图 5-4　男士常见站姿

3．女士常见站姿

女士的站姿要柔美，能体现女性娴静、优雅的韵味。一般而言，女士的站姿主要分为丁字步站姿和扇形步站姿。

（1）丁字步站姿。丁字步站姿主要为前腹式，双手虎口交叠于腹前，形成一个心形的形态；手指伸直但不外翘，贴于肚脐以下 4 个手指的位置。双腿并拢，膝盖紧贴；右脚后退半步，左脚的脚后跟放于右脚的脚窝处，左脚脚尖指向 11 点方向，双脚站成小丁字步，如图 5-5（a）所示。这种站姿礼仪性较强，适用于较正式的迎送场合。

（2）扇形步站姿。扇形步站姿即小八字步站姿，双手交叉置于背后或者握于腹前；双腿和腿跟并拢，脚尖分开约 60°，站成小八字步，如图 5-5（b）所示。这种站姿较为自由，可适用于不太正式的交谈场合。

（a）丁字步站姿　　（b）扇形步站姿

图 5-5　女士常见站姿

4．站姿的注意事项

城市轨道交通站务员在服务过程中，应注意规范站姿，避免出现以下不良站姿：

（1）双手插入衣袋或裤袋中，双手或单手叉腰。

（2）双臂交叉抱于胸前，双手交叉抱于脑后。

（3）双脚呈内八字站立、双腿交叉站立、弯腿顶胯站立、双腿分叉过大。

（4）抖腿和晃动身体。

（5）倚物而站，如倚靠墙、椅子等。

女员工站立时若双手未拎包、持物，则最好将右手搭在左手上（男员工左手搭在右手上），然后贴在腹部。

## （二）坐姿礼仪

坐姿是一种可以维持较长时间的工作劳动姿势，也是一种主要的休息姿势，更是人们在社交、娱乐中的主要身体姿势。良好的坐姿不仅有利于健康，而且能塑造沉着、稳重、文雅、端庄的个人形象。

城市轨道交通站务员要掌握不同场合下的坐姿礼仪，营造一个优雅、融洽的气氛，使乘客感受到被尊重的感觉。

1．坐姿的基本要求

正确的坐姿要求是“坐如钟”，即坐相要像钟一样端正。正确优雅的坐姿是一种文明行为，它既能体现个人的形态美，又能体现行为美。坐姿礼仪是指入座、在座和离座时的姿势规范，具体要求如下：

（1）平缓入座。步至座前，转身缓坐，切忌沉重落座。女士落座时，如果穿的是裙装，落座时要用双手在后边从上往下把裙子拢一下，以防坐出皱褶或因裙子被打折坐住，而使腿部裸露过多，不要坐下后再拉拽衣裙。

（2）椅面不满。入座时，宜坐椅面的 1/2 ~ 2/3，不宜将椅面坐满。

（3）头部端正。双目平视，下颚向内微收，颈部挺直，保持端正。

（4）躯干平直。双肩放平、下沉，腰背挺直，胸部上挺，腹部微收，臀部略向后翘，上身略向前倾。

（5）四肢摆好。双臂自然弯曲，双手放于腿上，女士应双膝并拢，男士可双膝微开，双腿自然弯曲，双脚平落地面。

（6）平稳离座。右脚后收半步，找支撑点，平稳起立，离开座位，切忌猛起、哈腰或左右摇摆。

2．男士常见坐姿

在公共场合，男士的坐姿主要可分为正坐式和重叠式。

（1）正坐式坐姿。基本要求：上身端正，与大腿垂直，双膝、双脚可适当打开（不能超过肩宽），双手掌心向下分别放在两大腿上，如图 5-6（a）所示。

（2）重叠式坐姿。重叠式也叫“跷二郎腿”或“标准式架腿”。在标准式坐姿的基础上，一条腿提起，腿窝落在另一腿的膝关节上边。注意叠在上方的脚面绷直，脚尖必须朝向地面，不要把鞋尖朝上，不要让他人看到自己的鞋底，下方的脚尖不要回勾，也不要把腿翘高，如图 5-6（b）所示。

（a）正坐式坐姿　　（b）重叠式坐姿

图 5-6　男士常见坐姿

3．女士常见坐姿

在公共场合，女士坐姿主要可分为正坐式、侧点式、交叉式和重叠式。

（1）正坐式坐姿。基本要求：上身端正，与大腿垂直，双膝、双脚完全并拢，双手掌心向下分别放在大腿上，如图 5-7（a）所示。

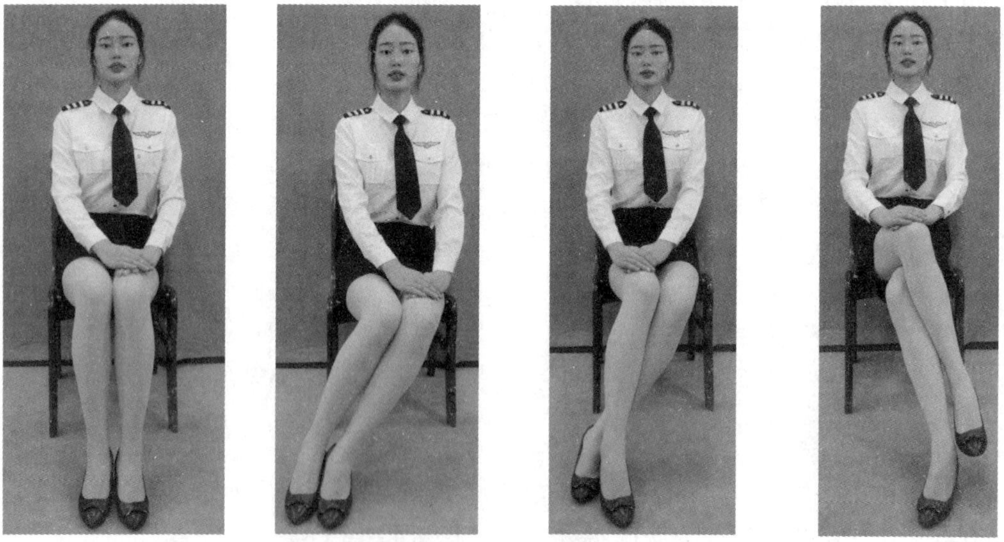

（a）正坐式坐姿　（b）侧点式坐姿　（c）交叉式坐姿　（d）重叠式坐姿

图 5-7　女士常见坐姿

（2）侧点式坐姿。可向左侧或右侧斜出，以向右侧斜出为例，基本要求：坐正，双膝并紧，上身挺直，两小腿向右斜伸出，左脚靠近右脚内侧，右脚脚掌内侧着地，左脚脚跟提起，双手放置于左腿上，头向左侧转，如图 5-7（b）所示。

（3）交叉式坐姿。基本要求：在左侧点式或右侧点式基础上，将左脚提起挂在右脚踝关节处，两腿并拢，上身左转 45°，立腰挺胸，如图 5-7（c）所示。

（4）重叠式坐姿。基本要求：髋部左转 45°，头胸向右转，左小腿垂直于地面，右腿重叠于左腿上，右腿向里收，右脚尖向下，如图 5-7（d）所示。

4．坐姿的注意事项

不良的坐姿容易给人以局促不安或满不在乎的印象，都是无礼的表现，给人没有教养的感觉。在公务活动及日常生活中，避免不良坐姿，规范标准坐姿，不仅有利于提升形象及气质，给人留下良好的印象，还可以增加职业信赖度，更好地与他人沟通，为社会服务。

（1）上身不挺直，含胸驼背，给人没有精神、没有力气的感觉。

（2）不可将头倚靠在椅背上，或者低头注视地面。

（3）不可双臂交叉抱胸，或双手做出多余的动作，切忌将双手夹放在双腿之间。

（4）女士应始终靠紧双腿，不可大腿并拢而小腿分开。

（5）男士不可将双腿叉得过开，或将双腿过分伸张，或一腿弯曲、一腿伸直呈现“4”字形，或者双腿伸直，或将小腿搁在大腿上，用脚打拍子，甚至不停地抖腿。

（6）跷腿时，切忌将悬空的脚尖朝上或指向他人。

（7）与邻座交谈时，可以侧坐，并将上身和腿同时转向交谈对象。

（8）忌坐好后前伸腿、抖动腿、跷二郎腿等。

（9）避免耸肩、仰头、低头、捂嘴、挖耳朵等各种不符合坐姿礼仪规范的行为举止，也禁止看报纸、打瞌睡等。

（三）行姿礼仪

行姿是一种动态的姿势，是站姿的一种延续，行姿可以展现人的动态美。

1．行姿的基本要求

在日常生活或公众场合中，走路都是浅显易懂的肢体语言，它能够将一个人的韵味和风度表现出来。行姿的基本要求如下：

（1）上身挺直：头部端正、双目平视、下颚内收、表情平和、双肩平稳、胸挺腹收。

（2）迈步正确：脚尖朝正前方迈出，脚跟先着地，脚掌后着地。

（3）步幅适中：跨步均匀，男士的步幅为 50 cm 左右，女士的步幅为 30 cm 左右。

（4）摆幅恰当：双臂自然摆动，摆幅一般为 30 ~ 40 cm，摆动节奏适当。

（5）路线平直：男士两脚行走的路线为两条平行线，女士两脚行走的路线应尽可能为一条直线。

（6）步态风格有别：男士步伐矫健有力，展现阳刚之美；女士步伐轻盈娴雅，展现阴柔之美。

2．常见行姿标准（见图 5-8）

城市轨道交通站务员在日常的服务过程中，应注意执行以下行姿标准。

（1）与乘客相遇时，工作人员要放慢脚步，面带微笑目视乘客表示致意，并实时伴随礼貌的问候用语，以规范的“右侧通行”原则，让乘客先行。

（2）陪同引领乘客时，应走在乘客的左侧，让乘客在右侧通行，步速尽量与乘客保持一致。如果是陪同乘客参观，应走在乘客的左后方；如果是为乘客指引线路，要走在乘客的左前方。

（3）引领乘客乘坐升降式电梯时，如果电梯内无人，服务人员应先进后出；如果电梯内有人，服务人员应后进先出。

（4）搀扶帮助乘客时，要注意步速与乘客保持一致，并且在行进的过程中适当停顿，询问乘客的身体状况。

图 5-8　行姿标准

3．行姿的注意事项

（1）不可低头或仰头行走，也不可摇头晃脑或左顾右盼。

（2）不可左右摇摆肩膀，或者扭腰摆臂。

（3）双手不可背于背后，给人傲慢之感。

（4）双脚不可呈内八字或外八字。

（5）要注意行走速度，不可过快，以免显得急躁、慌张，但也不可过慢，以免显得毫无活力。

（6）不可拖沓前行，使脚与地面摩擦或碰撞而发出噪声。

（7）应注意方便与照顾他人，切勿与他人抢道或撞到他人，切忌与他人排成横队或勾肩搭背。

### （四）蹲姿礼仪

城市轨道交通站务员在捡拾地面物品、给予乘客帮助、整理工作环境、提供必要服务等时，也需要采用蹲姿。蹲姿在站务员的工作中使用得相对不多，但比较容易出错。

#### 1．蹲姿的基本要求

蹲姿的三要点是迅速、美观、大方。其基本要领是：上身挺直、腿部弯曲、臀部下移，双膝一高一低，一脚在前、一脚在后，身体重心落于后面的腿上。

#### 2．常见蹲姿

男士常用蹲姿为高低式，女士常用蹲姿有高低式和交叉式两种。

（1）高低式蹲姿。下蹲时左脚在前，右脚稍后，两腿靠紧向下蹲。左脚全脚着地，小腿基本垂直于地面，右边脚脚跟提起，脚掌着地。右膝低于左膝，右膝内侧靠于左小腿内侧，形成左膝高右膝低的姿态，臀部向下，基本上以右腿支撑身体。采用高低式蹲姿时，男士可适当将双腿分开，双手分别自然放置于两膝盖上方，如图 5-9（a）所示；女士则必须双腿靠拢，双手交叠，压于右腿裙摆处，如图 5-9（b）所示。

（a）男士高低式蹲姿　　（b）女士高低式蹲姿

图 5-9　高低式蹲姿

（2）交叉式蹲姿。适用于女性，尤其是穿短裙人群。下蹲时右脚在前，左脚在后，右小腿垂直于地面，全脚着地。左膝由后面伸向右侧，左脚跟抬起，脚掌着地。两腿靠紧，合力支撑身体，臀部向下，上身稍前倾，如图 5-10 所示。

图 5-10　交叉式蹲姿

3．蹲姿的注意事项

（1）不可在行走中突然下蹲，不可面对他人下蹲或者蹲得离人过近。

（2）下蹲时，不要弯腰撅臀，也不要两脚平行、两腿分开、弯腰半蹲（此姿势又称“洗手间姿势”，极其不雅）。

（3）女士下蹲时，注意内衣“不可以露，不可以透”，穿着裙装下蹲时不能毫无掩饰。

（4）不要在公共场合蹲着休息。

### （五）手势礼仪

手是体态语中最重要的传播媒介，手势是一种极富表现力的动态体态语言。在城市轨道交通客运服务中，手势主要用在引领乘客、指引方向、清点人数等工作中。正确地掌握和运用相关手势，可以增强情感的表达，提高服务效果。

1．指引手势的类型

指引手势的标准规范如下：

（1）五指伸直并拢，注意将拇指并严；腕关节伸直，手与前臂呈一条直线。

（2）做动作时，肘关节一般弯曲 140° 为宜，既不要呈 90° 直角，也不要完全伸直；掌心与地面呈 45°，并斜向上方；身体稍微前倾，肩部下压。

指引手势的类型主要如下：

（1）低位手势。即手臂向外侧横向摆动，指尖稍向下，指向被引导或指示的方向，适用于指示低处物品或反向时，如图 5-11（a）所示。

（2）中位手势。即手臂向外侧横向摆动，指尖稍向上，指向被引导或指示的方向，适用于指示方向时，如图 5-11（b）所示。

（3）高位手势。手臂向外侧横向摆动，指尖指向前方，手臂抬至肩高，适用于指示高处物品所在，如图 5-11（c）所示。

（a）低位手势　　（b）中位手势　　（c）高位手势

图 5-11　常见指引手势

在城市轨道交通的客运服务手势中，最常用的是指引方向。服务人员在为乘客指引方向时，应注意以下事项：

（1）指引时面带微笑，配以亲切的提示语。

（2）指引动作要大方自然，切忌碰到其他乘客。

（3）在指引动作过程中，目光应随手指转移，手臂到位后，收回目光注视乘客。

（4）指引动作有“左、右、前”3 个方向，需要表示后面的方位时，左脚或右脚向后退半步，在上身向左或右转身的同时，做出指引动作。

2．递接手势

（1）递物。

在递接物品时，如果递接的是文字材料，字体应正面朝向对方，以便对方接过后直接翻阅；如果是一些带尖、带刃或其他易于伤人的物品时，切勿以尖、刃直指对方。

（2）接物。

在接拿乘客递送的物品时，要目视对方，不能只看物品。必要时起身站立，主动走上前或前倾身体表达出“主动”的意愿，然后双手接住，并道谢。

3．禁用手势

（1）单手或双手抱在脑后。

（2）双臂抱在胸前。

（3）摆弄手指。

（4）一只手或一双手插入口袋。

（5）与人交谈讲到自己时，用手指自己的鼻尖，谈到别人时用手指别人，或背后对人指点。

## 任务解析

任务导入案例中的这位女性站务员在服务过程中的一些不良行为引起了王阿姨的不满，主要包括以下几个方面：

（1）回答不详细。这位站务员没有具体回答乘客的问题，导致乘客没有听明白。

（2）态度较差。当乘客再次询问路线时，这名站务员非常不耐烦，并且语气呛人，激怒了乘客。

（3）仪态形象不佳。这位站务员在乘客询问问题时，表情冷漠、单手掐腰并且用单个手指指示方位等行为一方面不符合城市轨道交通服务礼仪规范，另一方面也是对乘客的不尊重。

### （六）表情礼仪

表情是人的思想感情和内在情绪的外露。脸部则是人体中最能传情达意的部位，可以表现出喜、怒、哀、乐、忧、思等各种复杂的思想感情。在交际活动中表情备受人们的注意。在人的千变万化的表情中，眼神和微笑最具礼仪功能和表现力。

表情礼仪的基本要素主要包括目光和微笑两个部分。

#### 1. 目光礼仪

眼睛是心灵之窗，它能如实地反映出人的喜怒哀乐。良好的交际目光应是坦然、亲切、和蔼有神的，要领如下：

（1）注视角度正确，注视对方的双眼。

（2）注视部位恰当，注视对方的面部，最好是眼鼻三角区；注视对方的全身，多半适用于站立服务；注视对方的局部，如接递物品时，应注视对方的手部。

（3）注视时间适宜，一般为 3 ~ 6 秒。

#### 2. 微笑礼仪

五官中，嘴的表现力仅次于眼睛。笑，主要是由嘴部来完成的。嘴部是一个人全部表情中比较显露的突出的部位，它是生动的、多变的感情表达语。笑，是眼、眉、嘴和颜面的动作集合，它能够有效地表达人的内心感情。

微笑是对人的尊重和理解，是一种礼节，见面时点头微笑，人们会意识到这是尊重和欢喜的表示，能够消除人与人之间的陌生感，使人产生心理上的安全感、亲切感和愉悦感。微笑的基本要求如下：

（1）甜美。要美丽、自然大方、亲切友善。

（2）温暖。要从目光中流露，从内心中流露；要富有感染力，给乘客温暖的感觉。

（3）适度。要有分寸，不可发出声音或毫无顾忌地张嘴大笑。

（4）适时。要注意场合，懂得善解人意。

### 任务拓展

一位盲人乘客乘坐动车到达高铁站后，家人因有事耽搁没能来接他。该乘客在动车列车员的护送下来到地铁车站，向地铁车站的客运服务人员说明了情况，表示客运服务人员只需将他送上地铁列车就可以。但客运服务人员觉得盲人乘客看不见，就一脸冷漠地翻了个白眼，表示“我们没这个义务”，拒绝了这名乘客的求助。

思考：若你是上述案例中的客运服务人员，你会怎么做？

## 四、沟通礼仪

### 任务导入

2016 年 8 月 11 日早高峰期间，地铁 1 号线四惠站一工作人员对乘客出言不逊、用词不当，引发与乘客之间的矛盾，该事件引起网友热议。

对于此事，网友们众说纷纭，有的为地铁工作人员鸣不平，认为地铁工作人员每天要面对形形色色的乘客，难免会有无法控制情绪的时候；但也有不少网友认为，不管事发经过如何，作为地铁工作人员都不应辱骂乘客；还有网友呼吁乘客自觉文明乘车。

思考：对于此事，你是怎样想的？这位地铁工作人员的做法是否妥当？

在服务过程中，若语言运用适当、得体、清晰、悦耳，乘客便会产生愉快、亲切之感，同时对服务人员的好感也会大大增加；反之，若语言生硬、无礼貌、刺耳，乘客则会产生难以接受之感，对服务人员留下不好的印象，甚至投诉相应服务人员，最终导致城市轨道交通运营企业的形象受损。

### （一）沟通礼仪的基本要求

《城市轨道交通客运服务》（GB/T 22486—2008）中对客运服务人员的服务用语有以下要求：

（1）服务语言应使用普通话。

（2）问询、播音宜适当提供英语服务。

（3）服务用语应表达规范、准确、清晰、文明、礼貌。

（4）服务文字应用中文书写，民族自治地区还应增加当地的民族文字。

（5）应根据本地区的特点提出服务忌语，对服务人员应进行防止使用忌语的培训。

### （二）问询服务

1．问询服务要点

（1）当乘客问询时，客运服务人员应面带微笑正视乘客，礼貌地询问：“先生/女士，您需要帮忙吗？”如在行走时遇到乘客问询，也应立即停下脚步主动关切地询问“先生/女士，您有什么事需要我帮忙吗”，以示诚恳和亲切。

（2）解答乘客问询时，不知道的事或拿不准的事不要信口开河，敷衍了事。

（3）在问询服务中，应尽量做到百问不厌、百问不倒，应熟练掌握本岗位的业务基础知识，多总结、积累，了解其他相关岗位的业务知识，多收集交通、旅游、购物、餐饮、住宿、医疗等相关延伸知识，以急乘客之所急。

2．站务员常遇问题汇总

（1）乘客询问乘车线路。

按服务标准，对乘客的问题要做到有问必答。当乘客问路时，如果客运服务人员知道，应清楚详细地告诉对方怎么走，必要时可以画一张路线图。如果客运服务人员不知道，可以说“对不起，我不清楚，我帮您询问其他工作人员”，并立即询问。

（2）乘客要求找人、找物。

真正树立“想乘客之所想，急乘客之所急，帮乘客之所需”的主动服务意识。车站客运服务人员在记录乘客找人、找物信息后，应立即向行车调度员汇报，请行车调度员将此信息通报各站，发动各站进行寻找，并请乘客留下姓名、地址、联系电话，以便联系。

（3）乘客询问如何购票。

当乘客询问如何购票时，车站工作人员应耐心地回答：“如果您需要买单程票，请您先在票务处兑零，然后到自动售票机处购票，如果您需要购买储值票，可直接在票务处（购票处）购买。”

### （三）语言服务禁忌

在城市轨道交通站务员服务用语中，禁止使用冷漠、斥责、不耐烦、命令式的语句。例如，“不”“不知道”“这不是我们的责任”“我们没有这样的规定”“你不懂”“你没看见我正在忙吗”“现在才说，早干嘛去了”等。这些语句会影响乘客的心情，易使乘客对轨道交通运营企业留下不好的印象。

此外，在客运服务中，还有以下方面需注意：

一是避免声音太大或太小；声音慵懒倦怠；呼吸声音过大，使人感到局促不安和犹豫；鼻音过重。

二是严禁口齿不清，语言含糊，令人难以理解；语速过慢，使人感觉烦闷；语速过快，使人思维无法跟上。

三是严禁说错字、别字。与乘客交流中说错字、别字会给人一种素质低下、工作能力不强的感觉。

四是严禁说不礼貌的语言。在与乘客交流中禁止说一些粗话、脏话等不礼貌的语言。

五是严禁说容易引起乘客不快的语言。城市轨道交通服务人员在工作中，如果遇到矛盾冲突，要冷静处置，说一些谅解的语言，避免说一些指责的话。

六是避免语言平淡，使用过于专业的术语。严禁谈论与工作无关的事情；严禁与乘客嬉笑玩闹，对乘客评头论足。

### 任务解析

任务导入案例中这位地铁工作人员虽然是好心帮助乘客，但是对乘客出言不逊、用词不当，违反了服务规范，给社会和乘客留下了不好的印象。

城市轨道交通站务员，面对乘客的辱骂时，要保持冷静，耐心礼貌地跟乘客讲解乘坐地铁的安全规定，要以妙语对粗言，用微笑对冷漠，使乘客意识到自己的不当行为，避免与乘客对骂、说脏话等。

## 任务三　车站乘客服务

### 任务导入

观看新闻视频：8 名残疾人坐轮椅体验重庆轻轨。视频中，8 名乘客能够畅通无阻地到达车厢乘车，得益于完善的车站服务体系。另外，大家乘坐地铁时也可以看到，在每趟车中总有那么几节车厢的一端没有任何座位，其实这就是为使用轮椅的乘客特别定制的。将轮椅固定在车厢一端专门设计的轮椅位上，用安全带绑扎好轮椅，可以防止轮椅随着列车奔跑而摇晃，从而保证乘客的安全，为乘客提供安全、舒适、高效、绿色的轨道交通服务。

思考：乘客可以在城市轨道交通车站享受到哪些客运服务呢？

### 一、站厅服务

#### （一）站厅服务的内容

站厅服务主要包括乘客的进出闸机服务、乘客问询服务、帮助重点乘客服务等。

在轨道交通客运服务中，最容易发生纠纷的是乘客进出站服务，因此站厅层被认为是客运服务关键而艰难的一个场所。

（二）站厅服务的基本要求

（1）保持制服整洁，不佩戴夸张饰品，当班时应精神饱满，避免显露疲态；适当时候，向乘客友善地点头微笑或主动问候，如“早上好”“下午好”“晚上好”“您好”等。

（2）留意附近的环境和设备，如遇上设备故障，应尽快报告、及时处理，以免给乘客带来不便。

（3）确保通道、站厅卫生清洁无杂物，无积水。如发现地面不清洁或有水，应通知保洁人员，放置“小心地滑”的告示牌。

（4）留意进站乘客，并注意乘客出入闸机情况。如遇上票务问题，应做出适当的处理，如需要，应指示乘客前往客服中心。

**拓展思考**

站厅岗站务员在工作过程中最常遇到的问题有：乘客不会使用自助售检票设备、乘客无法进站、乘客无法出站、乘客逃票进出站等。

思考：遇到上述问题时，我们应该怎样与乘客沟通，从而减少纠纷呢？

## 二、客服中心服务

**任务导入**

某日，某车站的客服中心前排起了长队，因为有一位乘客 A 丢失贵重物品请求工作人员的帮助。票亭售票员好不容易办完了此项业务，刚要给排队的乘客办理售票，恰巧另一名工作人员带领一位乘客 B 过来。乘客 B 的票不能出站，售票员随即又给这位乘客 B 办理。此时排在队首的乘客 C 变得不满：“你们怎么服务的，怎么先给后来的人服务啊？”售票员急忙解释：“按公司规定，我们需要先为不能出站的乘客服务。”乘客不听解释：“让你们领导过来，我要投诉。”

恰好值班站长经过，听了售票员的解释以后，对乘客 C 说：“您好，我们的售票员没有做错，公司确实是这样规定的。”乘客 C 不满意，继续投诉。

思考：针对以上事件，分析存在着哪些不妥之处？

客服中心位于车站的非付费区，担负整个车站的售票、补票、处理异常，是车站最繁忙的场所之一。客服中心作为车站服务的前沿阵地，其服务水平的高低直接影响整个车站的服务质量。

客服中心服务技巧：

（1）当发现乘客有不满意的情绪时，应第一时间给予安抚，并找其他同事协助办理，而不应该第一时间向乘客解释，推脱自己的责任。

（2）售票员在为丢失物品的乘客服务时，花费时间较多，应该及时联系车站控制室，请求其他工作人员协助。

（3）值班站长不能直接指出客服工作人员没有错，而是应该照顾乘客情绪，委婉解释，并表示歉意，给乘客一个台阶。

## 任务解析

任务导入案例中，存在的不妥之处主要有：

（1）工作人员在给乘客提供服务时，没有顾及其他乘客的感受，导致乘客产生不满情绪。

（2）当乘客抱怨自己的不满时，售票员没有第一时间安慰乘客，只是为自己的行为辩解，乘客的不满没有得到安抚。

（3）值班站长到场时，没有耐心倾听，便急着向乘客解释售票员没有做错，忽视了乘客的建议和投诉。值班站长漠视乘客的抱怨，没有从乘客角度出发，没有耐心倾听投诉是导致乘客再次投诉的主要原因。

## 三、安检服务

### （一）案件的必要性

轨道交通具有人流密度大、密闭性强、列车运行位置特殊等特点，极易成为恐怖分子的袭击目标。

实施安检，一方面，能够在心理层面上对恐怖分子进行威慑，将发动恐怖袭击的动机扼杀于萌芽阶段；另一方面，可以通过人防、技防、物防的有效串联，将易燃易爆物品、枪支弹药、管制刀具等威胁运营安全的物品拒于车站门外，是乘客安全出行和运营稳定的有效保障。

因此，为应对日益严峻的安全形势，在轨道交通范围内实施安检是一项必然举措。

### （二）安检的方法

#### 1. 行李物品检查

乘客进入站厅进站闸机前，首先应将行李物品放到 X 射线安检设备的传送带上，工作人员可通过显示器检查（见图 5-12）。

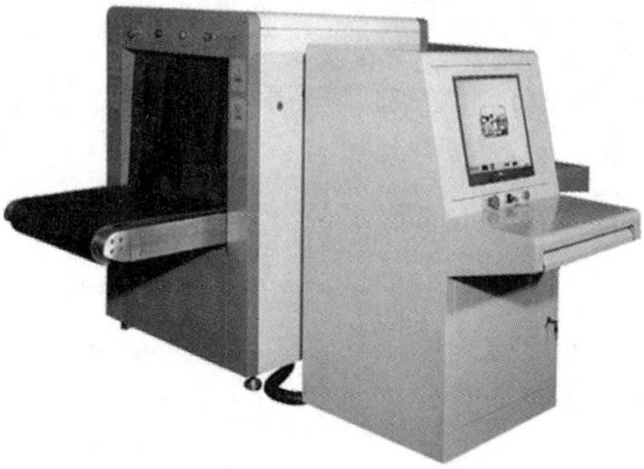

图 5-12　X 射线安检机

如发现有异物，须由检查人员开包检查。若存在违禁物，安检人员有权要求乘客转乘其他交通工具或将违禁物遗弃，公安机关明令禁止的违禁物可进行查收，并做好相关记录，拒不服从安检人员情节严重者可转交公安机关。

2．乘客身体检查

对乘客的身体检查的方式，有探测检查门和磁性探测器。

探测检查门，是特设的探测门，用于对乘客的身体检查，主要检查乘客是否携带禁带物品。当乘客通过检测门发出报警声时，需用手持式金属探测器再查，将可能发出报警声的钥匙、打火机等金属物品掏出来，直到检查时不再发出报警声为止。

磁性探测器，也叫手提式探测器，主要用于对乘客进行近身检查，如图 5-13 所示。手提式探测安检的原则是“男不查女”，主要是为了避免不必要的尴尬。目前，受安检人员数量限制，负责手提式安检工作的安检人员以女性为主，接受贴身安全检查的乘客应给予配合。如遇客流高峰，安检人员可提醒乘客提前做好安检准备，避免出现拥挤慌乱情况。

图 5-13　磁性探测器

此外，受新型冠状肺炎疫情影响，城市轨道交通车站对入站乘客还需进行体温检测。客流量大的车站一般配置非接触快速红外体温筛查系统，其他车站以手持测温仪检测为主。

3．液体检查

液体是城市轨道安检的重要内容之一。检验液体时，将瓶装液体竖直贴靠在液体检测仪上 4 s 后，检测仪的液晶屏上就会显示出液体是否安全：绿色代表通过，红色表示不通过。液体通过地铁安检后，不需要乘客再试喝即可通过。

## 知识拓展

### 重庆市轨道交通禁止、限制携带物品目录

一、禁止携带物品

（1）枪支、弹药类（含主要零部件），包括：公务用枪、民用枪、其他枪支、弹药，以及上述物品的样品、仿制品。

（2）爆炸物品类，包括：爆破器材、烟火制品、射钉弹、发令弹等含火药的制品，以及上述物品的仿制品。

（3）管制刀具及具有一定杀伤力的其他器具类，包括：管制刀具、管制刀具以外的菜刀、餐刀、大型水果刀、工艺品刀、斧子等利器；具有攻击性的各类器械、械具。

（4）易燃易爆物品类，包括：易燃、助燃、可燃毒性压缩气体和液化气体及其专用容器；易燃液体；易燃固体；自燃物品；遇水燃烧物品；氧化性物质和有机过氧化物。

（5）毒害品类，包括：氰化物、砒霜、毒鼠强、汞（水银）、剧毒农药等剧毒化学品以及硒粉、苯酚、生漆等。

（6）腐蚀性物品类，包括：盐酸、硫酸、硝酸、氢氧化钠、氢氧化钾、蓄电池（含氢氧化钾固体或注有碱液的）等。

（7）放射性物品类，如放射性同位素等。

（8）传染病病原体类，如乙肝病毒、炭疽菌病毒、结核杆菌、艾滋病病毒等。

（9）其他可能危害公共安全、列车运行安全的物品，如可能干扰列车信号的强磁化物、有强烈刺激性气味的物品、不能判明性质可能具有危险性的物品等。

（10）国家法律、行政法规规定的其他禁止乘客携带的物品。

二、限制携带物品

（1）白酒：累计不得超过 2 000 mL 或 2 kg，且包装完好。

（2）包装上带有易燃、易爆等危险化学品标志或提示信息的生活物品：

① 摩丝、发胶、染发剂、冷烫精、指甲油、光亮剂、衣领净、卫生杀虫剂、空气清新剂：单品不得超过 700 mL，累计携带不得超过 1 000 mL 或 1 kg；

② 香水：单品不得超过 500 mL，累计携带不得超过 1 000 mL 或 1 kg。

（3）充有可燃气体或燃料油的打火机：不得超过 5 支。

## 四、站台服务

### 任务导入

某地铁站内，一位奶奶带着孩子在站台上候车。孩子喝完饮料后，奶奶随手将饮料瓶扔在了地上，给孩子擦完嘴之后，又随即把纸巾扔在了地上。站务员上前制止，要求其捡起东西放回垃圾桶里，并且嘀咕道："真没素质，孩子还在身边呢，也不给孩子做个好榜样。"这位乘客听到后，很不乐意，激动地和站务员吵了起来。

思考：针对以上事件，发表你的看法。

站台服务是车站服务的重要组成部分，在早晚高峰时，站台上来往乘客较多，稍有疏忽，就有可能发生安全事故，尤其是在乘客上下车时容易混乱，工作人员和乘客之间也容易发生纠纷。因此，站台服务需要将安全和服务技巧相结合。

### （一）站台服务的基本要求

站务员值守站台岗时应监视列车运行状态及候车乘客的动态；引导乘客在安全线以内候车，不要依靠屏蔽门，乘降时不要抢上、抢下，组织乘客有序乘车；回答乘客询问时，在力所能及的范围内，应尽量帮助乘客解决问题，特别注意帮助老、弱、病、残等特殊乘客；制止并处理乘客违规行为。站务员在站台值守服务时，应遵循以下基本要求。

（1）保持制服整洁，不佩戴夸张饰品，当班时应精神饱满，避免显露疲态；适当时候，向乘客友善地点头微笑或主动问候"早上好""下午好""晚上好""您好"等。

（2）确保站台环境清洁，留意站台设备，如发生故障，及时报修，以免给乘客带来不便。

（3）留意乘客安全，个别乘客站在安全线以内时，应给予适当提醒，协助乘客安全进出车厢，维持站台秩序，方便开关车门。

（4）留意站台上乘客的需要，如看到乘客有任何困难（如身体不适、行动不便等），应主动上前了解情况，并尽量提供帮助，必要时可以向其他同事请求协助。

（5）遇到特殊事件时，能正确及时地进行站台广播。

### （二）站台细微服务要点

站台岗站务员在工作过程中最常遇到的问题有：乘客不按规定候车、乘客抢上抢下、乘客丢失物品等。遇到上述问题，应提供细微服务，确保安全。

（1）发现乘客站在黄色安全线以外候车时，应及时提醒乘客："为了您的安全，请在黄色安全线以内候车。"如果乘客没有退后，应立即上前制止该乘客的行为。

（2）发现携带大件行李的乘客时，应主动提醒乘客注意安全，防止行李碰伤其他乘客或掉下轨道，并向其解释到达目的地时可使用升降机。

（3）发现乘客采用蹲姿候车时，应及时上前了解情况，看乘客是否有身体不适，如没有，应提醒乘客："为了您的安全，请勿蹲姿候车。"

（4）遇见身体不适的乘客，应主动上前询问情况，并指引他们到候车椅上休息；如果情况严重，则应通知车站控制室处理。

（5）发现乘客在站台上吸烟，应立即上前制止，并有礼貌地解释："对不起，为了安全，车站内不允许吸烟，请您灭掉烟头，谢谢您的合作。"

（6）遇到客流高峰期，应引导乘客到人数较少的车门上车，并有礼貌地提醒站台上的乘客先下后上。

（7）乘客企图冲上准备关门的列车时，应阻止乘客（避免和乘客有直接碰触），并有礼貌地提醒："请勿靠近车门，下班列车将于多少分钟进站，请等候下班列车。"

（8）若发现有长时间逗留在站台不出站的乘客，应主动上前询问情况，避免逗留的乘客跳轨等紧急情况的发生。

（9）乘客有物品掉下轨道时，站务员应立即提醒并安抚乘客："为了您的安全，请勿私自跳下轨道。请您放心，我们工作人员将会立即为您处理，谢谢您的合作。"

### 任务解析

对任务导入案例的分析如下：

（1）站务员制止乘客乱扔东西的行为值得肯定。

（2）站务员在制止乘客时带有主观情绪，对乘客犯错进行直接指责，态度不好，得理不饶人，让乘客觉得难堪。

从以上案例，可以总结出站台服务的技巧：在发现乘客有违规行为时，要特别注意服务态度，使用礼貌用语。我们要以宽容的心对待乘客的错误，耐心向乘客解释和提醒，给乘客一个承认错误、改正错误的台阶。

## 任务四　车站特殊乘客事务处理

### 任务导入

某日早上6:39，重庆北站北广场站票亭反映有位乘客在6号扶梯不慎摔伤。6:41值班站长到现场将6号扶梯停用并将乘客扶到凳子上为乘客涂抹药油。了解情况后得知：乘客李女士，66岁，坐了一整晚火车，因行李箱太重来不及扶好扶梯从扶梯中部摔到站台，背部、手臂有擦伤。

思考：针对李女士摔倒事件，现场值班员应如何处理？

乘客事务处理是指乘客在乘坐轨道交通工具的过程中，因自身原因或其他特殊原因造成无法正常进出站时引起的事务处理。

乘客事务处理的原则：一是以礼为先，客观、公平、公正地处理乘客事务；二是顾全大局，处理乘客事务时尽量减少对其他乘客的影响，遇复杂事件或乘客意见较大的情况，尽量带到乘客较少的区域或会议室内进行处理。

## 一、特殊乘客服务

特殊乘客，是指因身份、行为、年龄和身体状况等原因，在城市轨道交通车站中需特殊照顾，并符合一定运输条件的旅客，如视力障碍乘客、听力言语障碍乘客、行动不便乘客和神志不清乘客（含醉酒）等。

### （一）视力障碍的乘客服务

#### 1．身份核实

（1）视障人士身份认定以《中华人民共和国残疾人证》为依据，确有忘记携带证件的，建议通过身份证或残疾人优惠乘车卡、眼部生理特征，以及致电市残联查证视障人士身份等方式酌情认定，防止激化矛盾，尽量维护残疾人尊严和情感需要。

（2）核实导盲犬的相关证明。以公安、残联等部门（团体）出具的导盲犬证明以及其他能够证明导盲犬身份的凭证为依据，结合是否配备导盲犬工作服、导盲鞍等专用设备进行综合认定。

#### 2．做好乘车引导及陪同

进站前，请乘客为导盲犬系好牵引带，佩戴导盲鞍。上车后，尽可能协调乘客到宽敞的席位，以方便其乘车照看导盲犬。同时提醒其他乘客自觉做到“不围观、不喂食、不抚摸、不呼唤”导盲犬，以免影响其正常工作。

#### 3．及时通知目的地站做好接应

视障乘客及导盲犬所乘列车动车后，目的地站或换乘站应及时按照以上要求做好服务工作。

### （二）听力言语障碍的乘客服务

（1）身份核实。

（2）边说边用手进行解释，对乘客进行指引。方便时可以用笔和纸协助写出来，便于沟通。

### （三）行动不便的乘客服务

1．轮椅乘客

（1）每个车站配置爱心踏板，提高轮椅乘客使用体验。

（2）车站以“主动提供，按需使用”为原则，为轮椅乘客主动提供爱心踏板服务，协助其安全、顺畅地上下列车。

2．其他行动不便乘客

（1）车站接到行动不便乘客，员工全程指引，根据乘客的需要指引乘客搭乘地铁。

（2）预约—起点站接应—送上车—目的地站接乘客—送出站。

### （四）神志不清的乘客服务（含醉酒）

（1）尽量联系乘客的家人或者朋友到现场处理，从乘客的随身物品或者与乘客沟通中获取有效的信息。

（2）员工携带执法记录仪，记录现场情况。与乘客保持安全距离，在监控下与乘客进行交谈。

（3）根据现场情况，判定是否拨打 120。

（4）现场做好屏风围蔽，员工做好乘客引导，避免公关危机。

### （五）残疾乘客服务

服务残疾乘客时应注意以下事项：

（1）避免在乘客面前说个人的身体缺陷。

（2）熟悉各种残疾类型乘客的服务礼仪。

（3）残疾乘客的情感意识非常敏感，在服务过程中多关注他们的情绪。

## 二、事发现场投诉处理

### （一）事发现场投诉处理原则

（1）首问责任制原则。首位接待乘客的员工负责全程跟进乘客需求，超出职责范围内或因工作原因无法及时处理乘客的需求，需根据流程及时逐级上报。

（2）投诉无申辩原则。在处理乘客投诉时，首先要为给乘客带来的不便向乘客表示歉意，处理过程中要关心乘客的需求，做到耐心、有礼，态度友善、语气温和，不能出现顶撞、推诿行为。

（3）现场处理原则。受理乘客服务事务的个人或部门要尽量在现场处理完毕，确保事务处理的有效性。

（4）满意原则。在处理乘客服务事务时，需迅速响应乘客的需求，尽量满足乘客的需要，做好服务补救措施，并及时将无法处理或乘客对回复不满意的投诉向上级反映，尽量使乘客满意。

（5）及时原则。乘客服务事务必须及时处理，不能让乘客长时间等待。如当事人第一时间不能处理，应立即通知上级。相关人员接到信息后，必须在 3 分钟内到场为乘客处理相关事务。

（6）百分百回复原则。对于车站受理的乘客服务事务，受理部门必须百分百回复乘客，并做好跟踪和台账记录。

### （二）事发现场投诉处理技巧

（1）用心倾听。接待乘客的工作人员要掌握倾听的技巧，从乘客的抱怨中找出真正的原因以及乘客期望的结果。

（2）充分道歉。当乘客抱怨或投诉时，无论是否是工作人员的原因，我们都要诚心地向乘客道歉，并对乘客提出的问题表示感谢。尤其是在我们的工作确实有过失的情况下，更应该马上道歉。如“对不起，给您添麻烦了”，这样可以让乘客感受到自己受到了重视。

（3）协商解决。在听完乘客投诉之后，工作人员弄清楚乘客投诉和抱怨的原因，了解乘客的想法后，应主动提出解决方案。协商解决时，不要推卸责任，指责或敷衍乘客。

（4）汇报上级。遇到自己无法解决，或短时间无法解决的问题，应及时汇报给上级，寻求帮助。

## 三、乘客受伤处理

### （一）乘客受伤处理原则及技巧

第一现场人员（厅巡岗、站台岗）在发现乘客受伤或接收到乘客受伤信息后，必须第一时间赶赴现场。在初步了解乘客受伤部位和受伤情况后，向值班站长或车控室报告基本情况，并寻找挽留 2 名或以上目击证人。因涉及地铁相关设备设施（扶梯、闸机等）的乘客受伤，必须第一时间关闭、停用并保修相关设备，做好防护及提示标志，保存相关设备设施的检测报告。因第三方责任造成的，第一时间留住第三方责任人，并报公安机关处理。

值班站长收到乘客在车站受伤的信息后，原则上必须在 2 分钟内到达现场处理。根据已获取的基本信息，带备相关药品和取证设备赶往现场，站在乘客的立场关心、安抚乘客，为乘客做初步的简单救治。

值班站长安排客值接洽目击证人，请目击证人、当事人及当事员工当场填写详细的事情经过。车站在调查取证过程中须注意，目击证人、受伤乘客及肇事者要分开取证，以免互相干扰。

值班站长进行调查、取证时，可使用照相机、录音笔等。车站应核实乘客的真实资料（身份证、工作证、联系电话等），以便事后调查。当乘客不配合值班站长调查时，值班站长要灵活处理，可用手机将乘客语言及行动记录下来，使用时手机应放置在乘客不注意的位置，避免引起不必要的纠纷。调查、取证所得的资料由事发车站负责做好相应台账记录并保管。如乘客在异站受伤，受理车站将取证资料转交相关车站，并通知相关车站跟进事件。

如乘客伤势较重需要到医院治疗，经得乘客同意后，车站帮乘客报“120”急救中心。如受伤的是老人和小孩，车站还应通知其家属赶往车站或医院。车站原则上不派人员陪同乘客到医院，所发生费用由乘客自行承担。

车站发生客伤事件后，若乘客对公司的处理不满，家人及当事人到车站闹事时，值班站长应第一时间通知中心站长到场处理，耐心听取乘客意见，向乘客做好解释工作。当乘客在车站采取过激行为时，值班站长应告知乘客此事件已向相关领导反映，会尽快给予回复，请不要影响车站正常工作。若乘客不听劝阻，值班站长立即通知地铁公安到场处理。行车值班员将现场乘客情况及时报部门客伤负责人。

发生乘客受伤事件后，如有新闻媒体采访或者乘客扬言向媒体曝光时，工作人员应采取妥善方式劝阻，不对事件擅自发表言论或接受采访，并立即将相关信息报部门党群负责人、部门相关领导、总公司宣传部。

### （二）乘客受伤处理注意事项

（1）对乘客实施救助的注意事项：

① 进行救助之前，应先征询受伤者的意见。

② 明确受伤者的受伤部位或伤势，避免造成二次伤害，对于没有把握的伤势（如骨折），禁止盲目搬动。

③ 除乘客处于意识模糊、神志不清、半昏迷、昏迷状态及因伤无法自主行动外，其他受伤情况在征得伤者同意后方可报“120”急救中心。

④ 处理流血伤口时，务必戴好一次性医用手套，做好个人防护。

（2）寻找并挽留 2 名或以上的目击证人，记录当事人及证人详细资料，填写事情经过（注明时间、地点、是否乘客自身原因造成、是否第三方责任造成、是否设备运行不良或存在缺陷、相关设备编号）。

（3）当事乘客也需要留下一份事情经过。若因乘客自身原因无法亲笔书写经过的，由代笔人根据当事人口述情况记录后由当事人及代笔人签名作实并注明“以上情况属实”。在征得当事人同意后可采用录音、摄影设备对乘客及证人的描述开展证据收集工作。

（4）值班站长使用照相机、录音笔在现场调查、取证时，应尽量隐蔽，避免被乘客发现后矛盾升级，也可安排当班人员在一旁隐蔽协助取证。

（5）车站第一时间报分管站长助理、中心站长，寻求指导，及时报部门客伤负责人。

（6）对伤势较重又因赶时间拒绝救助的乘客，应当以报“120”为原则。但受伤乘客坚决表示不需要的，应留下相关证据，如书面声明、录音等，并在当事人填写笔录时引导其表明是自身要求不报“120”。

## 任务解析

针对李女士摔倒事件，现场处流程为：

（1）通知其家人到现场，乘客留下事情经过记录在家人的陪同下离开车站。

（2）寻找目击证人。

（3）设备部门人员对设备进行检查，开具检查证明。

（4）报调度、站长、部门客伤负责人。

（5）乘客因自身原因在扶梯上摔伤，公司不予赔偿，车站做好乘客服务解释工作。

# 情境再现

- 客运服务
  - 服务过程
    - 进入车站至目的地下车出站为止
  - 服务宗旨
    - 快速、准确、安全、舒适、便利
  - 职业道德
    - 特征
      - 职业性、实践性、继承性、多样性
    - 要求
      - 热爱本职、忠于职守
      - 文明礼貌、尊重乘客
      - 方便周到、热情服务
      - 遵章守纪、维护正常运营
  - 客运服务礼仪
    - 仪容礼仪
      - 面部装饰
      - 发型修饰
      - 手部修饰
    - 仪表礼仪
      - 制服的穿着
      - 饰品的佩戴
    - 仪态礼仪
      - 站姿
        - 基本要求、常见站姿、站姿禁忌
      - 坐姿
        - 基本要求、常见坐姿、坐姿禁忌
      - 行姿
        - 基本要求、客运服务行姿标准、行姿禁忌
      - 蹲姿
        - 基本要求、常见蹲姿、蹲姿禁忌
      - 手势
        - 指引手势、递接手势、禁用手势
      - 表情
        - 目光、微笑
    - 沟通礼仪
      - 沟通规范
      - 问询服务要点及常见问题
  - 车站乘客服务
    - 站厅服务
      - 常见问题及服务技巧
    - 客服中心服务
      - 常见问题及服务技巧
    - 安检服务
      - 常见问题及服务技巧
    - 站台服务
      - 常见问题及服务技巧
  - 特殊乘客事务处理
    - 特殊乘客服务
      - 视力障碍乘客
      - 听力言语障碍乘客
      - 行动不便乘客
      - 神志不清乘客（含醉酒）
    - 现场投诉处理
    - 乘客受伤处理

# 课后习题

## 一、判断题

1. 车站的问询服务开始由人工问询向自助式服务方向发展。(　　)

2. 站务员与乘客的关系是服务与被服务的关系。(　　)

3. 城市轨道交通职业道德规范是城市轨道交通职业道德的一个重要组成部分，是城市轨道交通站务员在职业活动中从思想到行为都必须遵循的准则和规范。(　　)

4. 站务员严禁染发和烫发。(　　)

5. 工号牌佩戴在左胸上方，工号牌的下端与左胸的口袋上口平齐，佩戴的工号牌应端正、不能歪斜。(　　)

6. 站务员（站厅）在客服中心服务乘客时需站立服务。(　　)

7. 城市轨道交通站务员进入地铁时，不用进行安全检查。(　　)

8. X 射线安检设备可检测乘客所携带物品并成像。(　　)

9. 站务员只能负责车站站厅区域的管理和服务。(　　)

10. 值班站长收到乘客在车站受伤的信息后，必须在 1 分钟内到达现场处理。(　　)

## 二、单项选择题

1. 客运组织工作的宗旨包括快速、(　　)、安全、舒适、便利等。

A. 热情　　B. 舒适　　C. 文明　　D. 准确

2. 女性站务员允许佩戴一对直径不超过（　　）mm 的耳钉。

A. 4　　B. 3　　C. 2　　D. 1

3. 上岗时，站务员（　　）的站姿不规范。

A. 上身正直　　B. 头正目平

C. 两脚并拢　　D. 背手

4. 以下有关坐姿的说法，不正确的是（　　)。

A. 女士可以两腿并拢，两脚同时向左或向右放

B. 女士若着裙装，没有整理好裙摆，可以重新站起来整理衣裙

C. 上身端正，与大腿垂直，双膝、双脚完全并拢

D. 步至座前，转身缓坐，切忌沉重落座

5. 站务员的规范行姿是（　　)。

A. 嬉戏打闹　　B. 勾肩搭背

C. 挺胸阔步　　D. 推拉乘客

6. 站务员服务用语中，不能使用（　　）。

A. 俚语　　B. 敬语　　C. 谦语　　D. 暖语

7. 不属于站厅服务的是（　　）。

A. 密切注意站厅乘客动态，发现有违反地铁规定（如精神异常、醉酒的乘客等）的应及时制止

B. 帮助乘客、回答乘客问询，特别注意帮助老、弱、病、残等有困难乘客

C. 车门或屏蔽门关门时，应确认其工作状况。发现未关闭好时，应及时向综控室报告，并负责处理屏蔽门故障

D. 引导乘客正确操作票务设备，巡视车站自动售检票设备的运行情况，协助票箱、钱箱的更换或清点工作

8. 关于站厅服务基本要求的做法错误的是（　　）。

A. 遇到乘客不能进出站时，直接补票

B. 遇到漏票现象，要态度平和地要求乘客到客服中心补票

C. 防止乘客过分拥挤，必要时采取限流措施

D. 工作时，精神饱满、思想集中，不准闲聊

9. 地铁站务员（安全员）在实施安检时，不应当（　　）。

A. 佩戴工作证件　　B. 使用礼貌用语

C. 佩戴别人工作证件　　D. 执行安检操作规范

10. 对违反地铁有关安检规定的乘客应（　　）。

A. 耐心解释相关规定　　B. 用委婉的语言来表达

C. 对其大声呵斥　　D. 轰出车站

## 三、多项选择题

1. 城市轨道交通客运服务的基本内容包括：引导乘客进站、（　　）。

A. 问询服务　　B. 组织乘车

C. 安检服务　　D. 确保仪器设备正常

E. 出站验票

2. 城市轨道交通职业道德规范的主要内容包括（　　）。

A. 热爱本职、忠于职守　　B. 文明礼貌、尊重乘客

C. 方便周到、热情服务　　D. 遵章守纪、维护正常运营

E. 表达流畅、自制自强

3. 以下有关站务员仪容礼仪，说法正确的是（　　）。

A. 保持眼部清洁，不能佩戴眼镜

B. 男员工不允许佩戴任何耳部装饰

C. 保持口腔口气清新

D. 保持唇部红润有光泽，可自行选择唇膏或各类口红

E. 保持鼻腔的清洁，及时修剪鼻毛

4. 以下不属于站务员规范蹲姿的是（　　）。

A. 弯腰　　B. 屈膝

C. 低头翘臀　　D. 曲背　　E. 两脚前后稍分开

5. 站务员服务用语应该（　　）

A. 文明　　B. 规范　　C. 烦琐　　D. 通俗易懂

6. 站务员在服务过程中，不恰当的行为有（　　）。

A. 上下打量乘客　　B. 尽量减少不必要的手势

C. 左顾右盼　　D. 主动关心有需要的乘客

E. 对乘客评头论足

7. 站台服务作业的主要内容包括（　　）。

A. 巡视站厅　　B. 接送列车

C. 组织乘降　　D. 解答乘客的咨询

E. 站台管理

8. 以下有关站台服务的说法，正确的是（　　）。

A. 及时提醒乘客，在黄色安全线以外候车

B. 出于安全考虑，发现乘客采用蹲姿候车时，直接制止

C. 发现乘客在站台上吸烟，应立即上前制止，并有礼貌地做好解释

D. 提醒站台上的乘客先下后上

E. 遇见身体不适的乘客，应主动上前询问情况

9. 以下属于特殊乘客的是（　　）。

A. 视力障碍乘客　　B. 听力言语障碍乘客

C. 行动不便乘客　　C. 携带妇乳期孩童的乘客

E. 神志不清乘客

10. 以下有关事发现场投诉处理技巧的说法，不正确的是（　　）。

A. 用心倾听　　B. 视情况，给予道歉

C. 指出乘客的过失　　D. 协商解决

E. 汇报上级，寻求帮助

## 四、案例分析题

1. 刘阿姨乘坐地铁外出，在一个三线换乘站换乘时，不知道该如何正确乘车，看到一位地铁工作人员后马上上前询问，但是这位工作人员面色疲惫、无精打采、发饰松乱，刘阿姨便询问了服务中心的方位。当她找到服务中心时，服务中心的工作人员正对着服务台化妆。

思考：上述案例对你有何启示？作为车站客运服务人员，应当如何展现个人素质？

2. 小美是某地铁运营公司的站务员，爱佩戴手链和项链。平常上班，都将佩戴的

饰品掩盖在工作服之下。某日忙碌工作时，佩戴的项链不小心露出了衣领。小美发现后正准备将项链重新放入衣领内，恰巧，有乘客来咨询。小美专注于整理项链和衣领，没有及时回答乘客的问题。乘客对此很不满，对小美说：“你这样的服务我非常不满意，我要投诉你！”随后，乘客看了眼小美的工号牌，并念出了她的名字。那天开会，小美被站长点名批评。自那以后，小美在为乘客服务时，便偷偷地遮住自己的工号牌，不让乘客看到自己的名字。

思考：上述案例中小美的做法存在哪些不足？她应该如何为乘客服务？

3. 某日，某地铁运营公司站务员小吴和小冯在站台当班结束后，相互搭着肩，说说笑笑地从站台往办公室走，说到高兴处还不禁捧腹大笑，引得路人纷纷看向他们。小陈看到后提醒小吴和小冯：“你俩注意点形象，这是公共场所。”“没事，反正我们已经换过班了。”小吴和小冯满不在意。

思考：上述案例中，小吴和小冯在仪态方面存在哪些问题？作为站务员，你认为在仪态方面应该注意什么？

4. 某年春节期间，一位男性乘客携几瓶包装精美的白酒（累计 2 500 mL）进入站厅（《重庆市轨道交通禁止限制携带物品目录》规定“白酒：累计不得超过 2 000 mL 或 2 kg，且包装完好”）。地铁站厅巡查员小周看到后，走上前礼貌地提醒：“先生您好，为了您和他人的安全，按规定我们不能让您进站。”乘客不满道：“地铁站人这么少，我又没影响到其他人，为什么不能进站？”该乘客认为小周是故意为难他，和小李发生了争执。

思考：如果你是上述案例中的小周，你会怎样劝阻这位乘客？

情境六

# 城市轨道交通票务管理

轨道交通票务管理是城市轨道交通运营中的重要管理工作之一，票务管理工作涉及面广，既有服务方面的，又有管理方面的，是运营生产活动中的重要环节，关系着轨道交通的票务收益及服务水平。

[学习目标]

1. 了解票务系统的发展历程。
2. 掌握城市轨道交通车票的类型。
3. 熟悉自动售检票系统及其终端设备的概念。
4. 了解各票务部门及各票务岗位的职责。
5. 掌握车站现金的来源及车站现金的管理。
6. 掌握车票交接的原则及各类车票的管理。
7. 掌握降级运行模式下的票务事务处理。
8. 掌握自动售检票设备故障下的票务事务处理。

## 任务一 票务基础知识学习

### 任务导入

2020 年 12 月 26 日，太原市第一条地铁线路开通运营，小红非常开心，买了一张单程票乘坐地铁，进站时刷票，出站时闸机回收单程票。小红在高峰期乘坐地铁时发现每次去购买单程票太浪费时间，就去客服中心购买了一张储值票。2021 年 2 月，太原地铁发售地铁纪念票，小红很疑惑，地铁车票到底有多少类型？

城市轨道交通票务系统是城市轨道交通运营企业为乘客提供优质服务，为有效管理和合理配置企业系统资源等目的而建立的一套满足城市轨道交通票务管理需求的系统。它的主要功能是制定票价和运营规划，对车票制作、车票出售，车票进出站检票、罚款等进行有效的管理。

## 一、票务系统发展的历程

城市轨道交通最早沿用了铁路的售检票模式，即人工提供相关的服务，票制为单一票制，仅进站时人工检票。随着计算机技术、通信技术和控制技术的发展，20 世纪 70 年代在欧洲和北美开始出现了自动售检票系统，当时的售检票系统只着重解决了人工售检票模式速度慢的问题，将人工售票改成机器自动进行，票制仍是单一票制。为了更好地统计轨道交通客流的流向，合理分配票价区段，提高运营资源的使用效率，开始使用磁卡票和 IC 卡票自动售检票系统。

### （一）国外票务系统发展的历程

下面以巴黎、莫斯科和东京为例，介绍国外的票务管理系统。

1．巴　黎

巴黎地铁于 1900 年建成通车。20 世纪 50 年代到 70 年代，是巴黎地铁最辉煌的时期，领先于世界的磁卡技术在地铁得到运用，1973 年自动售检票机投入使用，1975 年地铁磁卡月票问世。巴黎地铁票种包括本票（十张票）、单票、天票、月票、年票、联票等票种。巴黎单程票采用计时单一票制，车票的有效时间为 45 分钟，跨区域乘车需重新购票。巴黎地铁站如图 6-1 所示。

图 6-1　巴黎地铁站

2．莫斯科

莫斯科地铁于 1935 年正式开通，是世界上规模最大的地下铁路系统之一（见图 6-2）。1996 年，莫斯科地铁全面安装自动售检票系统。1997 年，第一代磁卡车票应用于自动售检票系统。莫斯科地铁的主要结构为中心向四周辐射状，全长超过 300 km，每个工作日的客流量约 900 万人次。莫斯科地铁采用单一票价，车票类型包括单次车票、月票、季票、年票以及学生票等。

图 6-2 莫斯科地铁站

3．东　京

东京是亚洲最早有地铁的城市，早在 1927 年 12 月就开通了银座至浅草寺路段。目前，东京地铁共有 13 条线路，230 个车站，线路总长 312.6 km，日平均客流量为 1 100 万人次左右，是世界上客流量最大的地铁系统（见图 6-3）。东京地铁系统由两家运营公司组成，一家是东京地铁公司（TokyoMetro），另一家是都营地铁公司（ToeiSubway）。东京地铁的票种较多，有单程票、一日票、月票、多次票和 SF 储值票等，所有票种都可灵活使用和换乘。

图 6-3 日本地铁站

### （二）国内城市轨道交通票务系统发展的历程

我国自动检票系统的研究和开发起步较晚，于 20 世纪 90 年代才开始对自动售检票系统进行探索，但近年来得到了迅速发展。目前，国内新建轨道交通自动售检票系统基本采用非接触式 IC 卡技术，使系统设备更为简化，减少了卡票现象以及系统维修工作量，提高了系统的信息处理能力和安全性。

1．北　京

北京最早的地铁竣工于 1969 年，1971 年开始运营，是中国第一个地铁系统。北京地铁是由北京市地铁运营有限公司和北京京港地铁有限公司两家企业分别运营不同线路。截至 2021 年年初，北京地铁一共有 24 条运营线路，运营总里程 726.9 km。

北京地铁早在 1985 年就开始进行自动售检票系统的可行性研究，但其应用较晚，2003 年 12 月 31 日，北京第一套单线自动售检票系统在地铁 13 号线投入使用。2008 年 6 月 9 日，北京轨道交通路网自动售检票系统投入使用，实现了真正意义上的“一卡通行、一票通行”和无障碍换乘。2014 年 12 月 28 日，北京地铁票制改革，开始实行计程限时票制，结束了多年来的单一票制。

2．上　海

1995 年 4 月 10 日，上海第一条地铁线路开始正式运营，是继北京地铁、天津地铁后中国内陆投入运营的第三个城市轨道交通系统。

2000 年，上海地铁 1 号线 AFC 系统与上海公交卡系统叠加，实现了地铁运营商与公交公司的数据交易与财务结算。

2001 年，上海地铁 2 号线投入运营，同步将 1 号线 AFC 系统扩展到 2 号线。

2001 年 10 月，3 号线启用西班牙 INDRA 公司的自动售检票系统，使用一次性卡型纸质磁票。

2002 年，地铁 1 号线北延伸段 11 个站开通，采用上海生产的 AFC 系统，车票采用与原地铁 1 号线兼容的塑质磁卡票，实现了中央系统间互联交换数据。

2005 年 12 月，建立了上海新标准的自动售检票网络化系统，完成了对原地铁 1、2、3 号线系统的改造，建立了 4、5 号线 AFC 系统，并设立路网清分结算中心，负责票卡发行、数据汇集处理等工作。

3．广　州

广州地铁于 1997 年 6 月 28 日开通，是中国内地第四个开通并运营地铁的城市。截至 2021 年年初，广州地铁共 14 条线路，线路里程达 553.2 km。

1999 年，广州地铁 1 号线采用美国 CUBIC 公司的磁卡自动售检票系统。2006 年 12 月 15 日之前的广州地铁票价按区间分段计价，自此以后，广州地铁线网票价按里程分段计算票价。为适应路网的换乘和清分要求，对系统进行改造，现售检票系统使用非接触式 IC 卡作为车票介质。采用的票制为计程和计时票制。

## （三）城市轨道交通 AFC 移动支付发展现状

传统 AFC 系统应用过程中，不仅排队购票等待时间长、找零麻烦，每天大量的现金维护问题对地铁运营也是一个很大的挑战。随着互联网与移动支付的发展，越来越多的人开始在生活中享受移动支付带来的快捷、方便。这同时也为 AFC 购票方式带来了新的契机，即将移动支付引入 AFC 系统。目前，各大城市轨道交通已实现新型移动支付技术，主要包括二维码支付、云闪付、蓝牙等以及近几年兴起的刷脸支付。下面将分别介绍二维码支付、NFC 支付和刷脸支付。

### 1. 二维码支付

二维码的发展与应用历史很短，但是在当前应用却十分广泛，这是因为二维码的成本较低且安全性能较高。二维码支付，采用手机端 APP 生成的加密二维码，在闸机口进行二维码信息扫描，扫描后方能进出闸机，完成进、出站。此过程中，AFC 系统通过采集二维码的数据信息，在清分中心匹配乘客的进出站数据确定票价，之后经过账户进行扣款。图 6-4 为二维码扫码乘车示意图。

图 6-4　二维码乘车示意图

2018 年 4 月底北京市上线二维码乘车服务。扫二维码乘地铁在北京推行 3 个月时，乘客累计进站量就突破了 5 000 万人次，二维码单日进站量高达 107.88 万人次。

2018 年 5 月初深圳地铁乘车码上线，从乘车码上线之初到上线一周年深圳地铁乘车码注册用户达到 1 738 万，日均客流近 153 万，扫码单日最大客流达到 199 万人次。

2019 年 12 月 30 日起，重庆轨道交通正式上线移动支付扫码过闸，范围覆盖全线网络。

截至 2019 年年底，全国共 38 座城市上线二维码支付乘车服务。

2．NFC 支付

NFC（Near Field Communication），指近场通信，又称近距离无线通信，是一种短距离的高频无线通信技术，允许电子设备之间进行非接触式点对点数据传输，交换数据。NFC 支付方式要求手机具有 NFC 功能，该功能实现手机的储值卡功能，使用的方式和储值卡一致。该方式省去了乘客到地铁站充值的时间，绑定账户进行充值即可。图 6-5 为 NFC 支付乘车示意图。

图 6-5　NFC 支付乘车示意图

2013 年 7 月，中国移动北京公司与北京市政交通一卡通有限公司联合发布“移动 NFC 手机一卡通”应用，这是 NFC 技术首次应用于国内交通行业。目前该业务可应用在北京市所有的公交线路、地铁线路以及支持北京市政交通一卡通消费的商铺。

2014 年 8 月上海联通与上海交通卡股份有限公司联合推出 NFC 手机刷卡，将普通 SIM 卡更换为支持上海交通卡功能的 NFC-SIM 卡，可以在上海市公交、地铁和轮渡使用。

2017 年 5 月贵阳开通“贵阳市民公交云卡”NFC 模式试运行，2019 年 10 月全面上线 NFC 支付乘车服务。

3．刷脸支付

刷脸支付是在支付方式上配备了人脸识别技术。在支付客户端，第三方支付方式就是一个人脸识别的过程，终端的服务器则是一个人脸鉴别后台，利用系统保存的信息，支付时采集人脸信息并上传，系统接收到图像之后对人脸进行定位、识别，并将定位识别的结果返回接收端，这样就完成了一次人脸支付。

2019 年 4 月，济南市首条地铁线路 1 号线运营，随之上线的还有人脸乘车系统，济南地铁成为国内首条采用 3D 人脸识别闸机的地铁线路。图 6-6 为济南地铁刷脸闸机示意图。

图 6-6　济南地铁刷脸支付

2019 年郑州地铁正式上线刷脸乘车服务，并成为全国首个支持刷脸乘车与扫码乘车兼容的城市。

同年 9 月，深圳和广州也在部分地铁线路上线了刷脸乘车服务。除此之外，北京地铁、上海地铁、福州地铁、重庆轨道交通等都曾发布或启动了刷脸支付的相关应用试点。

### （四）城市轨道交通票务系统的作用

本着快捷、方便、以人为本的宗旨，城市轨道交通票务系统具有以下作用：

（1）有利于提高城市轨道交通行业的社会形象和服务区域形象。

（2）提高运营企业的管理水平，保障票务收益。

（3）有利于管理责任的落实，保证交易数据和票务信息的安全。

（4）简化操作，方便出行，提高乘客的出行率。

（5）提供准确的客流及票务统计分析数据。

（6）减少先进交易、人工记账及统计工作，提高准确率和效率。

## 二、轨道交通票卡的分类

城市轨道交通逐渐成为大中城市居民出行的主要工具，随之而来的高客流量、高信息量，以及不断在快捷方便上的追求，使城市轨道交通票卡也随着需求而变化。

### （一）按存储的介质和构造不同分类

按存储的介质和构造不同，城市轨道交通票卡可分为纸质车票、磁卡和智能（IC）卡票。

1．纸质车票

城市轨道交通发展初期，各地车票均采用纸质车票（见图 6-7）。纸质车票一般由主卷和出站副卷构成。票面基本信息包括：车票编号、出票站点、乘车日期、乘车区间、票款金额、时间限制以及换乘等。纸质车票需大量的人工进行售检票，车票不可循环使用，经营成本高且工作效率低。

（a）北京地铁纸质车票

（b）上海地铁纸质车票

图 6-7　城市轨道交通纸质车票

2．磁卡票

磁卡票是一种磁卡介质记录卡片，利用磁性载体记录信息，它以免印刷有说明提示性信息的优势，如插卡方向的提示箭头；另一面则有磁层或磁条，具有 2 ~ 3 个磁道，通过卡上磁条的磁场变化来记录信息数据。（见图 6-8）磁卡的成本低，易于使用，便于管理，但安全性能不高，且对磁卡设备具有较高的要求。城市轨道交通使用的磁卡票主要分为磁介质纸卡和磁介质 PVC（聚氯乙烯）卡。

图 6-8　城市轨道交通磁卡票

3．IC 卡票

IC 卡又称射频卡，由芯片、感应天线组成，封装在一个标准的 PVC 卡套内，芯片及天线无任何外露部。IC 卡体积小、便于携带、存储量大、可靠性高，使用寿命长，保密性强、安全性高，网络要求不高。相比磁卡，IC 卡对读写机构的要求更简单、可靠、造价便宜、易于推广且维护简单。

根据 IC 卡与读写设备的接触特点可将 IC 卡分为接触式 IC 卡和非接触式 IC 卡。接触式 IC 卡卡面有镀金接口，有多个镀金接触点，用于与读写器接触，通过电路信号完成读写。非接触式 IC 卡与 IC 设备无电路接触，而是通过非接触式的读写技术进行读写。其内嵌芯片除了 CPU、逻辑单元、存储单元外，还增加了射频收发电路，在一定距离内即可收发读写器的信号，因此和读写设备之间无机械接触。

### （二）按照使用的性质分类

按照使用的性质分类，可将轨道交通车票分为储值票、单程票、纪念票、一日票、定次票卡和其他类型票卡。

#### 1. 储值票

储值票是一种购买时预先储存票值，乘客可以一直持有多次使用的票卡，它不仅可以乘坐轨道交通，还可以用来乘坐公交等其他公共交通（见图 6-9）。由于各个城市的规定不同，它们的名字和可以使用的范围也不同。重庆的交通储值票可以乘坐公交、地铁以及交通部门划定的其他公共交通工具，如两路口皇冠大扶梯。

图 6-9 储值卡

#### 2. 单程票卡

单程票卡只能用来乘坐轨道交通，在自动售票机或客服中心购买，进站时刷卡进入，出站时将会被回收。（见图 6-10）该类型轨道交通卡不记名、不挂失，购买后需要在当天使用，过了当天的 24:00 该票卡作废。

图 6-10 单程票

#### 3. 纪念票卡

轨道交通纪念票卡是为纪念轨道新线开通、周年庆或者重大活动、事件发行的特殊车票，这类票卡虽然是用作收藏，但每张卡内都有相应金额或乘坐次数。北京市为纪念在抗击新型冠状肺炎（2019-nCoV）过程中无私奉献的各界人士和弘扬“一方有难、八方支援”的抗疫精神，于 2020 年 12 月发布抗击疫情纪念票卡（见图 6-11）。

图 6-11　抗击疫情纪念票卡

4．一日票卡

一日票卡是指一天内有效的票卡。一日票卡可以在时限内无限次乘坐地铁，不分进出站点和线路。这类票卡购买后不能退票、挂失等。

5．定次票卡

定次票卡是指对乘车的次数设置了限制。这种票卡与储值票卡、单程票卡等计费票卡不同，它不计费用只计次数，因此使用定次票卡乘车的成本不受乘车时间和乘车里程长短的影响，不论乘客乘坐时间多长、乘坐里程多远都只从可乘坐次数中减去一次。

6．其他类型票卡

除了以上 5 种类型的票卡，还有学生优惠卡和老年卡等。（见图 6-12）学生卡和老年卡均需要携带相关证明办理，学生卡可以享受乘车优惠，而老年卡则可以享受无限次免费乘车或限次数免费乘车。

（a）学生卡　　（b）老年卡

图 6-12　其他票卡

## 任务解析

学习本节内容后可知，城市轨道交通车票按存储的介质和构造不同，可分为纸质车票、磁卡票和智能卡票；按使用的性质，可分为储值票、单程票、纪念票、一日票、定次票卡和其他类型票卡。

# 任务二　票务管理工作职责认知

## 任务导入

某交通职业学院交通运输管理专业大三的同学晓月收到了轨道交通票务员岗位的面试通知。晓月同学想在面试中表现得更好，便根据自己乘坐轨道交通的经验总结出票务员岗位的工作职责主要包括单程票、储值票的发售和储值票的充值。

思考：票务员岗位职责除了晓月总结的还包括哪些内容呢？

## 一、票务系统各部门各票务岗位的职责

城市轨道交通运营企业票务部门实行层级负责制，由上至下的顺序依次为：公司票务部门、线路票务中心、站区票务中心与车站票务室。票务部门的组织架构与城市轨道交通运营企业集中调度、统一指挥、逐级负责的调度指挥组织架构密切相关。

1．各票务部门的工作职责

作为最高级别的管理者，公司票务部门的工作职责属于宏观指导性质，其主要任务是确立公司票务管理规章制度，检查、监督各项票务规章制度的执行情况等。具体如下：

（1）牵头组织票务管理规章、各项票务制度的拟定，根据需要组织修改，并监督执行情况。

（2）负责根据票务管理规章及制度制定内部实施细则及工作流程。

（3）监督检查指导车站有关票务制度、政策的执行情况。发现问题及时解决，规范车站票务操作流程。

（3）针对票务运作问题，及时提出修改意见，报上级相关部门。

（4）定期汇总乘客对地铁票务政策、规章等执行情况的意见及建议，并报分公司。

（5）负责对车站票务运作情况进行指导、监督和检查，依据管理办法进行考核，并负责票务知识的培训工作。

（6）根据分公司有关票务规章制度开展票务稽查和审核工作，分析和检查各种票务作弊的潜在可能性，根据需要对相关人员、设备进行调查，提出防范措施。

（7）负责根据自动售检票系统的实际运行情况向上级主管部门反馈存在的问题，提出整改建议，并负责配合有关部门对整改情况进行检查，协助公司调查处理票务违规行为。

（8）定期组织票务工作例会及专题会议，对票务规章执行情况和票务稽查情况进行分析，通报检查结果，提出改进建议，并定期出一份票务稽查工作报告。

（9）负责收取、核对车站各类报表，结合 AFC 统计报表，汇总制作营收报表、客流数据及其他报表，并负责将每日运营收入、客流统计汇报给财务部等相关部门。

（10）及时分析各车站票库库存及车票流向情况，制订车票配备和调配计划。对节假日等可预见性大客流情况，分析需求且提前做好配票工作。

负责定期提交相关车票的采购计划，负责各种车票的管理，并编制票种库存情况月报表，报相关部门。

### 2．线路票务中心的工作职责

刚开通地铁运营时，一般只有一个线路票务中心。随着线路的陆续开通，线路票务中心会有多个，每个线路中心只负责本条线路的票务工作，但都在公司票务部门的统领下。当某个城市的地铁线路有多家公司运营时，各线路票务中心的工作职责则有所不同。线路票务中心的工作职责具体如下：

（1）在公司票务部门的领导下，参与制定各管辖线路 AFC 票务工作制度和作业流程，并对贯彻执行情况进行监督和指导。

（2）负责管辖线路票务专业知识培训，提高员工票务工作及业务水平。

（3）负责与清分结算中心、一卡通公司进行车票申领、运送的联系协调工作。

（4）负责所辖线路的公司级各类票卡管理、各站区的票卡及硬币申领、配发。

（5）负责所辖线路内运营数据、收益数据的统计分析工作，编制相关财务统计报表，及时报送有关票务数据。

（6）负责审核并汇总各站区的报销凭证需求计划，并根据计划落实各种面值报销凭证的申请、配发及票根回收工作。

（7）负责所辖线路自动售票机等售检票终端设备员 ID 的集中管理。

### 3．站区票务中心的工作职责

作为线路中心与车站之间的部门，运营企业可以根据实际情况决定是否设置站区票务中心。站区票务中心只负责所辖站区（一般为了 1～5 个自然车站）的票务工作。其主要工作职责如下：

（1）参与公司、线路中心票务管理规章、管理制度及各岗位作业程序的拟定和修订。

（2）负责根据公司及线路中心票务政策以及各项规章制度制定本站区的实施细则及工作程序，报相关票务部门备案。

（3）负责制订站区票务工作计划并组织实施及票款指标任务的分解与落实。

（4）负责本站区票款收缴、结算作业管理。

（5）负责站区票卡、现金、报销凭证、发票、打印纸、专用钥匙等管理。

4．车站票务室的工作职责

与其他票务部门不同的是，车站票务室直接与乘客相关，负责具体的乘客票务事务。其主要工作职责如下：

（1）负责公司、线路中心及站区各项票务规章及有关规定在本车站的全面贯彻与落实。

（2）负责制订本车站票务工作计划并组织实施。

（3）负责定期统计分析本班组票务规章制度执行状况和票务稽查状况的各类数据，对重复发生、连续发生的行为及管理漏洞或薄弱环节，制定防范措施并组织落实。

（4）负责车站自动售检票终端设备的操作及人员管理。

（5）负责单程票、出站票、福利票、定值纪念票、一卡通储值票及应急纸票等的发售及日常管理工作。

## 二、票务岗位的工作职责

各城市轨道交通运营管理模式不同，以及车站设置设备存在差异等因素导致票务岗位的设置也不尽相同。城市轨道交通运营企业票务岗位的设置与企业和车站的组织架构密切相关。

一般来说，城市轨道交通运营企业车站实行层级负责制，由上至下的顺序为：区域站长—值班站长—值班员—站务员。区域站长负责某一区域若干车站的票务事务，主要承担协调，上传下达的作用；值班站长受车站站长之托负责当班期间车站的行车施工，客运管理，乘客服务，事故事件处理和人员管理等工作。值班员分为行车值班员和客运值班员，站务员分为票务岗、厅巡和站台岗。

1．区域站长的工作职责

区域站长一般负责某一站区的事务，包括站区票务中心相关事务。其主要工作职责如下：

（1）负责贯彻、执行各项票务工作制度、上级指示精神及工作安排。

（2）负责编制站区票务工作计划，制定工作措施并组织落实。

（3）负责站区票款指标的分解及完成情况的统计、分析、上报工作。

（4）负责站区级票务培训工作，确保站区票务工作运转顺畅。

（5）负责组织或独立开展站区级票务检查，对检查中发现的问题根据规定要求及时处置、上报，对各项票务违章行为向站区绩效考核委员会提交考核处置建议。

（6）负责站区 AFC 系统终端设备的使用管理，及时纠正并制止各类违规行为。

（7）负责站区各类 AFC 系统备品的管理工作，确保 AFC 系统运转顺畅。

（8）负责组织站区内票卡、硬币调配，确保满足运营需要。

（9）负责站区员工操作号的管理、统计工作。

（10）负责定期统计分析本站区票务规章制度的执行状况和票务稽查状况的各类数据，对重复、连续发生的行为及管理漏洞或薄弱环节制定防范措施并组织落实。

（11）配合开展 AFC 系统事故的调查。

2．值班站长的工作职责

值班站长只负责某一自然车站的事务，一般每个自然车站有 2～3 名值班站长，采取轮流上班制或交接班制。值班站长的主要工作职责：具体负责本班票务运作管理，检查、督促、指导、协助客运值班员开展相关票务工作；负责车站的车票、现金以及票务备品安全；负责乘客事务的处理；处理票务紧急情况，执行紧急情况下的票务运作模式等。其具体职责如下：

（1）在站长的领导下，负责车站现场指挥工作，检查各项规章制度的执行落实情况，及时发现纠正岗位违章操作行为。

（2）负责检查车站票卡、AFC 系统备用金及应急纸票的库存管理情况，组织做好票卡及纸币与硬币的接收、调配和发放工作。

（3）负责保管、交接储币柜外门钥匙、车站运营及财务报表。

（4）在运营开始前，负责检查本站所有设备的启动及运营准备工作，确保车站各类终端设备提前具备工作条件。

（5）在运营过程中，负责监督车站票务岗工作人员钱箱更换、现金清点作业，确保现金安全。

（6）根据行车值班员提供的本站当日单程票进、出站量，统计车站单程票的流失与吸入数量，敦促车站 AFC 综合作业员按照公司车票库存管理规定及时向站区申请车票调配。

（7）运营结束后，负责组织班组人员配合客运值班员逐台进行 TVM 结账作业、取出设备钱箱，并将其集中运送回车站票务室。

（8）运营过程中，根据具体出现的情况处理各类事件。如车站出现大客流情况或紧急情况时，指示行车值班员（行车综控员）向线路中央计算机系统申请降级模式。

3．客运值班员的工作职责

客运值班员大多只负责票务事务，其主要工作职责：负责对 AFC 设备运行系统状态的监控；负责票务作业安排和管理；负责车票、现金、票务备品安全；负责乘客事务的处理，协助值班站长处理票务紧急情况。其具体职责如下：

（1）负责接收、执行线路计算机系统的指令，及时准确地传达信息。

（2）负责按照值班站长的指令，更改双向闸机的通道方向，设定自动售票机的服务模式，以满足运营需要。

（3）负责监督本站设备的运行状态，当车站计算机系统出现“钱箱将空”“票箱将空”时，到现场进行更换。

（4）每天运营前，负责车站终端设备的远程开启工作，通过监控界面确认所有终端设备网络正常连接，并将设备状态上报值班站长。

（5）设备故障时，确认设备故障类型，负责通知维修部门、值班站长及客运公司有关科室，并负责设备检修作业登记。

（6）妥善保管备用车站工作票、备用特殊通道钥匙，确保车站计算机设备整洁。

（7）当本站发生火灾、爆炸、地震等重大灾害事故时，根据公司应急预案将本站AFC的运营模式变更为“紧急放行模式”，并及时向上级部门报告。

（8）交接班时，在值班站长的指挥下确认售/补票岗已交接完毕，打印相关报表并上交值班站长。

（9）在每日运营结束后，负责收集本站当日单程票进、出站量并报票款及末班车后返还的剩余福利票，确认所有TVM/AVM结账作业完成，打印相关报表并上交。

4．票务岗站务员的工作职责

票务岗站务员常被称为票务员，是直接与乘客打交道的岗位，属于最基层的票务岗位，工作地点通常在客服中心，具体负责乘客事务处理，完成相关票务工作及执行紧急情况下的票务运作模式。其工作职责如下：

（1）在每日运营前，负责BOM的开启及打印卷纸的检查、更换工作。

（2）负责协助客运值班员完成TVM运营前的准备工作。

（3）负责办理单程票的发售和储值卡的发售、充值等工作，做到每笔业务的票、款、账数据相符。

（4）负责按章换发福利票，并按福利票管理制度做好相关登记、核对及返还工作。

（5）负责落实报销凭证和发票管理制度，为购票、充值乘客提供相应的服务。

（6）负责根据清分结算业务规则、地铁有关规定和车票使用办法，为乘客办理车票分析、更新、退票、补票等业务。

（7）当TVM出现故障时，凭设备故障单为乘客补足车票或现金。

（8）负责本岗位的现金安全，准确及时地上交售票款，长款上缴、短款自负。

（9）交接班时，负责交接设备运行情况，双方当面清点票卡、发票及备用金。

（10）运营结束后，负责关闭BOM，确认设备正常关闭后，向值班站长汇报。

## 任务解析

票务员的岗位职责主要包括运营前，负责BOM的开启及打印卷纸的检查、更换工作；协助客运值班员完成TVM运营前的准备工作；办理单程票的发售和储值卡的发售、充值等工作，做到每笔业务票、款、账数据相符；按章换发福利票，并按福利票管理制度做好相关登记、核对及返还工作；负责落实报销凭证和发票管理制度，为购票、充值乘客提供相应的服务；负责根据清分结算业务规则、地铁有关规定和车票使用办法，为乘客办理车票分析、更新、退票、补票等业务；当TVM出现故障时，凭设备故障单为乘客补足车票或现金；负责本岗位的现金安全，准确及时地上交售票款，长款上缴、短款自负；交接班时，负责交接设备运行情况，双方当面清点票卡、发票及备用金；运营结束后，负责关闭BOM，确认设备正常关闭后，向值班站长汇报。

# 任务三　车站现金管理

## 任务导入

晓月是刚毕业就应聘到轨道交通公司的票务员，刚上班的第一天就收到一张 100 元的假钞，晓月认为自己是新来的员工还不是很熟悉票务员的工作流程及注意事项，这 100 元的损失不应该由自己承担，应该由公司承担。

思考：你认为这 100 元的损失该晓月承担还是公司承担？

## 一、车站现金管理概述

城市轨道交通车站的现金主要包括备用金和票款。

备用金是指上级部门配发给车站，专用于给乘客兑零、找零、自动售票机补币、与银行兑零等用途的周转资金及乘客受伤等事项发生时的应急基金启动款项。所以车站备用金分为两类：一类为日常备用金；另一类为应急备用金。票款是指车站通过自动售票机、半自动售票机或临时票亭向乘客发售车票及办理票卡充值、更新等售/补票业务过程中所产生的现金收益。

备用金为轨道交通运营企业的自由资金，票款为企业的营业收入。车站的现金管理要严格执行财务管理规定。轨道交通的现金管理流程如图 6-13 所示。

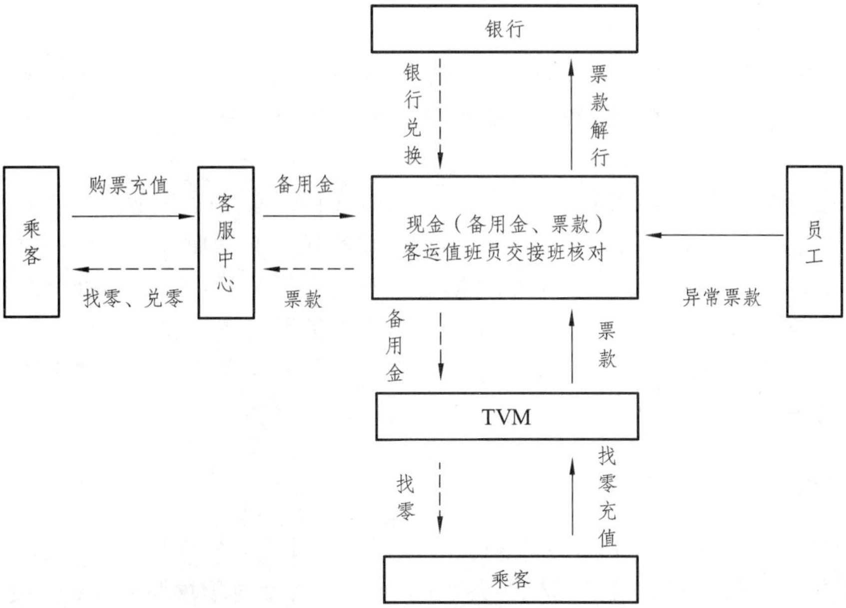


图 6-13　现金管理流程

## 二、车站备用金管理

### （一）备用金的申领与配发

车站备用金主要根据车站的硬币流失量、TVM每日补币数量及配发给票务员的金额来确定配发。车站备用金的首次申领由轨道运营企业票务部门提交备用金分类需求计划，填写“备用金申请表”，经审批后由财务管理办公室发放。备用金首次发放时，财务管理办公室按实际应配的数量直接发放至车站。

### （二）备用金的调整

因车站客流等情况发生变化，需要增加备用金时，需向上级提出申请，填写备用金申请表，经审批后上交财务管理办公室办理增配业务。

因车站客流等情况发生变化，需减少备用金时同样要先提出申请，上交备用金减少金额计划，经审批后上交财务管理办公室。车站备用金减少时，车站按实际应减少的数量直接送行。车站备用金送行时须与票款分别填写现金存款凭证，并注明“车站备用金送行”字样。

节假日增配临时备用金，需提前两周将增配方案交财务管理办公室，审核通过后，至少提前一周到财务管理办公室办理借支手续。节假日增配的临时备用金须在节后的两个工作日内以送行的方式归还。

### （三）与银行兑零

与银行的日常兑零，车站须将兑零需求提前通知银行。节假日需增配硬币时，票务部门提前汇总硬币需求，向财务部门申报节日所需增配硬币量，财务部门负责与银行兑换。

集中兑零车站将兑零的纸币整理好，与银行交换。集中兑零车站在收到兑零硬币后，需检查硬币封箱上的封签是否完好，同时按签封上的累加金额与银行办理交接；若交接时发现封签有破损，须与银行当面确认封包金额是否正确后再办理交接。

兑零的硬币如出现机币、假币、残币、外币的情况，车站将此类硬币加封后与银行兑换相应金额的硬币。车站如在兑零过程中与银行发生争议，上报票务部门、财务部后，由财务部组织票务部门、车站与银行沟通协调解决。

### （四）备用金的日常管理

备用金每次进出库（保险柜）均须做好记录，每日运营结束后须清点备用金金额，做到账实相符。值班员每日在给站务员及TVM配备用金时须填写相应的票务记录表，交接班时做好备用金交接记录。

紧急情况下，乘客在车站受伤或者发生小额财产损失，需启动应急程序处理，按规定可从车站备用金中借支，办理借支手续，及时归还。

车站的备用金，未经批准车站之间不得私自调配。车站备用金在车站持续运营的情况下不需要归还。

## 三、车站票款管理

### （一）车站票款的来源

车站票款收益主要来自两个方面：一是自动售票机或自动充值机所得收益；二是票务员在客服中心操作半自动售票机所得收益。其具体包括：自动售票机发售单程票自动充值的收入、半自动售票机发售单程票的收入、人工发售预制单程票的收入、半自动售票机上储值票的发售和充值收入以及乘客事务处理产生的相关收入。

### （二）自动售票充值收益管理

在每日运营开始前，车站值班员需将一定金额的纸币、硬币补充到自动售票机纸币找零箱和硬币找零箱中，用于乘客购票时找零。在运营过程中，乘客购票或充值投入的纸币、硬币则通过相应处理模块存入自动售票机纸币或硬币钱箱中。在运营结束后，客运值班员需对车站所有自动售票机进行结账操作，取出自动售票机内所有纸币、硬币钱箱，并回收到车站票务室按规定进行清点，完成钱箱清点报表的填写。

清点某一自动售票机所有钱箱票款金额时，在扣除客运值班员为自动售票机补充找零的纸币和硬币后，即为当日自动售票机票款收益。为保证收益统计的准确性，车站对于补入自动售票机找零用的硬币、纸币的清点及钱箱票款的清点必须严格按公司规定进行，以确保准确无误。

### （三）客服中心收益管理

客服中心收益是指票务员在客服中心操作半自动售票机所得收益，该部分收益包括但不限于自动售票机产生的收益。与自动售票机收益管理不同的是，客服中心收益管理是通过客运值班员给票务员配票和结账实现的。

配票是指开始售票前客运值班员为票务员配备各种车票和备用金的过程。客运值班员需在票务员到岗前配置一定数量的车票和备用金，填写票务员结算单并签名确认，放置到专用售票盒中，待票务员到票务室后，由票务员进行清点，确认所配车票和备用金与票务员结算单上的记录无误后，再签名确认，配票过程完成。此时，票务员就可以携带配好的车票和备用金到客服中心上岗作业。

结账是指客运值班员在票务员售票结束后，在票务室监视系统下对票务员在客服中心作业过程中实际收取乘客的票款、回收的车票进行清点并记录在相关报表的过程。因报表中记录的实收票款金额将作为结算票务员实收金额与应收金额，确定票务员有无长短款的唯一依据，因此，客运值班员在与票务员结账时，必须严格按照规定完成，确保报表记录的实收金额能如实反映票务员当班期间的实际票款收入。

（四）票款结算

客运值班员需在每日运营结束后，将自动售票充值收益、客服中心收益等进行清点，计算车站当日收益，填写车站日营收报表，并按照规定存入企业银行专用账户。各个车站汇总结束后，可以计算整条线路产生的收益。车站票款结算流程如图6-14所示。

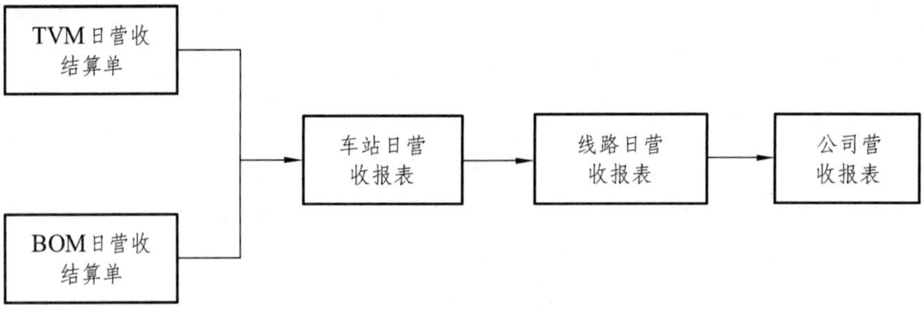


图6-14　车站票款结算流程

1. 自动售票机票款结算

当班客运值班员清点、汇总自动售票机所有钱箱票款金额，并扣除为自动售票机补币的所有金额，就是该班自动售票机的票款收益，如下式：

自动售票机票款收益＝清点所有钱箱票款金额－为自动售票机补币的金额

2. 客服中心票款结算

当班客运值班员对客服中心票款收益结算主要通过对售票员配票和结账过程中配备用金和票款收入结账来实现。

结账程序为：

首先，售票员售票结束后，须将本班所有现金、车票放在上锁的售票盒中，拿回票务管理室。在监控区域内，先由售票员清点所有实点现金，再加上预收款，扣除所有备用金就是该售票员的票款收益，如下式：

实收总金额＝实点金额＋预收款－备用金

其次，双方共同清点确认回收的各类车票数量，并填写“售票员结算单”张数栏。

最后，当班客运值班员清点、汇总所得的本班所有售票员的票款收益就是该班客服中心的票款收益。

### （五）票款解行

票款解行又称现金解行，是指车站将票款存入银行专用账户的过程，涉及车站与银行之间的现金交接。

#### 1．解行方式

由于各轨道交通运营企业实际情况不同，所采用的票款解行方式也不同。目前，票款的解行方式主要包括直接解行和集中站收款两种方式。

直接解行是指车站清点好票款，并由车站工作人员送到银行，银行工作人员和车站工作人员当面清点票款并立即返还现金送款单的方式，适合有驻站银行的车站。

集中站收款又称打包反纳，是指银行或专门押运公司派人到车站收取票款，然后运送到银行，银行工作人员按规定清点票款好后于次日返还现金送款单，最终确认送行金额的解款方式，适用于距离银行地理位置较远的城市轨道交通车站。

两种解行方式的优缺点如表 6-1 所示。

表 6-1　两种解行方式比较

| 解行方式 | 直接解行 | 集中站收款 |
| --- | --- | --- |
| 优　点 | 及时、准确地监控各车站票款收益环节，及时发现解行票款正确与否 | 由专门押运机构负责配送，提高了运送途中的安全性，减少了各站的解行时间 |
| 缺　点 | 票款运送途中的安全性不高，解行时间可能受营业时间限制 | 银行入账凭证延迟返还，不能及时发现各车站解行票款的问题，同时需与银行或押运机构签订相关协议，甚至需付费 |

#### 2．解行时间

轨道交通企业应根据车站特点及银行服务的时间确定解行时间，以保证车站能将票款尽可能多地存入银行，尽量减少存在车站过夜的票款，降低车站收益保管的风险。

#### 3．解行操作程序

票款解行之前需对票款进行封装。车站当日需要解行的票款由客运值班员一人在监视仪监视状态下清点，清点完毕由车站值班站长复核并确认金额后，由客运值班员填写交款单，注明交款金额、企业交款账户等信息，与加封好的票款一起装入专用封包袋中。装袋完成后，客运值班员及值班站长在监控下使用银行提供的专业锁条顺序穿过专用封包袋锁孔后拉紧锁条完成封袋。

解行车站客运值班员在解行时将封包交予银行上门收款人员。银行上门收款人员抵达后，需核实其身份，双方共同核对解行封包数量、编号及加封情况，无误后与银行上门服务人员办理交接手续，由银行上门收款人员将票款收益送达银行。银行在清点完收到的票款并确认无误后存入指定账户。车站票款解行流程如图 6-15 所示。

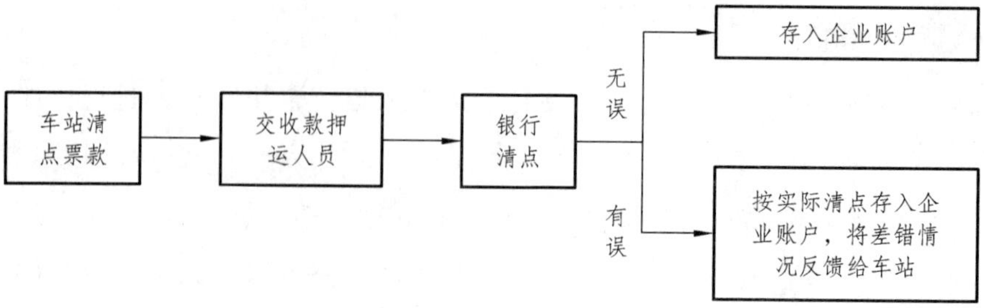


图 6-15　车站票款的解行流程

## 四、车站现金安全管理

车站备用金和票款收益作为城市轨道交通运营企业现金收益的重要组成部分，其安全性直接影响企业的收益安全。为保证车站现金安全，各城市轨道交通运营企业均有严格的管理规定。

### （一）车站现金管理规定

（1）严格执行“收支两条线”的管理规定，严禁坐支票款和挪用备用金。

（2）严格执行“账实相符”的管理规定，严禁弄虚作假、虚报瞒报。

（3）票务备用金与票款实行分区管理，当发生票务备用金误解行现象时，须立即上报票务管理部门。

（4）票务备用金交接、盘点时，如发生短款必须由责任人及时补齐。

### （二）现金存放区域

城市轨道交通车站的现金只能存放在规定的安全区域，主要包括票务室（票款室、点钞室）、客服中心、自动售票机等区域。

### （三）现金安全管理

1. 票务室现金安全管理

票务室（票款室、点钞室）应设防盗门，并随时保持锁闭状态，门钥匙由专人保管及使用。室内应配置监视设备，能对所有现金操作环节进行实时监视和实时录像，并留存一定时间段的录像供回放查看。

除车站当班票务工作人员及其他指定票务工作人员外，其他人员不得随意进入票务室，一定要进入时，必须得到当班值班站长或值班站长以上级别人员的许可，并由当班值班员陪同方可进入。票务室需设立台账，记录批准人员和进入人员姓名、进入原因、进入时间以及离开时间等。当班票务人员离开时，票务室内所有人员必须随同离开，不得逗留。

除现金交接、钱箱清点外，其他时间票务室内所有现金只能保管在保险柜、补币箱、待清点的钱箱或已锁闭尾箱内。

2. 客服中心现金安全管理

客服中心应随时保持锁闭状态。在运营过程中除当班票务员、车站票务检查人员及值班站长外，其他人员进入客服中心必须得到值班站长的许可，并由客运值班员或客运值班员以上级别的人员陪同方可进入。非运营时间原则上不允许任何人进入客服中心，一定要进入时，须得到值班站长或值班站长以上级别人员的许可。票务员在离开时必须将票款、有价票卡等放置在售票桌的抽屉内并保持锁闭状态，BOM 等处于用户退出状态。此外，客服中心需设立台账，记录批准人员和进入人员姓名、进入原因、进入时间以及离开时间等。

票务员在处理现金时，应将现金放在乘客接触不到的地方，存放于临时售票处的现金需做好防盗工作。

3. 运送现金安全管理

日常运送现金时，必须将现金放入锁闭的钱箱、票盒或上锁的手推车中，并由两名车站工作人员负责运送，以确保运送途中的安全。解行现金的安全必须由规定级别（一般为客运值班员）以上的工作人员负责。

4. 清点现金安全管理

现金的清点工作应由两人在票务室监控状态下共同完成。客运值班员在清点用于补充的纸币或硬币时，每台自动售票机的补币数量必须在票务室的监控下进行读数并加封。用于补币的纸币或硬币清点完至补币前，应存放在票务室监控下。进行补币操作时必须两人负责，一个人操作，另一个人监督。补币结束后需做好相应台账记录。

客运值班员在对自动售票机等系统进行换票、取币后，相关登录系统的密码必须处于退出状态，并将设备门保持关闭有效锁闭状态。客运值班员在对自动售票机等系统进行取币操作时，必须携带无线对讲设备，遇异常情况及时进行信息汇报。当自动售票机等系统出现异常登录或非法闯入等报警信息，工作人员应及时确认是否有异常情况发生。

在清点自动售票机或自动充值机钱箱时，钱箱须放在安全区域。在整个清点过程中任何人不得遮挡监控设备，若监控设备发生故障而造成车站无法按正常程序清点钱箱时，应由值班站长或值班站长以上级别的人员两人一起清点，必须逐一清点。每个钱箱清点数量必须在票务室监控下进行读数，并将实点数及时记录在相关报表中。在清点过程中还要确保钱箱已倒空并无现金遗留在钱箱内，否则会出现短款情况。

客运值班员在给票务员结账时，整个结账过程须在票务室监控状态下进行。首先，票务员售票结束后，立即携带本班所有现金、剩余车票回票务室进行清点；其次，票务员清点确认后，再由客运值班员进行清点，达到双人清点、共同确认的目的。双人确认后，再在票务员结算单上如实记录。

总之，车站现金安全管理除对外部风险进行控制外，也应对内部员工存在的舞弊行为予以重视，个别车站就有员工出现监守自盗的情形。因此，在对现金进行安全管理时，要建立各种规章制度，防止出现内部监守自盗、外部抢劫的问题。现金防盗制度要严格落实，在对现金进行运输时，要保证环境的安全，同时要提高相关工作人员的责任心。在票款较多的情况下，可以对票款进行预收，从而在工作中避免出现现金安全问题。

#### 5．票款的收缴与加封

车站所有的票款结算、封包及票款交接工作都必须在票务室的监控设备下进行，工作人员在结账时要做到正确填写各类报表、解款单、计数单、封口条等。在填写过程中要做到字迹清楚、结算准确，不得使用修正液等涂改，必须用画线更正法。

票款汇总后进行整理、封扎、封包必须用统一的封包纸袋按规定封包。每一笔解款单对应一只封包布袋，封口条必须填写日期、站名、金额，金额必须与计数单和解款单金额核对一致。

车站要按规定执行预缴款及封包交接制度，进款要做到收缴正确，账款相符，交接清楚，手续完整。

为确保车站收益安全，所有现金的加封均需两人负责加封。现金可用钱袋、信封、砂纸加封，加封后必须保证一经破封无法复原。

## 五、假钞、错款的处理

在车站日常票务工作中，难免会碰到假钞、错款等问题。为预防此类问题的发生，除给票务人员配备相应的钞票真伪辨别设备外，最重要的是提高票务工作人员的整体素质及工作能力，这就要求所有的票务人员在工作中能细致谨慎、一丝不苟，正确使用钞票真伪辨别设备，掌握必备的钞票鉴别、计算、找零等技能。

### （一）客服中心假钞、错款处理

票务员在收取乘客交付的现金时，均需经过人工及设备识别，如发现伪钞，应立即退还乘客，并请乘客另换一张。若设备不能识别且人工无法确认真伪的钞票，票务员也应立即退还乘客，并请乘客另换一张。

在结账、缴款过程中发现收到假钞时，若假钞无法被车站验钞设备正常检出，则相应票款损失由公司承担。若假钞能够正常检出，则损失由收款人承担。

车站收取伪钞应遵循“谁收取谁补还”的原则。票务员在进行票款清点时，发现钱款有明显的失真特征或可通过验钞机识别为伪钞的，由客运值班员以上人员共同确认，并登记，由该票务员补足票款。如因设备故障引起错款，则由公司承担相关损失。

在票款解行过程中，银行在清点时发现所收现金与应收票款存在差款时，相应损失由票款封包人承担。

### （二）自动售票机假钞、错款处理

客运值班员清点 TVM 钱箱时，发现钱款有明显的失真特征或可通过验钞机识别为伪钞的，值班站长确认后做好记录，与客运值班员双方签字确认加封后（加封内容为日期、车站名、设备名、伪币种类、金额、数量、值班站长与客运值班员签章），在当日钱箱清点报告上备注说明，按实际清点数目解行，并随当日报表一并上交公司票务部门。

当发现自动售票机收到假钞时必须立即停用，联系厂家升级现金识别模块，做好相关记录，公司负责承担损失。

当自动售票机或自动充值机出现差款时，公司应成立由票务部门、财务部门、车站等相关部门组成的联合调查组，调查原因并提出处理意见。

## 任务解析

通过对假钞处理的学习，要对任务导入中 100 元假钞进行责任划分，我们首先应该确认这 100 元的假钞能否被客服中心的验钞机识别出来。若能识别出来，这 100 元的损失应该由晓月承担；若不能被识别出来，则应该由公司承担。

### （三）现金的交接

车站现金的交接涉及众多岗位，主要有：客运值班员之间的现金交接、客运值班员与票务员之间的现金交接、票务员与票务员之间的现金交接、值班站长之间的交接、车站与银行之间的票款交接等。

#### 1．车站现金交接的原则

（1）纸币必须由车站当班工作人员双人当面清点后签认交接。交接时若发现数目有误，应及时上报站务室、票务室，并调查处理此事。短款差额经查实后，由责任人补齐，长款如实上交。对已加封的纸币交接时，接班人确认加封正确完好后可凭加封数目交接。

（2）硬币必须由车站当班工作人员双人当面清点后签认交接，对已加封的硬币交接时，接班人确认加封正确完好后可凭加封数目交接。

（3）硬币加封前必须双人在监控摄像有效范围内清点，确认无误后盖章加封。硬币开封前两人必须在有效的监控范围内确认封条完好开封，确认后方可开封清点。若发现金额不符，立即上报站长或值班站长签字确认，差额由加封人负责；若两人未按规定拆封清点，差额由开封人负责。

2. 各岗位间的现金交接

（1）客运值班员之间的现金交接。

客运值班员之间的现金交接主要是指各班客运值班员在交接过程中对车站备用金及票款的交接。交接账实是否相符直接反映车站备用金及票款的安全，同时也能反映出客运值班员差额补交情况。因此，客运值班员之间的交接过程必须严格按照公司及车站现金交接相关规定执行。为保证备用金及票款在交接过程中的安全，车站在进行备用金及票款交接时，应建立交接凭证和台账，交接人员凭交接凭证办理交接手续并做好记录。交接时若发现实点金额与交接凭证有误，交接双方需及时核查更正。对于不能及时查明原因的，应按实点金额进行签收，并做好记录，将情况报告上级组织调查。值班员交班记录簿是车站客运值班员之间交接班的记录凭证。

交接前，交班客运值班员需根据相关原始报表记录核算交接时的备用金及票款数额，并记录在交接班记录簿和车站日营收报表上，并在“值班员”栏内签名确认，作为交接凭证。接班客运值班员应依据值班员交接班记录簿上的记录在监控范围内与交班客运值班员当面清点票务室内所有现金、核对封包数量及金额等，确认无误后在“接班”栏内签名确认。

在交班过程中，客运值班员如果发现实点金额与交接班记录簿和车站日营收报表不一致时，若实点金额比报表小，即为短款，由交班人员补齐相应差额，交接双方在交接台账和车站日营收报表上做好记录。若实点金额比报表金额大，即为长款，则多出金额作为其他票款，由接班人员计入当日营收，交接双方在交接台账和车站日营收报表上做好记录，必要时启动调查。

为避免客运值班员在交接过程中私自带走交接长款，侵占公司票款，客运值班员交接过程需在票务室监控状态下进行，且值班站长在场监督。对于交接过程中出现的短款、长款情况，值班站长需在交接台账和车站日营收报表中做好记录。

（2）客运值班员与票务员之间的现金交接。

客运值班员与票务员之间的现金交接体现在配票和结账环节。

配票环节：票务员开始作业前，客运值班员应准备好本班所需使用的车票和备用金，与票务员当面清点、交接。为确保半自动售票机能如实反映票务员当班期间涉及的现金与非现金操作，形成票务员本班次后台结算数据，票务员开始作业时应使用本人 ID 和密码登录系统，严禁使用他人 ID 和密码登录。

结账环节：票务员作业结束后，应清点本班半自动售票机所收票款及剩余车票，与客运值班员结账、交接。为确保票务员结账时清点的实收金额能如实反映票务员当班期间的收益，除给乘客办理业务收取的现金外，严禁票务员收取乘客或车站其他人员拾获后上交的现金，应通知当班值班员按规定处理。为避免票务员将个人现金、车票与工作中现金、车票混淆，影响实际票款收益结算，票务员在当班期间不得携带个人现金和除员工票以外的车票进入客服中心。

（3）票务员与票务员之间的现金交接。

票务员与票务员之间的现金交接体现在客服中心换岗交接环节。在换岗交接时，为避免现金、车票等交接不清，交班票务员先检查并确认收好所有的现金及车票，将其放入上锁的票盒，从半自动售票机系统中退出之后，接班票务员才可以携带现金、车票进入客服中心，并使用自己的 ID 和密码登录半自动售票机开始工作。交班票务员从半自动售票机系统中退出之后，携带本班所有现金、车票及各类报表回票务室，按照结账程序的要求与客运值班员结账，并归还客服中心钥匙。

（4）值班站长之间的交接。

值班站长之间的交接也属于换岗交接，不仅包括现金交接，也包括其他方面的交接，主要有：交接设备运转情况，交接本岗位保管的钥匙；交接传达上级指示命令及本班未尽事宜；监督车站各岗位的交接，确认本班所有岗位作业已结束。交接时，应认真填好值班记录。

# 任务四　车站车票管理

## 任务导入

A 市将在下月 18 日举办亚洲足球冠军联赛，其足球体育馆在“三棵松”地铁站附近。足球赛的开幕式定会吸引各个国家的球迷来到 A 市，届时 A 市轨道交通的客流量将大幅增加。

思考：为应对“三棵松”地铁站猛增的客流，轨道运营企业可以采取哪些措施来提高轨道交通的运行效率？

## 一、车站车票管理概述

### （一）车票的保管

车票是票务收益的载体，用于记载乘客的出行和费用信息，是乘坐城市轨道交通的有效票据或凭证。因此，车票需要妥善保管，以保证车票的安全。

1．车票的存放

原则上车票只能存放于车站票务室、客服中心、TVM、BOM、车票回收箱，赋值储值票、纸票和预制票应存放于保险柜或上锁的票柜中。

2．客服中心车票的保管

票务员在客服中心处理业务时，应将车票放在乘客接触不到的地方。

3．运送途中的保管

车票在运送途中，一律放在上锁的售票盒、票箱或上锁手推车中。赋值储值票、纸票和预制票需由两名车站工作人负责运送，以保证安全。

保管车票时，注意防折曲、刻划、腐蚀、防水、重压和高温。

（二）车票的加封与开封

车票的加封（包含票据）可用票盒、钱袋、信封、砂纸加封，加封后必须保证一经破封无法复原。所有车票的开封、清点须由当班客运值班员与车站站务人员在监控仪可视范围内由两人共同完成。开封后发现车票数量或信息有误，待核查清楚后方可使用。车站需要用票时可开另一包封口完好的车票，同时车站应立即将情况上报。

（三）车票的交接

1．车票的交接规则

（1）储值票：必须在监控仪可视范围内当面清点，车票数量无误后签收交接，若发现车票信息有问题则应及时上报。

（2）预制票：当班客运值班员与配票人员负责将预制票按售出期限、票价分开摆放后，在监控仪可视范围内用点票机逐盒进行清点交接。每开封清点完一盒并及时加封后，方可清点下一盒车票。

（3）编码单程票：对已加封的编码单程票交接时，接收人确认加封正确完好后凭加封数量交接。

（4）纸票：凭加封数交接。车站在规定时间内自行完成数量和信息的确认，在确认过程中若发现数量和信息有误应立即上报。

2．不同票务岗位之间的车票交接

不同票务岗位之间的车票交接与现金的交接相似，此处不再赘述。

（四）车票的盘点

车票的盘点工作由客运值班员和值班站长两人进行，一般在每月规定运营时间结束后对站存各票种车票（含票据），分票种、票价进行全面盘点。盘点时除票务部门人员加封、站长与值班站长共同加封的车票不需拆封，按加封数量盘点外，其他车票需清点实际数量，并在客运值班员交接班记录簿“备注”栏注明盘点情况，由盘点的两人签章确认。盘点结束后，若发现车票的实际盘存数量与当天的账面结存数不符，车站对账实不一致情况应立即上报。

## 二、单程票的管理

单程票是城市轨道交通中使用最多的回收类专用票，乘客只能在城市轨道交通车站站厅内通过自动售票机或客服中心购买。单程票只在当日运营时间内有效，在所购地铁车站进入，乘坐车费以内的车程，出站时由闸机回收。

### （一）普通单程票的管理

普通单程票一般由公司票务部门统一配发到各车站，根据各站每日单程票的流入、流出数量，定期或不定期进行站间调配，以保证各车站单程票的运营需求。对单程票的管理主要分为以下几个方面：

1．单程票的接收

公司票务部门负责将封装好的车票配送到各车站，由配送人员（配票员）和车站的客运值班员交接。配票人员到达车站后，客运值班员依据配送车票的明细单当面检查车票包装以及封条是否完好，确认封条与配发单据所写车票种类、数量是否一致，无误后签字确认，并在车站票务管理系统“配发车票”界面确认保存，同时在客运值班员交接班记录簿上做好记录，并将车票存放在车站票务室保险柜或上锁的票柜中。

2．普通单程票的保管

原则上普通单程票只能存放于车站票务室、客服中心、TVM、BOM、车票回收箱内。

3．普通单程票的发售

在日常运营中，单程票由 TVM 发售，乘客自助式购票。当车站出现大客流或特殊情况时，值班站长可根据实际情况决定在 BOM 上出售普通单程票。当仍无法满足乘客购票需求时，开始发售预制单程票。

4．普通单程票的回收

当天运营结束后，回收出站闸机单程票、自动售票机票箱及客服中心结存的单程票，清点完毕后放在指定区域，以备循环使用。

5．普通单程票的上交

一般情况下，车站的单程票不需要上交，留存在车站循环使用。但在以下情况下需要上交：

（1）乘客事务处理时回收的无效票；

（2）自动售票机或半自动售票机产生的废票；

（3）人工回收的单程票；

（4）车站存放的单程票过多，公司票务部门要求上交的车票。

6．普通单程票的站间调配

由于各车站的进出站客流量分布不均匀，因而需要在不同车站之间进行车票的调配。

（1）车票流入车站：出站客流大于入站客流，回收的车票多于发售的车票。

（2）车票流出车站：出站客流小于入站客流，回收的车票少于发售的车票。

（3）车票平衡车站：进出站客流基本持平，回收的车票与发售的车票大致相当。

所以，每隔一定时间就需要在各车站之间进行车票的调配，由公司票务部门负责，相当于将车票上交；对于调入车票的车站而言，相当于接收车票。

### （二）预制单程票的管理

预制单程票经过编码分拣机或半自动售票机预先赋值，由公司票务部制作好并配发到各车站，以应对大客流或售票设备故障情况下售票能力不足问题。与普通单程票相比，预制单程票已赋值，处于“已售”状态，有较长的使用期限，在有效期内可供车站使用。预制单程票的接收、调配过程与普通单程票相同，但保管、发售、上交等环节与普通单程票不同。

1．预制单程票的保管

为确保预制单程票的安全，车站应将预制单程票放置在票务室保险柜保管。保管时要注意：一是不同价格的预制单程票不能混放；二是不同有效期的预制单程票不能混放。

2．预制单程票的发售

预制单程票采用人工方式发售，其使用与普通单程票相同。投入使用经闸机回收后，预制单程票的性质与普通单程票一样，可以在车站循环使用。

经站长批准后，在下列情形下车站可以考虑发售预制单程票：① 节假日客流较大，已超出车站售票设备发售能力；② 车站周边组织某项大型活动，活动结束时导致车站短时间内客流量大增；③ 车站部分或全部售票设备故障。

为应对节假日、各种活动可能产生的大客流，票务部门要根据计划做好预制工作，提前一周给车站配发车站一定数量的预制单程票。当车站遇其他可预见性大客流时，需提前做好需求计划。发售预制单程票时，车站票务人员需填制票务员日营收结算单中“预制票”栏，运营结束后客运值班员填制车站营收日报表。

3．预制单程票的上交

未出售完的预制单程票需用专用信封封装，填写张数、票种、日期、金额等说明，客运值班员与当班票务员当场清点确认签字，并联同车站报表一并上交公司票务部门。

## 三、储值票的管理

储值票的管理流程包括储值票的接收、保管、发售、充值和上交等几个步骤。

（1）储值票的接收。当公司票务部门和车站进行储值票交接时，需要双方当面清点，车站工作人员确认数量、类型一致后，在相关台账上做好记录，相关数据录入系统，同时把车票存放在规定区域。

（2）储值票的保管。储值票需要放入车站票务室保险柜中存放，由客运值班员负责。

（3）储值票的发售。储值票可在车站或一卡通公司指定网点购买。

（4）储值票的充值。乘客可以在车站客服中心由票务员人工充值，也可选择具有充值功能的自动售票机或自动充值机自助式充值，还可以在当地一卡通公司指定网点充值。

（5）储值票的上交。因设备原因或储值票自身问题需要上交时，先封装，注明封装时间、封装数量、封装票种及封装车站，上交公司票务部门。

### 任务解析

学习本节内容后可知，预制单程票是预先赋值，由票务公司制作好配发到各个车站，以应对大客流或售票设备故障情况下售票能力不足的问题，可提高轨道交通的运行效率。

# 任务五　特殊运行模式下的票务管理

### 任务导入

2021 年 7 月 30 日因暴雨造成广州地铁神舟站积水，为保证乘客及工作人员的安全，广州地铁立即发布官方消息，宣布神舟路地铁站暂时停运，并请乘客们都做好自己的路线规划。在宣布神舟站停运的时刻，部分乘客正在该条地铁线路上，并且其终点站为神舟站。

思考：针对这种情况应该怎样处理？

## 一、降级运行模式下票务事务处理

AFC 运行模式是指针对车站不同的运营状态、条件所做出的相应操作行为的选择和实施，包括正常运行模式、降级运行模式和紧急放行模式 3 种。正常情况下，自动售检票设备都是在正常运行模式下运行。当在运营过程中出现列车故障、火灾、电力供应中断等意外故障时，自动售检票系统的中央计算机或者车站计算机可以下达指令，将某车站或全线所有车站的 AFC 终端设备设置成降级运行模式，甚至紧急放行模式。模式执行优先权由高到低依次为紧急放行模式、降级运行模式、正常运行模式。不同运行模式下的乘客票务事务处理存在差别。

## （一）正常运行模式

正常运行模式是系统的默认模式。该模式处理正常状态下的售票、检票、补票等处理，主要包括正常服务状态、关闭状态、暂停服务状态，测试（维修）状态及离线运行状态等。

### 1．正常服务状态、关闭状态及暂停服务状态

每日运营开始前，自动售检票系统可根据时间表设置，自动将各车站 AFC 终端设备设置为正常服务状态。每日运营结束后，系统同样按顺序关闭终端设备，将其设置为关闭状态。此外，车站行车值班员也可以通过车站计算机将车站所有 AFC 终端设备设置为正常服务状态或关闭状态。当 AFC 终端设备维护门未关闭好，或由于需要更换票箱、钱箱等原因需要打开维护门时，该设备自动进入暂停服务状态。在此状态下，AFC 终端设备不会对车票做出任何处理。

### 2．测试（维修）状态

通过车站计算机系统，车站行车值班员可将车站 AFC 终端设备设置为测试或维修状态，以方便工作人员对设备进行测试或维修。在此状态下，AFC 终端设备不能进行车票及现金处理，但在特定命令下可以使用测试票。车站 AFC 终端设备的乘客显示屏或状态显示器会显示“暂停服务”及维修信息。

### 3．离线运行状态

在正常情况下，车站 AFC 终端设备能在本机上自动保存相关运行数据，并由车站计算机系统定期更新。当车站终端设备与车站计算机之间、车站计算机和中央计算机之间网络通信中断或无网络连接时，设备可在离线状态下运行。

在离线运行状态下，车站 AFC 终端设备应能保存不少于 7 天的运行数据，车站计算机应能保存不少于30天的业务数据，中央计算机应能保存不少于6个月的业务数据。当网络恢复正常时，可自动检测未上传或者下载的相关数据。

## （二）降级运行模式

降级是指针对列车故障等不同情形所做出的相应操作行为的选择和实施。降级运行模式属于非正常运行模式，包括列车故障模式、进出站免检模式、时间免检模式、日期免检模式、超程免检模式、紧急放行模式等。

1. 降级运行模式的设置原则

（1）列车故障模式：城市轨道交通列车发生运营故障，需在某站进行清客时；列车晚点，要求退票的乘客达到一定人数时。

（2）进出站免检模式：车站的进出站闸机全部故障且无法立即修复或由于车站出现大客流集中进出站。

（3）时间免检模式：由于列车晚点延误或时钟错误等城市轨道交通运营企业原因导致乘客所持车票超时。

（4）日期免检模式：由于城市轨道交通运营企业原因导致乘客所持车票过期。

（5）超程免检模式：车站在接到行车调度员有关“列车越站”通知时。

（6）紧急放行模式：车站出现危及乘客及工作人员生命安全、需要及时疏散乘客出站的紧急情况时。

2. 降级运行模式下的设备表现

降级运营模式的设置可通过中央计算机系统设置，也可通过车站计算机系统将车站 AFC 终端设备设置为相应的降级模式。通常情形下，车站计算机系统设置优先。设置为降级运营模式后，设备主要表现如下：

（1）中央计算机系统工作站上会明显地显示该车站名称及模式，如字体或颜色闪烁等，以便进行监控。

（2）设置了该模式的车站计算机系统会在显著位置用明显的文字或符号显示所设置的模式，并用明确的文字或符号显示车站内已进入模式的设备。

（3）在收到中央计算机系统或车站计算机系统下达的命令后，车站 AFC 终端设备按模式要求进入相应状态并对车票进行相应处理。

## （三）降级运行模式下的票务处理

车站 AFC 终端设备接收到指令后将按照相应的模式要求，改变其工作状态或工作方式，以满足轨道交通运营的需要。

1. 列车故障模式

在列车故障模式下，已购票进站的乘客和列车清客后的乘客可持票通过出站闸机出站。手持单程票的乘客，车票不回收；手持储值票及其他车票的乘客，车票不扣费或不扣乘次。故障模式结束后，对于乘客留存的单程票，若继续选择使用，可在一定时间内继续使用。不愿意继续使用的乘客，可在规定时间内到客服中心办理退票，储值票则免费更新。

2. 进出站免检模式

当车站的进出闸机全部故障无法立即修复，或由于车站出现突发大客流、进出站闸机能力不足、大量乘客聚集并等候进站或出站的情况下，进出站闸机扇门不阻挡，允许乘客不通过闸机进出站。在此模式下对车票的处理如下：

（1）设置了此模式的进出站闸机开放，不检验任何车票，乘客直接进站或出站。

（2）对无进站信息的车票在本站出站时，对于储值票，系统均认定该车票由指定车站进站，出站闸机根据票务规定自动扣费；对于单程票，系统会检查购票车站，并依据规定扣费，超程则需补交票款。

（3）若全线有两个及两个以上的车站均设置为进出站免检模式，则对所有无进站信息车票都不检查进出站次序。出站时，储值票按最低车费扣费；单程票不检查车票余额，直接回收；计次票只扣一个乘次。

3．时间免检模式

由于列车晚点导致乘客超时滞留、系统时钟同步出现故障及城市轨道交通运营企业其他原因导致乘客持有的车票过期，乘客无法正常进出站，应及时设置时间免检模式。在此模式下，闸机不检查日期，允许过期的车票继续使用，但仍然检查车票的票值、进站码等信息，所有车票按正常情形扣费。

4．日期免检模式

由于系统时钟同步出现故障需对某批次过期或即将过期的车票做应急延期处理及城市轨道交通运营企业其他原因导致乘客持有的车票过期，乘客无法正常进出车站，应及时设置日期免检模式。在此模式下，闸机不检查车票有效期，允许过期的车票继续使用，但仍然检查车票的票值、进站码等信息，所有车票按正常情形扣费。

5．超程免检模式

由于多种原因导致列车跳停或因特殊原因某站需要临时关闭，就会出现列车越站情形。此时，需将越站停站的第一个车站设置为超程免检模式。在此模式下，出站闸机不检查车票票值，单程票直接回收，储值票按最低车费扣费。

（四）紧急放行模式

当车站出现危及乘客生命安全、需及时疏散乘客出站的紧急情况时，车站值班员或值班站长需立即通过车站计算机或车站控制室内的紧急按钮设置紧急放行模式。在此模式下，车站内所有闸机将不对车票进行处理，同时闸机的扇门全部打开，方便乘客紧急疏散，乘客不需要使用车票，可直接快速离开车站。禁止乘客进站，其他设备暂停服务。

储值票在设置紧急放行模式期间，在该车站出站的所有车票，在下一次进站时进站闸机将自动更新车票的进站标记，并不收取任何费用。

单程票在设置紧急放行模式期间，在该车站购买的单程票能在所有车站使用，可乘坐与车票票值相符的车程。

### 任务解析

广州地铁神舟站因积水暂时关闭，列车将出现越站的情形。为保证终点站为神舟站乘客的利益，需将越站停站的第一个车站设置为超程免检模式。在这种模式下，持单程票的乘客不会因为超过里程而不能出站，持储值票的乘客也不会因为超程而多扣减车费。

## 二、自动售检票设备故障下票务事务处理

当前，城市轨道交通车站售检票采用的是自动售检票系统，该系统承担着乘客自助购票、乘车信息查询、进出站检票及乘车费用扣除等功能。若车站自动售票设备出现故障或能力不足，导致乘客无法正常乘车或无法正常处理相关票务事务，车站必须采取相关措施妥善处理，以保证票务作业平稳进行。

### （一）自动售票机卡币、卡票及找零不足

1．自动售票机卡币、卡票及找零不足的含义

卡币是指乘客在自动售票机上投币购票时，因自动售票机自身原因或乘客所投纸币（硬币）边缘变形、胶带物等原因，导致纸币（硬币）被卡在自动售票机的某个部位，且自动售票机不再接收纸币（硬币）的情况。

卡票是指自动售票机在给乘客发售单程票的过程中，因自动售票机自身原因或单程票边缘变形、变厚等原因，导致单程票被卡在自动售票机的某个部位，且自动售票机自动进入“暂停服务”模式的情况。

找零不足是指当乘客投入自动售票机的现金金额大于实际购票金额，因自动售票机自身原因或找零硬币、纸币等原因，导致找零硬币、纸币被卡在自动售票机的某个部位，自动售票机停止找零，造成乘客找零金额不够的情况。

2．卡币、卡票及找零不足的处理

当乘客反映自动售票机卡币、卡票或找零不足时，客运值班员首先要检查自动售票机投币口或取票口是否有纸币、硬币、车票堵塞或显示屏是否显示卡币、卡票或找零不足故障代码，确认故障情况。如果显示屏显示相应故障代码，则应按车站规定填写乘客事务处理单，对卡币的乘客以多退少补的原则给乘客发售相应面值的车票；对卡票的乘客可通过设置在客服中心的半自动售票机按乘客要求重新发售一张车票或者办理退票手续；对找零不足的乘客可在半自动售票机退还相应票款给乘客。

如果检查投币口或取票口无纸币、硬币、车票堵塞、显示屏未显示相应故障代码，则由客运值班员与另一名员工共同打开自动售票机维修门，查看自动售票机最近交易记录，再根据情况进行处理。

交易记录与乘客反映的购票情况一致，则说明若自动售票机显示正常且没有与发生，由客运值班员负责向乘客做好解释工作。明明没有卡币、卡票、找零不足情况，如果乘客不接受解释，坚持认为设备存在问题，可以向值班站长申请调取车站监控来像，根据录像情况做出相应处理。

### （二）自动售票机充值不成功

#### 1. 自动售票机充值不成功的含义

自动售票机充值不成功是指乘客在自动售票机上投币充值时，因自动售票机自身原因或其他原因，导致自动售票机收取乘客投入的充值金额后，并不能充进票卡余额（即未将充值金额信息写入票卡）的情况。

#### 2. 自动售票机充值不成功的处理

当乘客反映自动售票机充值不成功时，客运值班员与值班站长共同打开自动售票机维修门，查看最近交易记录，确认是否有与乘客反映一致的充值交易记录。若没有，则应立即通知专业维修人员到现场处理，确认自动售票机是否发生已收款但充值不成功的情况，客运值班员根据维修人员判断结果进行乘客事务处理。

若有一致的充值交易记录，则在半自动售票机上分析车票，根据查询情况，核实是否确有发生自动售票机已收款但充值不成功的情况。

若分析车票显示已成功充值，则请乘客通过显示屏确认车票充值前后余额及相应时间，将票卡交还乘客并做好解释工作。

若没有充值记录，则表示自动售票机确实发生已收款但充值不成功情形，客运值班员需按规定做好记录，再根据乘客需要在半自动售票机上给乘客办理等额充值或退款。

### （三）闸机吞票、扇门被误用

#### 1. 闸机吞票的处理

由车站人员询问乘客出闸情况，确认乘客出站闸机确实处于暂停服务状态或出站闸机显示正常但投票口确有卡票现象，则按规定填写乘客事务处理单，给乘客发售一张免费出站票，同时报 AFC 维修人员进行处理。若闸机显示正常且能接受车票时则向乘客解释说明，给乘客发售付费出站票。

#### 2. 闸机扇门被误用的处理

乘客反映闸机扇门被误用时，对持普通单程票的乘客按规定办理乘客事务处理单后给乘客发售免费出站票；对持储值票的乘客，若半自动售票机分析显示车票刚从本站出站，则按规定办理乘客事务处理单后给乘客发售免费出站票出站。

### （四）半自动售票机充值交易无效

票务员在半自动售票机上分析该车票和查询车票的最近交易历史记录。若分析车票的余值较充值前增加了相应的金额，且查询的历史交易记录中有本次充值记录，车票可给乘客正常使用。若分析车票的余值与充值前一致，且查询的历史交易记录中没有本次充值记录，则可以确定车票本次充值没有成功，票务员可对车票进行重新充值操作。

若在充值过程中设备显示“交易成功”“交易无效”以外的其他异常提示（显示超程、超时、进出站错误等除外），则需将车票办理无效车票处理，将充值款退还乘客，具体情况需在无效车票处理申请表中注明。车票在充值程中，对于操作正常，设备已提示交易成功，票务员可将车票给乘客正常使用。

客运值班员可将以上车票的ID、充值时间、充值金额及是否收取乘客现金的情况在客运值班员交接班簿上记录，并在车站票务管理系统“票务员下班上交票款”中录入。

### （五）自动售检票设备能力不足

自动售票机能力不足是指车站出现突发大客流等特殊情况时，由于现有的自动售票机数量有限，不能满足乘客购票需要，导致大量乘客在车站非付费区滞留并等候购票的情况。

#### 1. 自动售票机出现故障

（1）部分自动售票机出现故障。

当车站部分自动售票机出现故障时，若能立即修复，客运值班员应进行简单故障处理；若不能当场修复，客运值班员应及时向有关部门报修，并做好报修记录。车站工作人员在值班站长指挥下做好乘客引导宣传工作。若客流持续增大，值班站长可下令适当加开半自动售票机，安排票务员在半自动售票机上出售单程票，加大售票能力。

（2）全部自动售票机出现故障。

当车站全部自动售票机出现故障时，客运值班员应立即通知值班站长，向相关部门报修，做好报修记录。客运值班员及车站其他工作人员在值班站长指挥下做好乘客疏导工作。全部自动售票机故障时，值班站长安排票务员在半自动售票机上出售单程车票。根据客流情况、由值班站长确定是否需要出售预制单程票或纸质车票，并报告运营控制中心行车调度员，由行车调度员通知其他车站做好乘客检票准备工作。同时，安排工作人员引导持纸票的乘客从应急通道或者开放边门进站。当自动售票机恢复正常或者客流缓解时，由值班站长决定停止售卖纸票并上报运营控制中心行车调度员。

#### 2. 半自动售票机出现故障

半自动售票机具有车票分析、更新、退票等功能，当车站半自动售票机出现故障时，乘客所持车票不能在半自动售票机上进行分析处埋，当乘客不能正常进出闸机时，车站应根据具体情况进行处理。

（1）部分半自动售票机出现故障。

当车站部分半自动售票机出现故障时，票务员应通知客运值班员进行简单故障处理，同时在客服中心售票窗口摆放“设备故障、暂停服务”提示牌，车站工作人员引导乘客到自动售票机处购票充值及到其他能正常办理业务的客服中心进行相关票务事务处理。客运值班员无法处理时，应及时向有关部门报修，并做好报修记录。

（2）全部半自动售票机故障。

当车站全部半自动售票机出现故障时，票务员应及时在客服中心售票窗口摆放“设备故障、暂停服务”提示牌，通知值班站长。值班站长开启车站所有自动售票机，引导乘客到自动售票机办理购票、充值业务，立即报修并做好报修记录。对不能正常进出闸机的乘客，当乘客在非付费区时，引导其从边门进站，并告知将在出站时由出站的车站进行车票处理；当乘客在付费区时，由工作人员回收其单程车票并引导其从边门出站，对储值票的乘客，告知其下次乘车时到客服中心对车票进行扣费、更新处理。

3．进站自动检票机出现故障

（1）部分进站自动检票机出现故障。

当车站部分进站检票机出现故障时，值班站长可视客流情况，通过采取减缓或减少售票窗口、加强宣传引导等措施予以缓解。如有需要，可适当关闭站内自动售票机及售票窗口，以减少车站进站压力。

（2）全部进站自动检票出现机故障。

在这种情形下，乘客无法通过进站检票机正常检票进站。当全部进站检票机出现故障时，值班站长应指挥车站各岗位工作人员按以下程序处理：

① 检票机故障所在站票务处理。检票机故障所在站必须及时安排工作人员引导持票乘客通过边门进站，同时报运营控制中心行车调度员，由行车调度员通知其他车站做好乘客车票更新准备工作。当自动检票机恢复正常或客流缓解时，由值班站长决定恢复正常运作，并上报运营控制中心行车调度员。

② 受影响车站票务处理。受影响车站在接到行车调度员通知后，安排票务员做好乘客车票更新工作，引导乘客更新车票后通过出站检票机正常出站。

4．出站自动检票机出现故障

（1）部分出站自动检票机出现故障。

当车站部分出站检票机出现故障时，值班站长可视客流具体情况，打开故障检票机通道，组织车站工作人员回收单程票等，对持储值票乘客则引导其正常刷卡出站。

（2）全部出站自动检票机出现故障。

全部出站检票机出现故障时，值班站长应指挥车站各岗位工作人员按以下程序处理：值班站长及时报运营控制中心行车调度员，通知票务员及站台站务员引导乘客从边门出站，对持单程票的乘客，直接回收单程票并计入当天站存车票；对持储值票的乘客，应告知其本次车费在下次乘车时扣费。当出站自动检票机恢复正常或客流缓解时，由值班站长决定恢复正常运作，并上报运营控制中心行车调度员。

# 情境再现

- 票务管理
  - 票务基础知识
    - 票务系统的发展
    - 车票的种类
      - 按构造分、按使用性质分
  - 票务工作职责
    - 票务部门工作职责
    - 票务岗位工作职责
  - 车站现金管理
    - 车站现金的来源
    - 车站备用金管理
    - 车站票款管理
  - 车站车票管理
    - 单程票的管理
    - 储值票的管理
  - 特殊运行模式下的票务管理
    - 降级模式下的票务事务处理
    - 自动售检票设备故障下的票务事务处理

# 课后习题

## 一、判断题

1. 城市轨道交通票务系统，有利于提高城市轨道交通行业的社会形象和服务区域形象。(　　)

2. 牵头组织票务管理规章、各项票务制度的拟定，根据需要组织修改，并监督执行情况是线路票务中心的职责。(　　)

3. 票款是指上级部门配发给车站，专用于给乘客兑零、找零、自动售票机补币、与银行兑零等用途的周转资金及乘客受伤等事项发生时的应急基金启动款项。(　　)

4. 备用金的调增或调减都需要向上级提出申请。(　　)

5. 车站之间的备用金，未经批准车站之间不得私自调配。(　　)

6. 客服中心收益是指票务员在客服中心操作半自动售票机所得收益，该部分收益包括但不限于自动售票机产生的收益。(　　)

7. 集中站收款方式在票款运送途中的安全性不高，解行时间可能受营业时间限制。(　　)

8. 配票是指开始售票前客运值班员为票务员配备各种车票的过程。(　　)

9. 票款直接解行能及时、准确地监控各车站票款收益环节，及时发现解行票款正确与否。(　　)

10. 由于列车晚点导致乘客超时滞留、系统时钟同步出现故障及城市轨道交通运营企业其他原因导致乘客持有的车票过期，乘客无法正常进出站，应及时设置日期免检模式。(　　)

## 二、单项选择题

1. 相对于 IC 卡，磁卡的优点是（　　）。

A. 成本较小　　B. 存储量大

C. 可靠性高　　D. 保密性更强

2. 适用于距离银行地理位置较远城市轨道交通车站的票款解行方式是（　　）。

A. 直接解行　　B. 间接解行

C. 集中站收款　　D. 分散式解行

3. 单程票、出站票、福利票、定值纪念票、一卡通储值票及应急纸票等的发售及日常管理工作是以下哪个票务部门的职责？（　　）

A. 公司票务部门　　B. 线路票务中心

C. 站区票务中心　　D. 车站票务室

4. 以下哪个票务部门的工作职责具有宏观指导性质？（　　）

A. 公司票务部门　　B. 线路票务中心

C. 站区票务中心　　D. 车站票务室

5. 由于多种原因导致列车跳停或因特殊原因某站需要临时关闭，就会出现列车越站情形。此时，需将越站停站的第一个车站设置为（　　）。

A. 超程免检模式　　B. 进出站免检模式

C. 超时免检模式　　D. 紧急放行模式

## 三、多项选择题

1. 按存储的介质和构造不同，城市轨道交通票卡可分为（　　）。

A. IC 卡　　B. 磁卡

C. 纸质车票　　D. 单程票

E. 储值票

2. 城市轨道交通的现金来源有（　　）。

A. 备用金　　B. 票款

C. 纸质车票　　D. 单程票

E. 储值票

3. 车站票款收益主要来自（　　）。

A. 乘客事务处理产生的相关收入　　B. BOM 发售单程票的收入

C. 人工发售预制单程票的收入　　D. TVM 发售单程票的收入

E. BOM 储值票的发售和充值收入

4. 关于硬币加封，说法正确的是（　　）。

A. 硬币加封前必须双人在监控摄像有效范围内清点

B. 硬币开封前两人必须在有效的监控范围内确认封条完好开封，确认后方可开封清点

C. 若发现金额不符，立即上报站长或值班站长签字确认，差额由开封人负责

D. 若发现金额不符，差额由开封人与加封人共同负责

E 若两人未按规定拆封清点，差额由开封人负责

5. 一般情况下，车站的单程票不需要上交，留存在车站循环使用。但在某些情况下需要上交，这些情况包括（　　）。

A. 乘客事务处理时回收的无效票

B. 自动售票机产生的废票

C. 半自动售票机产生的废票

D. 人工回收的单程票

E. 车站存放的单程票过多，公司票务部门要求上交的车票

## 四、简答题

1. 简述城市轨道交通票卡的类型。
2. 简述票务岗站务员的工作职责。
3. 什么是降级？常见的降级模式有哪些？
4. 自动售检票设备常见故障有哪些？如何处理？

# 情境七 城市轨道交通安全管理与应急处理

安全是指没有受到威胁，没有危险、危害、损失。安全，无危则安，无损则全。安全是人类最基本的需要之一，安全问题始终是人类生存与发展活动中永恒的主题。当前，城市轨道交通已成为城市居民出行的重要工具，其线路一般处于地下封闭空间或高架桥半封闭空间里，环境封闭、空间狭小、人员和设备高度密集，通风排烟设备布设困难、疏散逃生受到极大限制，一旦发生重大事故、灾害等突发事件，人员疏散和救援困难，处置不当将产生巨大的人身和财产损失，对社会经济和生活造成重大影响。因此，安全管理与应急管理是城市轨道交通运营企业管理工作的核心内容之一。

[学习目标]

1. 掌握城市轨道交通安全管理的概念，明确其内容。
2. 掌握安全管理的方针，能够准确描述安全管理的意义。
3. 了解安全管理，熟悉安全管理的现状。
4. 熟悉城市轨道交通事故的类型及其处理方法。
5. 了解城市轨道交通车站应急事件的特点、类型。
6. 掌握车站突发事件应急处置的工作组织。
7. 熟悉事故调查的内容及要求。

## 任务一 安全管理认知

### 任务导入

2017 年 11 月 15 日新加坡轨道交通列车追尾致 28 人受伤；2011 年 9 月 27 日上海轨道交通 10 号线列车追尾事故致 270 多人受伤。虽然这两起事故没有造成人员死亡，但它们都被定性为重大安全事故，由此可见社会对城市轨道交通安全的重视。特别是上海 10 号线列车追尾事故，为上海轨道交通及全国其他城市的轨道交通运营企业敲响了安全警钟。

## 一、城市轨道交通安全管理的概念和内容

城市轨道交通安全管理是指运用安全系统分析和评价等技术理论及系统管理的思想和方法，把构成整个系统的要素——人、设备、信息、资金、环境等有效地组织起来，实行整体、动态、定量的全方位管理，以寻求整个系统达到最佳的安全状态。

### （一）城市轨道交通安全管理的内容

1．建立健全安全管理规章制度

完善安全管理规章制度是抓好城市轨道交通运营安全工作的保障。规章制度是管理工作的基础，建立科学的、完善的、全面的安全生产管理制度，使安全生产有章可循，至关重要。城市轨道交通企业应在严格执行国家省、市各项安全法律法规的同时，建立健全《安全生产管理办法》《安全奖惩办法》《行车组织规章》等制度和各类操作规程，涵盖企业的各个运营环节，用规章制度约束员工的工作行为，为员工提供安全生产指引。

2．人员安全管理

首先，要通过安全宣传和安全教育培训提高员工的安全意识、业务素质，这是抓好城市轨道交通运营安全工作的基础。调度员、驾驶员、维修人员、值班员等关键性岗位的工作人员，应通过培训取得上岗资格；而特种作业人员应通过培训取得相应的特种作业操作证，并按规定复审。

其次，要落实安全生产责任制，上自总经理，下至基层员工，逐级签订安全生产目标责任状，将安全生产目标纳入日常工作考核，明确各层级的安全职责和安全生产目标，形成安全生产、人人有责的良好氛围。此外，还应自上而下建立完整的安全监督、保障、应急体系，形成安全工作一级抓一级、一级监督一级的网络化安全监督管理体系。

3．行车安全管理

行车安全是指城市轨道交通列车在运送乘客的过程中对行车人员、行车设备及乘客产生作用和影响的安全。行车安全管理包括行车调度安全管理、列车驾驶安全管理、接发列车安全管理、调车作业安全管理等。

行车安全是城市轨道交通运营安全中最重要、最核心的部分，是衡量城市轨道交通运营管理水平和各部门工作质量的主要指标之一。如果行车发生任何差错和事故，会直接关系到乘客安全，影响企业声誉和城市交通，不利于社会稳定。

4．车站安全管理

车站安全管理的要点包括大客流组织、应急疏散设施及标志设置、乘客安全管理、乘客安全监控、乘客安全宣传教育、票务组织等。车站安全管理是城市轨道交通安全管理的重要环节。

5．设备设施安全管理

城市轨道交通的设备设施包括车辆系统、供电系统、消防系统、线路及轨道系统、机电设备系统、通信系统、信号系统、监控系统等，任何一个设备设施出现问题，都有可能导致安全事故或使事故后果扩大化。因此，必须加强对城市轨道交通设备设施的安全管理。

城市轨道交通设备设施的安全管理包括采用符合安全标准的设备设施、正确使用设备设施、定期对设备设施进行安全检查、加强对设备设施的维护和保养等。

6．事故安全管理

城市轨道交通应建立事故处理机制，落实责任追究制度。当事故发生后，按照“四不放过”原则和安全奖惩办法，定因、定性、定责，严格惩处，通过教育和处罚使员工吸取教训，增强岗位意识、责任意识和纪律意识。所谓“四不放过”的原则，即事故原因没有查清不放过、事故责任者没有严肃处理不放过、职工没有受到教育不放过、防范措施没有落实不放过。

同时，对发生的事故由此及彼，由表及里，透过现象看本质，研究制定有针对性的措施、避免同类事故再次发生，从而变事后惩处为事前预防。

7．应急救援安全管理

建立健全应急预案体系，增强应急处置能力。针对轨道交通运营线路发生火灾、列车脱轨、列车冲突、大面积停电、自然灾害、设备故障、客流冲击、恐怖袭击等非常情况制定相应的应急预案。

## （二）影响城市轨道交通安全管理的因素

影响城市轨道交通运营安全的因素包括人、物、环、管四大要素。

1．人的因素

人包括乘客、城市轨道交通工作人员、其他人员。其中，城市轨道交通工作人员包括各级领导人员、专职管理人员和基层工作人员等，他们是保障城市轨道交通安全的最关键人员。此外，城市轨道交通的运营安全与乘客的行为也十分密切。乘客在乘车过程中的一些不合理行为会导致城市轨道交通安全事故。

2．物的因素

物包括车辆系统、供电系统、消防系统、线路及轨道系统、机电设备系统、通信系统、信号系统、环境与设备监控系统、屏蔽门系统、土建系统等。

3．环境因素

环境包括自然环境因素（如自然灾害）和社会环境因素等。

4．管理因素

采用系统化安全管理方法对前面 3 个因素进行合理的组织、管理和控制，如安全管理制度、安全生产投入、安全教育培训、安全作业规程、事故隐患管理、安全检查制度、事故应急救援体系、事故处理机制等。

以上 4 个影响因素中，人既是影响城市轨道交通安全的因素，又是防护对象；物既是影响城市轨道交通安全的因素，又是保障安全的基础；环境既可能是影响城市轨道交通安全的因素，又是应予以保护的社会财富。因此，必须用系统化安全管理方法对这 3 个因素进行合理的组织、管理和控制，使城市轨道交通系统成为安全可靠的系统。

### （三）城市轨道交通安全管理的特点

位移是在多部门、多工种共同配合下，通过列车在高速度的运动中实现的。所以，城市轨道交通运营生产的安全工作，一方面同其他行业有着共同的要求，即在生产过程中，防止和消除人身伤亡事故和设备事故，变危险为安全，变有害为无害。另一方面由于城市轨道交通本身的特点，决定了城市轨道交通运营生产在安全上有其自己的特点。其特点主要体现在以下几个方面：

一是城市轨道交通是一架大联动机，安全工作影响面广；

二是城市轨道交通运营生产过程复杂，安全工作贯穿始终；

三是城市轨道交通运营、安全生产受外界环境的影响大；

四是城市轨道交通线网覆盖整个城市，安全工作受社会环境影响大；

五是城市轨道交通是现代化交通工具，技术性强；

六是城市轨道交通运营是动态加工，时间因素对安全影响大。

### （四）城市轨道交通安全管理的现状

1．责任机制不完善

对于城市轨道交通安全管理工作来说，城市轨道交通安全管理工作中的责任机制不完善，尤其是在责任监管工作中，许多城市轨道交通安全管理负责人只注重自身的责任，或者是只注重相关领导者的责任，却忽视了相关工作人员的责任落实，没有将责任机制落实到每一个工作人员身上，导致责任机制不健全，甚至影响我国城市轨道交通安全管理的进一步完善。可以说，在城市轨道交通安全管理工作中，责任机制落实不明确，责任机制不健全，不利于我国城市轨道交通安全管理的进一步发展和完善，有碍于城市轨道交通安全管理的全面化管理。

2．技术支持不足

技术支持不足在我国的城市轨道交通安全管理工作中是一个重要的影响因素，因为技术支持不到位导致我国城市轨道交通安全管理工作难以进行。在我国的发展过程中，城市安全监督需要在工程建设和运营的时候有一定的技术支持。从目前我国城市轨道交通建设的过程来看，其虽然已经具备了一定的技术，但无论是在交工建设之前的勘察工作，还是在工程的设计工作，乃至是施工及其运营的过程中，都存在着一些问题。这些问题影响着我国城市轨道交通安全管理工作。

3．安全监督工作不到位

防患于未然对于城市轨道交通安全管理工作是一个很好的代名词，然而，在我国的城市轨道交通安全管理工作当中，恰恰缺少了防患于未然的预防工作，安全监督工作不到位。在我国的诸多城市中，其已经建立了轨道交通，以带动城市交通的发展，但是，其在交通发展的过程中没有按照轨道交通的发展模式进行预防和监督，没有使许多危险因素消灭在萌芽状态，给城市居民的生活带来了诸多不便，甚至威胁城市居民的安全。

## 二、城市轨道交通安全管理的方针和意义

### （一）城市轨道交通安全生产的方针

安全生产是指企业在生产经营活动中采取相应的事故预防和控制措施，使生产过程在符合安全的条件下进行，以保障相关人员的人身安全、设备和设施免受损坏、环境免遭破坏，保障生产经营活动得以顺利进行。

把握好安全生产的要素和方针，是实现安全生产的根本途径。

1．安全生产的要素

安全生产的“五要素”是指安全文化、安全法则、安全责任、安全科技和安全投入。企业要实现安全生产长治久安，必须全面落实安全生产五要素。

（1）安全文化。安全文化即安全意识，是存在于人们头脑中，支配人们行为是否安全的思想。城市轨道交通运营企业安全文化建设，要紧紧围绕“一个中心”（突出“以人为本”这个中心）、“两个基本点”（安全理念渗透和安全行为养成），内化思想，外化行为，不断提高广大员工的安全意识和安全责任，把安全第一变为每个员工的自觉行为。

（2）安全法则。安全法则是指安全生产法律法规和安全生产执法。城市轨道交通运营企业要建立企业安全生产长效机制，必须坚持“以法治安”，用法律法规来规范企业领导和员工的安全行为，使安全生产工作有法可依、有章可循，建立安全生产法制秩序。坚持“以法治安”，必须“立法”“懂法”“守法”“执法”。

（3）安全责任。安全责任是指安全生产责任制度和责任心。城市轨道交通运营企业必须层级落实安全责任。企业应逐级签订安全生产责任书。责任书要有具体的责任、措施、奖罚办法。对完成责任书各项考核指标、考核内容的单位和个人应给予精神奖励和物质奖励；对没有完成考核指标或考核内容的单位和个人给予处罚；对于安全工作做得好的单位，应对该单位领导和安全工作人员给予一定的奖励。

（4）安全科技。安全科技是指安全生产科技与技术。要提高安全管理水平，必须加大安全科技投入，运用先进的科技手段来监控安全生产全过程。如把现代化、自动化、信息化全部应用到安全生产管理中。

（5）安全投入。安全投入是指保证安全生产必需的经费。安全投入是安全生产的基本保障。它包括两个方面：一是人才投入；二是资金投入。对于安全生产所需的设备、设施、宣传等资金投入必须充足。一方面，企业应创造机会让安全工作人员参加专业培训，组织安全工作人员到安全工作搞得好的单位参观、学习、取经；另一方面，可以通过招聘安全管理专业人才，提高企业安全管理队伍的素质，为实现安全和谐发展打下坚实的基础。

2．安全生产的方针

安全生产方针是指政府对安全生产工作总的要求，它是安全生产工作的方向。根据历史资料，我们发现我国对安全生产工作总的要求是安全生产方针大体经历了 3 次变化："生产必须安全、安全为了生产""安全第一，预防为主""安全第一，预防为主，综合治理"。

"安全第一、预防为主，综合治理"是我国安全生产的方针，认真落实这一方针，既是党和国家的要求，也是搞好安全生产，保障从业人员的生命安全健康，保障企业生产经营顺利进行的根本要求。因此，把这一安全生产的方针转变为所有员工的思想意识和具体行动，对于搞好安全生产至关重要。

### （二）城市轨道交通安全管理的意义

城市轨道交通运营安全是其满足乘客出行安全需求、获得良好社会效益和经济效益的根本保证。

1．满足乘客出行安全需求的保证

由于城市轨道交通大部分线路处于地下空间，环境封闭、人员密集，一旦发生事故，极易造成人员伤亡，因此必须加强安全管理。

2．获得良好社会效益的保证

城市轨道交通是城市的重要公共交通运输工具，是解决交通拥堵问题的重要方式之一，具有明显的社会效益。只有保障乘客的安全出行，符合城市公共交通可持续发展的相关要求，才能吸引更多的客流，才能在更大范围内解决城市中的交通拥堵问题，提高其社会效益。

3．获得良好经济效益的保证

城市轨道交通企业通过为乘客提供运输服务来实现其经济效益，如果在运输过程中发生了安全事故，会为企业带来一系列经济损失。例如，停运会减少企业收入、维修受损设备需要资金支出、赔偿伤亡乘客等。此外，城市轨道交通安全管理有利于新技术在交通运输业生产中的应用，提高交通运输业整体的经济效益。

### 任务解析

在案例导入的这两起轨道交通事故中，设备故障是一个原因，相关工作人员的失误是另一个重要原因，这些因素都可归结为城市轨道交通运营企业的安全管理不善。

安全生产方针强调：安全第一，预防为主，综合治理。由此可见，安全生产管理对于城市轨道交通运营有重要意义。

## 任务二 城市轨道交通事故认知

### 任务导入

2021 年 7 月 20 日，郑州市突降罕见特大暴雨，造成郑州地铁 5 号线五龙口停车场及其周边区域发生严重积水，18 时许，积水冲垮出入场线挡水墙进入正线区间，造成郑州地铁 5 号线一列车在沙口路站—海滩寺站区间内迫停，500 余名乘客被困。在地铁员工、应急救援队、公安干警、解放军指战员、义务救援队及热心乘客的共同努力下，共解救乘客 500 余名，12 名乘客经抢救无效不幸罹难。

思考：上述案例中的事故属于哪种类型？

### 一、城市轨道交通事故概述

城市轨道交通事故是指轨道交通车辆在运行过程中与行人及其他障碍物相撞，或者轨道交通车辆发生脱轨，车辆或车站发生火灾、爆炸，乘客拥挤、踩踏、自高处坠落、掉下站台，车门发生故障等，造成人员伤亡、设备损坏、经济损失、中断行车、火灾或其他影响正常行车的事故。

#### （一）城市轨道交通事故的分类

根据事故产生的原因不同，可将城市轨道交通事故分为以下类型。

1．行车事故

凡在城市轨道交通行车中造成人员伤亡、设备损坏、经济损失、中断行车、火灾或其他危及行车安全的情况，均构成行车事故。行车事故主要包括以下几个方面：

（1）人的行为失误或轨道交通系统的设备故障导致的危及列车在正线上正常运行的事件。

（2）车站、车辆基地内所有与行车、调车作业有关的危及人身和设备安全的事件。

（3）列车运行过程中（包括运行途中和停车期间）发生的危及乘客安全的事件。

2．客运事故

凡是在车站的站厅内、站台上、客运列车车厢内发生的危及乘客人身安全的事件，均属于客运事故。客运事故主要是由列车车门、屏蔽门、自动扶梯、列车停站时站台边缘与列车间的间隙、列车进出站等造成的客伤。发生客运事故时应及时实施救助处理并填写相关文件备案。

3．自然灾害事故

自然灾害事故主要包括由水灾害、风灾害、雷击灾害、地震灾害等引起的事故。对此，城市轨道交通在建设时应有良好的预防监测措施。在遭遇此类灾害时，应及时统一指挥，组织乘客疏散转移及进行现场抢救。

### （二）城市轨道交通事故的等级

根据事件严重程度，城市轨道交通事故分为特别重大事故、重大事故、较大事故和一般事故。

（1）特别重大事故：造成 30 人以上死亡，或者 100 人以上重伤，或者直接经济损失 1 亿元以上。

（2）重大事故：造成 10 人以上 30 人以下死亡，或者 50 人以上 100 人以下重伤，或者直接经济损失 5 000 万元以上 1 亿元以下，或者连续中断行车 24 小时以上。

（3）较大事故：造成 3 人以上 10 人以下死亡，或者 10 人以上 50 人以下重伤，或者直接经济损失 1 000 万元以上 5 000 万元以下，或者连续中断行车 6 小时以上 24 小时以下。

（4）一般事故：造成 3 人以下死亡，或者 10 人以下重伤，或者直接经济损失 50 万元以上 1 000 万元以下，或者连续中断行车 2 小时以上 6 小时以下。

上述有关数量表述中，“以上”含本数，“以下”不含本数。

### 任务解析

任务导入中郑州地铁 5 号线事故，属于自然灾害事故。此外，任务一任务导入中的两起轨道交通事故，均属于行车事故。

## 二、城市轨道交通事故的预防

为避免或减少与工作相关的各种死亡和伤害事件的发生，应预先采取一定的措施。

## （一）识别危险源

危险源又称危险、有害因素，是指可能导致人员伤害、疾病、财产损失、环境破坏或这些情况组合的根源或状态。危险源具体表现为一个系统中具有潜在能量和物质释放危险的、可造成人员伤害、在一定的触发因素作用下可转化为事故的部位、区域、场所、空间、岗位、设备及其位置。它的实质是具有潜在危险的源点或部位，是爆发事故的源头，是能量、危险物质集中的核心，是能量从那里传出来或爆发的地方。危险源存在于确定的系统中，不同的系统范围，危险源的区域也不同。例如，对一个城市轨道运营企业系统来说，某个车站、某辆运输车辆可能就是危险源，一个车站系统中，某台设备可能就是危险源。

危险源可能存在事故隐患，也可能不存在事故隐患。因此，在日常安全管理工作中，要及时辨别危险源的性质，对于存在事故隐患的危险源一定要及时加以整改，否则随时都可能导致事故。

### 1．危险源的要素

危险源应由 3 个要素构成：潜在危险性、存在条件和触发因素。

（1）潜在危险性。危险源的潜在危险性是指一旦触发事故，可能带来的危害程度或损失大小，或者说危险源可能释放的能量强度或危险物质量的大小。

（2）存在条件。危险源的存在条件是指危险源所处的物理、化学状态和约束条件状态。例如，物质的压力、温度、化学稳定性，盛装压力容器的坚固性，周围环境障碍物等情况。

（3）触发因素。触发因素虽然不属于危险源的固有属性，但它是危险源转化为事故的外因，而且每一类型的危险源都有相应的敏感触发因素。如易燃、易爆物质，热能就是其敏感的触发因素。又如压力容器，压力升高就是其敏感触发因素。因此，一定的危险源总是与相应的触发因素相关联。在触发因素的作用下，危险源转化为危险状态，继而转化为事故。

### 2．危险源的分类

（1）根据导致事故的直接原因分类。

根据导致事故的直接原因的不同，危险源可分为人的因素、物的因素、环境的因素和管理的因素 4 种类型。

一是人的因素。人的因素始终是引发城市轨道交通事故的主要原因，可分为心理性或生理性和行为性。心理性或生理性包括负荷超限、健康状况异常、从事禁忌作业、心理异常、辨识功能缺陷、其他心理、生理性危险和有害因素。如：工作人员安全意识不够、业务水平不精或身体状态不正常、注意力不集中等。行为性包括操作错误、监护失误、指挥错误、其他行为。如：工作人员违章作业、乘客不遵守安全乘车规则（乘客在车门即将关闭时强行上车，导致车门夹人事故；乘客因拥挤或其他原因进入轨行区）等。

二是物的因素。包括物理性、化学性和生物性。物理性包括设备、设施、工具、附件缺陷、防护缺陷、电伤害、噪声、振动危害、其他物理性危险源等。化学性包括爆炸品、压缩和液化气体、易燃液体、自燃物品和遇湿易燃物品、氧化剂和有机过氧化物、有毒品、腐蚀品、粉尘与气溶胶、其他化学性危险源。生物性包括致病微生物、传染病媒介物、致害动物和植物、其他生物性危险源。

城市轨道交通在“物”方面的危险源，主要是物理性因素的设施、设备方面。如车辆走行部问题、车站问题、车门问题等，可能会导致列车脱轨、设备损坏或人身伤害等事故的发生；轨道存在裂缝、轨道偏移、轨道损伤、道岔故障等，可能会导致列车运行中断或脱轨等事故的发生；供电系统故障或城市供电网发生大面积停电等，可能会造成行车中断和乘客被困隧道事故；信号故障且没被发现，会导致列车按照错误的指示运行，从而发生列车冲突事故；车站的乘降设备故障，可能会导致乘客人身伤害事故等。

三是环境因素。环境包括自然环境、社会环境和系统内部环境。城市轨道交通往往在运营中受制于自然环境条件，以及在轨道周边受外界异物侵限等；内部环境主要是车站设备用房等场所。各种环境因素不良，往往表现为室内作业场所环境不良、室外作业场地环境不良、地下作业环境不良、其他作业环境不良等。

例如，车站内部环境主要有因设备用房等场所的常年阴暗潮湿环境和虫鼠害等，极易造成关键设施设备的故障，以及站厅内商业区域的可燃物易造成火灾。社会因素如恐怖势力袭击车站、区域电网破坏，自然因素如暴雨天气雨水侵入车站、轨道可能迫使行车中断，进而可能导致人员伤害及设备设施损坏等。

四是管理因素。如安全组织机构不健全、安全责任制未落实、安全管理规章制度不完善、安全管理投入不足、安全管理不完善、其他管理因素缺陷等。

（2）根据能量意外释放理论分类。

根据能量意外释放理论将危险源分为第一类危险源和第二类危险源。

第一类危险源是指系统中客观存在的、可能发生意外释放的能量或危险物质。其中，能量包括电能、动能、势能、声能、热能、化学能、辐射能和生物能等；危险物质包括易燃、易爆物品、有毒物质、腐蚀物质、工业粉尘、窒息气体等。

常见的第一类危险源有：

① 产生、供给能量的装置或设备，如城市轨道交通的供电设备；

② 使人或物具有较高势能的装置、设备或场所，如城市轨道交通的站台；

③ 拥有能量的人或物（能量的载体），如城市轨道交通高速行驶中的列车、高空存放的物体等；

④ 危险物质，如易燃、易爆物品；

⑤ 人体一旦与之接触将导致人体生物能意外释放的物体，如棱角、毛刺、刃等。

第二类危险源是指约束或控制措施遭到破坏或失效，使能量或危险物质处于失控状态，从而导致事故发生，我们将导致这些约束条件或控制措施被破坏或失效的因素称为第二类危险源。常见的第二类危险源有：

① 人，指人的不安全行为，主要表现为工作人员业务不精、身体状态不好、不遵守规章制度、不遵守作业程序、操作失误等；

② 机，指物的不安全状态，主要表现为设备设施的设计缺陷和故障；

③ 环，指环境的不安全状态，包括自然环境和社会环境；

④ 管理，是指不符合安全的管理因素，包括组织程序、组织文化、管理制度等。

第一类危险源是导致事故发生的主体，是客观存在的、不可变的，因此可将其称为静态危险源或根源危险源，它决定了事故后果的严重程度；第二类危险源是能量和危险物质意外释放的触发因素，由于它随着现代科学技术的不断创新、管理水平和人员素质的不断提高而在发生变化，因此可将其称为动态触发型危险源。

3．危险源识别

危险源识别是确认危险源的存在并确定其特性的过程。它可以分为两个方面：一是识别危险源的存在，即找出系统中存在的人的不安全行为、物的不安全状态、作业环境中存在的危害、危险因素及管理缺陷等安全隐患。二是确定危险源的特性，即进一步理解和分析危险源，确定危险源可能带来的危害、危险及危害、危险的严重程度等，这样才能针对危险源制定约束条件和控制措施。

（1）危险源辨识的方法。

目前，国内外已经开发出的危险源辨识方法有几十种之多，下面简单介绍其中几种方法：

直观经验法一般适用于有可供参考先例、有以往经验可以借鉴的危险源辨识过程，其又分为对照经验法和类比法两种类型。

工作危害分析法是一种比较细致地分析作业过程中存在危险和危害的方法。它从活动清单中选定一项作业活动，将作业活动分解为相关联的若干个步骤，识别每个步骤中潜在危险和危害因素，然后判定风险等级，以便制定控制措施。

事故树分析法是从不希望发生或已经发生的事件开始，层层分析其发生原因，找出引起事故的各种事件及其组合，从而辨识危险源或找出事故原因。

（2）危险源辨识的步骤。

一是辨识准备，包括确定分工、收集辨识范围内的资料等。

二是划分辨识范围，可从地址、建筑平面布局、建筑物、生产过程、设施设备、作业环境和管理措施 6 个方面划分危险源辨识范围，分类辨识危险源。

三是划分辨识单元。辨识单元是分类辨识危险源的细化，可以按照部门、作业、工序等来划分危险源辨识单位。

四是辨识危险源，先找出可能的事故伤害方式，再找出其原因并分析其危害性。

五是填写危险源登记表。

（二）编制应急预案

应急预案是针对具体设备、设施、场所和环境，在安全评价的基础上，为控制、减轻和消除事故造成的人身、财产与环境损失，就事故发生后的应急救援机构和人员，应急救援的设备、设施、条件和环境，行动的步骤和纲领，控制事故发展的方法和程序等，预先做出的科学而有效的计划和安排。

1．应急预案的内容

针对不同类型的突发事件，每一类的具体应对措施可能不同，但其基本应急模式可以由一个综合的标准化应急体系来完成。

以重大事故应急预案为例，应急预案的主要内容应包括：

（1）总则：说明编制预案的目的、工作原则、编制依据、适用范围等。

（2）组织指挥体系及职责：明确各组织机构的职责、权利和义务，以突发事故应急响应全过程为主线，明确事故发生、报警、响应、结束、善后处理处置等环节的主管部门与协作部门；以应急准备及保障机构为支线，明确各参与部门的职责。

（3）预警和预防机制：包括信息监测与报告，预警预防行动，预警支持系统，预警级别及发布（建议分为四级预警）。

（4）应急响应：包括分级响应程序（原则上按一般、较大、重大、特别重大四级启动相应预案），信息共享和处理，通信，指挥和协调，紧急处置，应急人员的安全防护，群众的安全防护，社会力量动员与参与，事故调查分析、检测与后果评估，新闻报道，应急结束等 11 个要素。

（5）后期处置：包括善后处置、社会救助、保险、事故调查报告和经验教训总结及改进建议。

（6）保障措施：包括通信与信息保障，应急支援与装备保障，技术储备与保障，宣传、培训和演习，监督检查等。

（7）附则：包括有关术语、定义，预案管理与更新，国际沟通与协作，奖励与责任，制定与解释部门，预案实施或生效时间等。

（8）附录：包括相关的应急预案、预案总体目录、分预案目录、各种规范化格式文本、相关机构和人员通讯录等。

2．应急预案的分级

《重庆市城市轨道交通运营突发事件应急预案》规定，根据事故/突发事件对城市轨道交通正常运营可能造成的危害程度、波及范围、影响力大小、人员和财产损失等情况的影响程度和造成的损失大小，将突发事件分为四级预警级别，由高到低依次为Ⅰ级（特别重大事故）、Ⅱ级（重大事故）、Ⅲ级（较大事故）、Ⅳ级（一般事故），分别用红色、橙色、黄色、蓝色标示。

（1）Ⅰ级预警（红色）。预计将要发生特别重大事故级别以上的轨道交通运营突发事件，事件会随时发生，事态正在不断蔓延。

（2）Ⅱ级预警（橙色）。预计将要发生重大事故级别以上的轨道交通运营突发事件，事件即将发生，事态正在逐步扩大。

（3）Ⅲ级预警（黄色）。预计将要发生较大事故级别以上的轨道交通运营突发事件，事件已经临近，事态有扩大的趋势。

（4）Ⅳ级预警（蓝色）。预计将要发生一般事故级别以上的轨道交通运营突发事件，事件即将临近，事态可能会扩大。

发生突发事故时，根据突发事件造成的不同影响，运营企业及相关部门应启用相应预案，采取限流、错峰、临时关闭车站等措施，必要时启动地面公共交通接驳运输，疏导客流。

3．应急预案的分类

城市轨道运营企业根据应急预案按照针对情况的不同，将应急预案分为综合应急预案、专项应急预案、现场处置方案。

（1）综合应急预案。企业的总体预案，侧重于应急救援活动的组织协调，从总体上阐述事故的应急方针、政策，明确相关职责、行动等，是应对各类突发事件的综合性文件。

（2）专项应急预案。针对具体不同的突发事件类别、危险源而制订的计划或方案。它在综合预案的基础上，充分考虑特定危险的特点和形势、组织机构等进行更具体的阐述，常作为综合应急预案的附件。比如，自然灾害类专项预案、突发事件专项预案等。

（3）现场处置方案。针对在运营过程中特定的具体场所、装置或重要防护区域等发生的具体事故所制订的方案。如列车脱轨、挤岔；车站及线路设备故障；车站火灾等。现场处置方案具体、简单、针对性强。

# 任务三　突发事件应急处置

## 任务导入

2009年12月22日5时50分，上海地铁1号线陕西南路至人民广场区间突发供电触网跳闸故障，造成该区列车停驶。为确保运营不中断，地铁方面采取1号线非故障段（富锦路至火车站，徐家汇至莘庄分段运营）两头小交路运行。

7时06分，跳闸故障基本排除，在运营调整恢复的过程中，由中山北路站开往上海火车站的1号线150号车，根据调整后的小交路模式运行至上海火车站折返站时，由于该车冒进信号（闯红灯），与正在折返的117号车侧面碰撞，150号车的头部撞到了117号车的中后部车厢。据了解，当时两车速度较慢，且150号车司机采取了紧急制动措施，被撞的117号车又为空车，所幸无人受伤。发生事故后，受影响最大的是地铁 150 号车的乘客，滞留车厢内长达 4 个小时，不仅耽误了上班族正常的上班时间，同时给地面交通带来了很大的压力。

思考：针对上述案例，你有何启示？

## 一、城市轨道交通突发事件概述

### （一）城市轨道交通突发事件的定义及特征

城市轨道交通突发事件是指突然发生，造成或者可能造成城市轨道交通重大人员伤亡、财产损失、列车中断运行、生态环境破坏和严重社会危害的紧急事件。需要采取应急措施予以应对的自然灾害、事故灾难、公共卫生和社会安全及安全生产，具有以下特征：

1. 突发性

绝大多数突发事件是在人们缺乏充分准备的情况下发生的，使人们的正常生活受到影响，使社会的有序发展受到干扰。由于事发突然，首先，人们在心理上没有做好充分的思想准备，会产生烦躁、不安、恐惧等情绪；其次，社会在资源上没有做好充分的保障准备，需要临时调集各类应急资源；最后，管理者在措施上没有做好充分的设计准备，必须针对具体情况制定处置措施。虽然有些突发事件存在着发生征兆和预警的可能，但由于真实发生的时间和地点难以准确预见，同样具有突发性。

2. 不确定性

突发事件具有高度的不确定性，一是发生状态的不确定性。突发事件在什么时间、什么地点、以何种形式和规模爆发通常是无法提前预知的。有些自然灾害通过科技手段和经验知识，能够减少某些不确定因素，但是很难确定是哪些不确定因素造成的结果。如果突发事件没有不确定因素，也就不属于突发事件，这样的事件可预先做好充分的准备工作，采用通常的办法去应对。二是事态变化的不确定性。突发事件发生之后，由于信息不充分和时间紧迫，绝大多数情况的决策属于非程序化决策，响应人员与公众对形势的判断和具体的行动以及媒体的新闻报道，都会对事态的发展造成影响。许多不确定因素在随时发生变化，事态的发展也会随之出现变化。

3. 破坏性

突发事件的破坏性来自多个方面：对公众生命构成威胁、对公共财产造成损失、对各种环境产生破坏、对社会秩序造成紊乱、对公众心理造成障碍。在危害发生后，由于人们缺乏各方面的充分准备，难免出现人员伤亡和财产损失，造成自然环境、生态环境、生活环境和社会环境的破坏，打乱社会秩序的正常运行节奏，引发公众不安、烦躁和恐慌情绪。有些破坏是暂时性的，随着突发事件处置的结束逐步消除；而有些破坏产生的影响则是长期的，少则几年，多则几十年，甚至达到百年、数百年。如果对突发事件的处置不当或不及时，可能还会带来经济危机、社会危机和政治危机，造成难以预计的不良后果。

4．衍生性

衍生性是指由原生突发事件的产生而导致其他类型突发事件的发生。其他类型突发事件有两种情况：一种情况是衍生突发事件的危害程度、影响范围低于原生突发事件，社会的主要力量和精力集中于原生突发事件的处置，应急活动的主要对象不会发生改变；另一种情况是衍生突发事件的危害程度、影响范围高于原生突发事件，从本质上讲，问题的主要矛盾已发生了转移，应急活动的主要对象已发生了变化，需要重新调整社会力量和精力，解决面临的主要问题。对于第二种情况只有少数情况是难以避免的，多数情况是因处置时对问题考虑不周和控制失误所导致的。

5．扩散性（连锁性）

随着社会的进步和现代交通与通信技术的发展，地区、地域和全球一体化的进程在不断加快，相互之间的依赖性更强，使突发事件造成的影响不再仅仅局限于发生地，会通过内在联系引发跨地区的扩散和传播，若不及时处理，会波及其他地域，导致更大的损失和危机，形成更为广泛的影响。

6．复杂性

复杂性表现在两个方面：一是突发事件本身的复杂性。突发事件影响因素与演变规律的不确定性；众多来自不同部门参与应急救援活动的单位，在信息沟通、行动协调与指挥、授权与职责、通信等方面的有效组织和管理，以及应急响应过程中公众的反应、恐慌心理、公众过急等突发行为的复杂性等。这些复杂因素的影响，给现场应急救援工作带来严峻的挑战，应对应急救援工作中各种复杂的情况做出足够的估计，制定随时应对各种复杂变化的相应方案。二是现场处置措施的复杂性。突发事件的处置措施往往涉及较强的专业技术支持，包括易燃、有毒危险物质、复杂危险自然条件处置等，对每一行动方案、监测以及应急人员防护等都需要在专业人员的支持下进行决策。尤其是城市轨道交通具有的封闭性、局限性和人员、设备高度集中等特点，其突发事件的处理受到诸多条件的限制，并且城市轨道交通涉及多个行业和归口管理部门，需要多部门配合和协调。

### （二）城市轨道交通车站突发事件的分类

城市轨道交通运营过程中的突发事件，按照发生原因的不同，通常可以分为 4 类：运营生产类、自然灾害类、社会治安类和公共卫生类。

1．运营生产类

运营生产类包括突发性大客流、行车事故、车站设备故障等影响车站运营的突发事件。

其中，行车事故一旦产生，就可能造成人员伤亡、财产损失、公共安全受到影响、城市轨道交通非正常运营等后果，这些可能产生的后果也是城市轨道交通事故的主要判定依据。

2．自然灾害类

自然灾害类包括地震、台风、雷电、暴雨等影响车站运营的突发事件。

3．社会治安类

社会治安类包括在城市轨道交通运营范围内发生火灾、爆炸、重大刑事案件、恐怖袭击以及在地铁车站内发生聚众闹事、劫持人质等严重影响地铁运营安全的突发事件。

4．公共卫生类

公共卫生类包括传染病疫情、生化、毒气和放射性污染等造成或可能造成社会公众健康而严重影响地铁运营的突发事件。

城市轨道交通突发事件通常按其性质、严重程度、影响范围、可控性等因素可以分为四级，包括特别重大事故、重大事故、较大事故和一般事故。

## 二、车站突发事件的报告

### （一）应急信息的基本知识

城市轨道交通应急信息是指在运营事业总部管辖范围内，造成或者可能造成影响城市轨道交通运营或形象、乘客或员工人身伤害、财产损失等突发事件的信息。一般包括：运营服务信息、车站应急信息、应急公交接驳信息、治安消防信息、职工伤亡信息、天气预警信息、事故事件信息、建设工程事故信息等。

### （二）应急信息的汇报

1．汇报的原则

（1）迅速、准确、真实的原则。任何员工发现突发事件或接到相关报告，都应立即按规定流程上报，不得延误、中断或遗漏。

（2）逐级报告的原则。车站的信息汇报由值班站长负责，如值班站长正在处理事件，则由行车值班员进行汇报，但后续事件的处理结果必须由值班站长进行汇报。

（3）内部、上级领导及协作单位并举的原则。

（4）分类、分级报送原则。

（5）就地、就近报告的原则。

（6）优先上报调度信息的原则。

（7）结合事件进展、动态报告的原则。

2．车站突发事件报告前应采取的行动

若发现任何可能影响列车安全运行的情况，如信号设备损坏、异物落入轨道等异常情况，必须立即利用下列方法，截停可能受影响的列车。

（1）操作车站控制室内的紧急停车按钮。

（2）按下站台紧急停车按钮。

（3）猛烈摇动“危险”手信号，或猛烈摇动任何物品。

若发现设备或装置有故障，则必须立即停用或隔离有关故障设备/装置。

3．汇报的要求

汇报要求准确性、完整性和严谨性。准确性，即汇报的信息要与现场情况一致，不能主观臆测，如果发现信息有误，要及时上报更正。完整性，即进行第一次信息汇报后，如果有新进展，要跟进续报，直至事件处理完毕。严谨性，即汇报应避免口语化，尽量使用专业术语。

汇报的内容方面，第一步应汇报事件概况，包括：汇报车站及汇报人职务、姓名；事件发生时间、地点（精确到站厅/台、A/B 端、出入口、房间等）；对车站的影响（直观的、可明显判断的现象，如人员伤亡情况及车辆、线路等地铁设备损坏情况）；请求救援的内容；已上报的单位；其他必须说明的内容。

随着现场处置的实施，后续进一步汇报以下内容：

（1）事件前期处理情况。车站前期采取的措施；事故的初步原因；可能造成的进一步危害；需要帮助、协调解决的问题（如是否需要救援、是否影响邻线运行）。

（2）事件后续处理情况。到场的相关单位（具体到分公司单位、事故单位、建设单位）；相关单位采取的应急措施（现象）；是否得到有效控制。

（3）事件恢复时间、恢复结果（相关设备是否可用、故障是否恢复、紧急情况是否得到缓解、安全隐患是否排除等）。

4．汇报的程序

突发事件发生后，现场人员应严格按突发事件报告程序立即上报，控制中心根据汇总的信息，确认突发事件性质、原因，并做出准确判断，高效地协调运用各方面力量，确保事态得到有效控制，尽可能将损失降到最低。因此，建立一套严格、高效的信息报告程序至关重要。信息报告程序如图 7-1 所示。

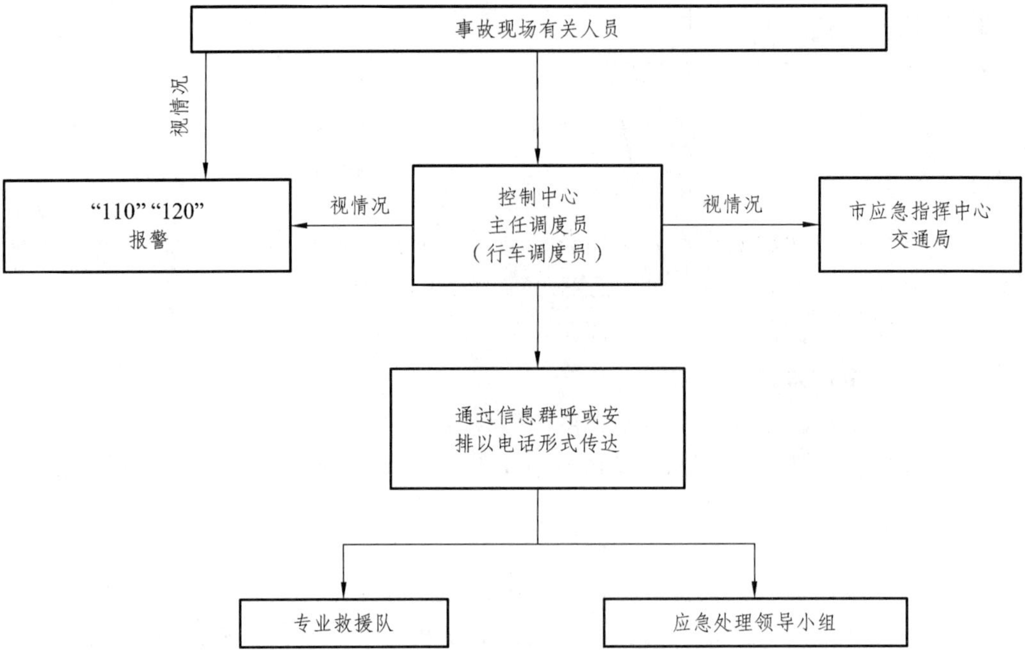


图 7-1　车站突发事件报告程序

5．汇报的效率要求

突发事件发生在车站时，由车站值班站长或值班员立即报告控制指挥中心行调。控制指挥中心任命事故处理主任后，事故处理主任 3 分钟内必须联系行调。

车站值班员了解事件信息后 1 分钟内将现场情况报线路控制指挥中心。

抢修人员到达现场后，了解事件信息后 2 分钟内将现场情况报线路控制指挥中心或车厂调度。

## 三、车站突发事件的应急处理

### （一）应急处理的原则

车站突发事件的应急处理，根据时间段的不同，处置原则各不相同。

1．事发前

突发事件发生前应对突发事件实行"预防为主、预防与应急相结合"的原则制定突发事件应急预案。

2．事发时

突发事件发生时，要积极采取措施，迅速抢救，坚持以下原则，快报告、快处理、快开通，优先组织人员疏散、伤员抢救，同时兼顾重点设备和环境的防护，尽快恢复运营，减少损失。

（1）安全第一，生命至上。积极采取措施最大限度地减少人员伤亡和财产损失。运用先进技术，充分发挥专家作用，实行科学民主决策，提高救援效率，避免次生、伴生灾害发生。

（2）统一指挥，分级负责。参与应急救援的单位在应急指挥机构的统一指挥下，逐级负责，做到各司其职、分级负责。

（3）各负其责，分工协作。突发事件发生后，事发部门积极进行自救，及时通报，运营事业总部各有关单位要主动配合、密切协作、信息共享、形成合力，保证突发事件信息的及时准确传递、突发事件的处置快速有效，实现运营事业总部与政府部门、总公司之间的协调联动。

3. 事发后

突发事件发生后，要按照“四不放过”的原则处理事故，找出原因，分清责任，吸取教训，制定措施，防止同类事故再次发生，并按规定进行汇报。

### （二）应急处理的工作组织

1. 应急响应

突发事件应急响应是指事故信息报告、人员的紧急疏散、急救与医疗、消防和工程抢险等，可以分为 4 个方面的内容：

（1）初期处置与报告。

城市轨道交通运营突发事件发生后，运营企业及轨道交通车站层、线路层、线网层值班值守人员要立即核实情况，在判定事故性质、特点、危害程度和影响范围的基础上，组织有关应急力量实施即时处置，开展自救互救，防止事态扩大。

（2）响应等级与响应启动。

响应等级与事故等级对应：Ⅳ级响应等级事件发生后，由运营企业立即启动相应等级的响应措施进行处置，市交通委、市应急联动中心和相关联动单位指导做好相关处置工作。

Ⅲ级响应等级事件发生后，在运营企业先期处置基础上，由市交通委、市公安局、运营企业会同市消防局、相关区政府等组成现场指挥部，立即启动相应等级的响应措施，组织、指挥、协调、调度相关应急力量和资源实施应急处置。

Ⅱ级、Ⅰ级响应等级事件发生后，市交通委、市公安局、运营企业等单位立即启动相应等级的响应措施，成立市应急处置指挥部，统一指挥、协调、调度全市相关力量和资源实施应急处置。必要时，可协调部队和武警力量参与应急救援处置工作。

（3）应急处置。

城市轨道交通运营突发事件发生后，相关部门和单位要根据救援和处置需要，采取人员搜救、现场疏散、乘客转运、交通疏导、医疗救援、抢修抢险等现场处置措施。

（4）响应终止。

当事故现场得以控制，环境符合有关标准，次生、衍生事故隐患得以消除后，遵循“谁启动、谁终止”的原则，由启动应急预案的单位下达应急救援结束的指令。

2．抢险组织

抢险组织的基本原则如下：

（1）现场有乘客时，应采取各种措施，稳定乘客情绪、维持秩序，首先保证乘客安全。

（2）及时判明现场情况，及时报告。

（3）控制事态、减少影响，动员和组织一切力量进行抢险。

在抢险指挥小组到达现场前，现场抢险指挥由事故（事件）处理主任负责，事故（事件）处理主任按以下办法自然产生：若突发事件发生在车站，由值班站长担任；若发生在区间，由列车司机担任；若发生在车厂，由车厂调度担任。抢险指挥小组到达现场后由现场总指挥接管，并组织开展工作。

在抢险过程中，控制中心的责任如下：

（1）控制中心主任根据现场情况启动相应预案。

（2）加强与现场指挥的联系，负责信息的收集和传递。

（3）通知相关部门派出抢险队，同时通知城市轨道交通公安分局派出人员赶赴现场。

（4）协调相关部门按照需要增派抢险人员、调集抢险物资。

（5）掌握全公司生产动态，努力保证其他工作的正常进行。

3．现场处置工作组织

现场指挥小组总指挥到达事故现场后，应了解事件的现场情况，迅速查看事故现场，确定影响范围，根据预案的规定，开展抢险救援工作。

发生突发应急事件时，视响应级别成立运营事业总部抢险领导小组，现场设置应急指挥部，其组成如图 7-2 所示。

如发生的事件在预案外，由现场总指挥根据现场情况组织、制订抢险方案并实施。救援抢险工作结束后及时汇报并将指挥权上交控制中心。

现场处置作业需满足以下规定：

（1）抢险方案确定前，各部门抢险队到达现场后要在指定位置待命，抢险队负责人尽快掌握现场，并领受任务。

（2）公安人员、车站员工负责维护现场秩序，组织无关人员离开事故现场。

（3）抢险救援工作方案的实施由专业抢险队伍负责，救援组织由抢险队负责人负责，其他人不得向正在进行救援的人员下达命令。

（4）实施方案的变更，须经抢险领导小组批准。

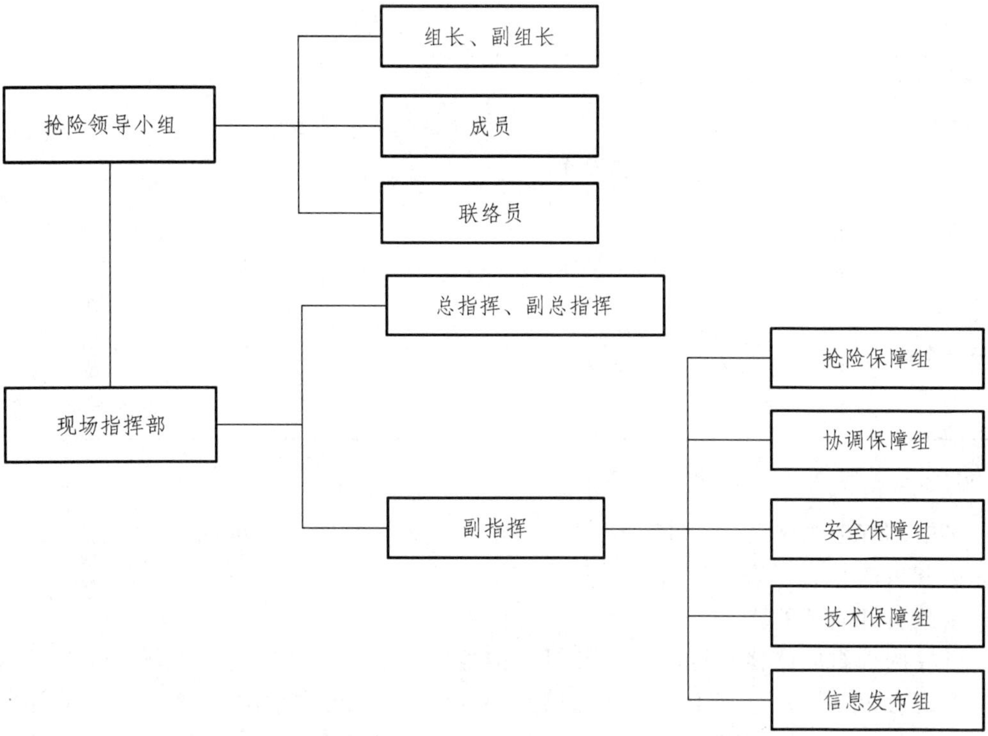


图 7-2　突发应急事件现场应急指挥部构成示意图

## 任务解析

地铁运营管理部门针对事故启动了应急预案：派出抢修队伍到现场排除故障，并调集 80 辆公交车到该区接送乘客。但是，由于应急协同配合熟练程度不够，滞留乘客较多，所以疏散效果并不理想，影响了事故救援效率。

### （三）事故的调查

突发事件应急处置结束后，应按照《生产安全事故报告和调查处理条例》等有关规定成立调查组，对突发事件/事故进行调查，并形成报告。

1．调查组的组成

按照《生产安全事故报告和调查处理条例》及相关文件的规定，根据事故的级别，由政府相关部门组织事故调查，各相关单位配合调查取证。事故调查组的组成应当遵循精简、高效的原则。具体组织情况如表 7-1 所示。

事故调查组成员应当服从统一领导，密切配合、恪尽职守、信息共享，事故调查期间未经事故调查组组长允许，调查组成员不得擅自发布有关事故的信息。

表 7-1　事故调查小组的组织原则

<table>
<tr><th>事故级别</th><th>事故调查组组成</th><th>负责人</th><th>职　责</th></tr>
<tr><td>特别重大事故、重大事故、较大事故</td><td>由运营企业所在集团成立事故调查组，配合调查</td><td>集团总经理为组长，主管安全的副总经理为副组长</td><td rowspan="2">① 查明事故发生的经过、原因、人员伤亡情况及直接经济损失，参建单位履行职责情况，认定事故的性质及事故责任；<br>② 提出对事故责任者处理建议，总结事故教训，提出防范和整改措施；<br>③ 提交事故调查报告</td></tr>
<tr><td>一般事故</td><td>由运营企业所在集团成立事故调查组，组织调查</td><td>集团主管安全的副总经理为组长，安全质量监察室主任为副组长</td></tr>
</table>

2．事故调查的工作要求及原则

事故调查应当坚持实事求是、尊重科学的原则，及时、准确地查清事故经过、事故原因和事故损失，查明事故性质，认定事故责任，总结事故教训，提出整改措施，并对事故责任者追究责任。

事故调查组应严格履行职责，及时、准确地完成事故调查处理工作。相关部门应支持、配合事故调查处理工作，并提供必要的便利条件。参加事故调查处理的部门、中心应当相互配合，提高事故调查处理工作的效率。工会依法参加事故调查处理，有权向有关部门提出处理意见。任何部门和个人不得阻碍、干涉事故调查处理小组的正常工作。

（1）发生事故时，现场负责人应及时安排人员采取各种方式收集事故证据，在事故处理小组到达现场后移交给事故处理小组。

（2）事故处理小组、公安局地铁分局人员到达事故现场后，由事故处理小组负责指挥，按相关职责开展事故调查工作，必要时召开事故现场调查会。

（3）事故调查处理小组有权向事故发生部门、中心了解情况并调取有关资料。

（4）事故发生部门、中心主要负责人和有关人员在事故调查期间应当随时接受事故调查小组的询问、调查，如实提供有关情况和资料，并在事发 24 小时内向事故调查组提供事故初步分析报告（包括事故经过、原因分析、处置分析、整改措施等内容）。

（5）事故调查小组应当对事故调查报告进行充分讨论，并达成一致意见。意见不一致的，应当根据多数成员的意见做出结论，并在事故报告中如实表述各方的不同意见。

3．事故调查的内容

（1）做好现场调查工作，及时收集现场物证材料。

（2）保护、勘查现场，详细检查车辆、线路及其他设备，做好事故事实材料收集工作。

（3）绘制现场示意图、摄影录像，如技术设备破损故障时，应保存其实物。

（4）对事故关系人员、现场见证人分别进行调查，由本人写出书面材料。

（5）检查有关技术文件的编制、填写情况，必要时将抄件附在调查记录内。

（6）要注意是否有人为破坏的迹象。

4．故调查处理报告的规定

事故调查报告的内容应包括：

（1）事故发生的经过和事故救援情况。

（2）事故造成的人员伤亡和直接经济损失。

（3）事故发生的原因和事故性质。

（4）事故责任的认定以及对事故责任者的处理建议。

（5）事故防范和整改措施。

事故调查处理报告应当附具有关证据材料，事故调查组成员应当在事故调查处理报告上签名。

发生较大及以上事故时，事故调查处理小组应当自事故发生之日起15日内向公司安全生产委员会提交事故调查处理报告；一般事故时，事故调查处理小组应当自事故发生之日起10日内向公司安全生产委员会提交事故调查处理报告。事发单位并应根据具体情况及时续报。

## 任务拓展

某日16时11分，某城市轨道交通1302次列车到达A站上行站台正常开门后，站台站务员王某发现一名二十五六岁的男乘客从列车尾部最后一个车门下了车，过了一会儿见乘客没有动，他正准备过去询问。没想到片刻之间，乘客就从南端端墙与列车尾部之间的空隙跳下轨道，并迅速沿上行轨道往前方站跑去。站台站务员王某马上用对讲机呼叫车控室：“有乘客跳轨。”

16时14分，行车值班员接报告后立即在LCP盘上按了上、下行线的紧停按钮，同时上行站台站务员、下行站台站务员也都按了站台紧急停车按钮（当时1302次已启动，大约开出1 m后停下）。值班站长听到有乘客跳下轨道的消息后，立即赶到站台，但没有发现轨道上有人。经询问王某后了解到，乘客已经跑进上行线前方旁边的草坪。

16时16分，值班站长申请，经行车调度同意，值班站长带同保安一起下线路寻找，均未发现有人。其后，两人再次确认1302次车底及列车与站台之间情况正常之后，通知车控室线路情况，车控室取消上、下行紧急停车按钮，并报告行车调度。16时32分，1302次车恢复运行。然而此时上行线已经中断行车19分钟。

思考：请针对上述案例谈一谈，王某的事故报告有什么问题？值班站长处理这起事故违反了哪一项行车事故处理原则？假设你是王某或值班站长，你会怎样报告事故和处埋这起事故？

# 情境再现

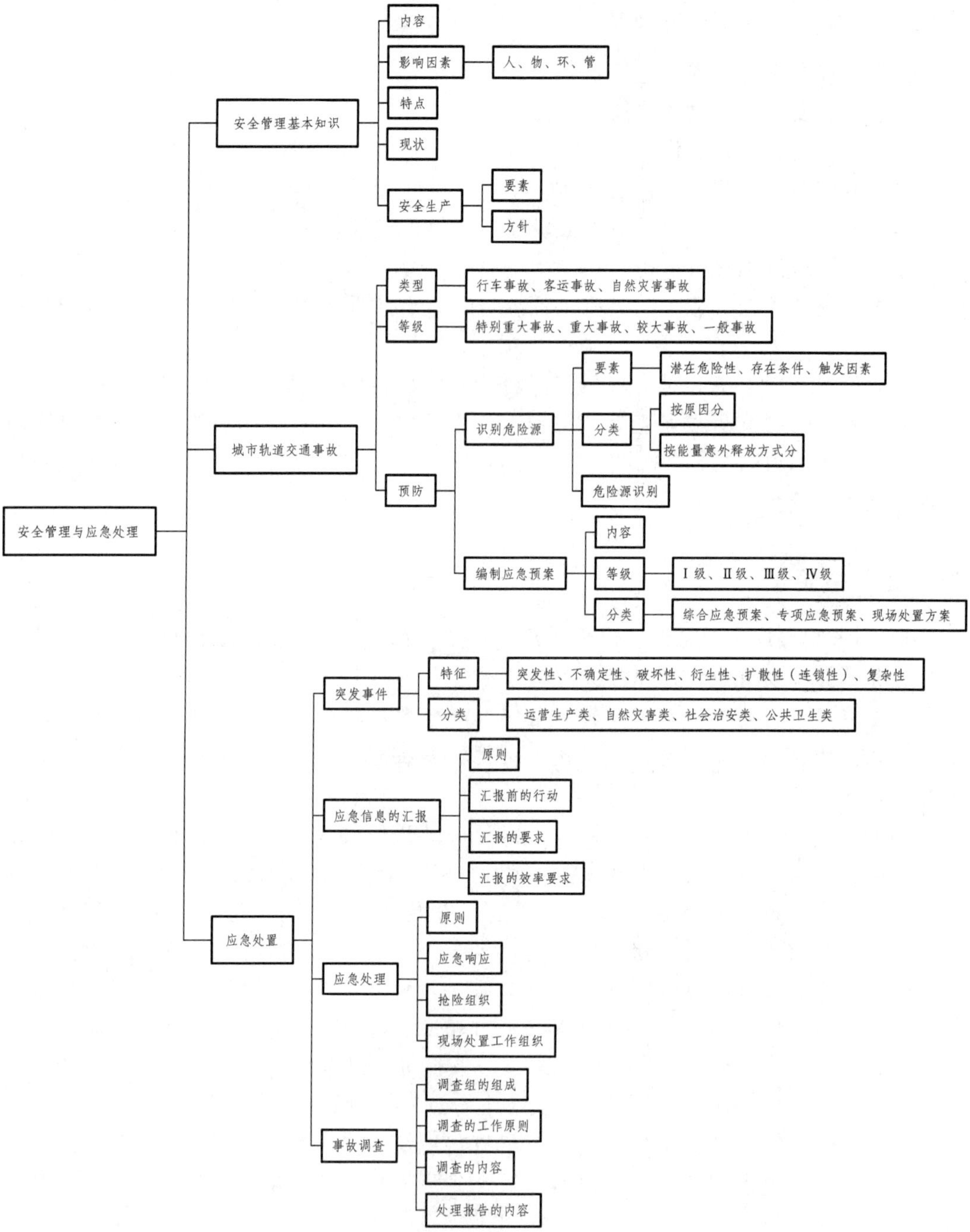
安全管理与应急处理
安全管理基本知识
内容
影响因素
人、物、环、管
特点
现状
安全生产
要素
方针
城市轨道交通事故
类型
行车事故、客运事故、自然灾害事故
等级
特别重大事故、重大事故、较大事故、一般事故
预防
识别危险源
要素
潜在危险性、存在条件、触发因素
分类
按原因分
按能量意外释放方式分
危险源识别
编制应急预案
内容
等级
Ⅰ级、Ⅱ级、Ⅲ级、Ⅳ级
分类
综合应急预案、专项应急预案、现场处置方案
应急处置
突发事件
特征
突发性、不确定性、破坏性、衍生性、扩散性（连锁性）、复杂性
分类
运营生产类、自然灾害类、社会治安类、公共卫生类
应急信息的汇报
原则
汇报前的行动
汇报的要求
汇报的效率要求
应急处理
原则
应急响应
抢险组织
现场处置工作组织
事故调查
调查组的组成
调查的工作原则
调查的内容
处理报告的内容

# 课后习题

## 一、判断题

1. 城市轨道交通安全管理实行整体、动态、定性的全方位管理，以使整个系统达到最佳的安全状态。(　　)

2. 完善安全管理规章制度是抓好城市轨道交通运营安全工作的保障。(　　)

3. 城市轨道交通运营企业安全文化建设，要紧紧围绕“一个中心”和“两个基本点”。(　　)

4. 自然灾害事故主要包括由水灾害、风灾害、雷击灾害、地震灾害、火灾等引起的事故。(　　)

5. 导致事故发生的人员只有轨道运营相关工作人员。(　　)

6. 应急预案可分为综合应急预案、专项应急预案及现场处置方案。对于列车脱轨、挤岔、车站及线路设备故障等应当编制现场处置方案。(　　)

7. 突发事件的不确定性，表现为发生状态的不确定性、事态变化的不确定性两个方面。(　　)

8. 突发事件发生时，要积极采取措施，迅速抢救，坚持相应原则，快报告、快处理、快开通，优先组织机械设备的抢救。(　　)

9. 当事故现场得以控制，环境符合有关标准，次生、衍生事故隐患得以消除后，遵循“谁启动、谁终止”的原则，由启动应急预案的单位下达应急救援结束的指令。(　　)

10. 若发现任何可能影响列车安全运行的情况，如信号设备损坏、异物落入轨道等异常情况，必须立即采取一定措施，截停可能受影响的列车。(　　)

## 二、单项选择题

1. 以下选项中，不属于安全生产的“五要素”的是（　　）。

A. 安全责任　　B. 安全科技

C. 安全知识　　D. 安全法则

2. 安全投入是安全生产的基本保障，它包括（　　）和资金投入。

A. 人才投入　　B. 科技投入

C. 质量保障　　D. 政策支持

3. 城市轨道交通安全运营管理工作的基本方针是（　　）。

A. 生产必须安全、安全为了生产

B. 安全第一，预防为主

C. 管生产必须管安全

D. 安全第一，预防为主，综合治理

4. 某起城市轨道交通事故导致 3 人死亡，9 人重伤，行车间断 2 小时，直接经济损失 100 万元，该起事故为（　　）。

A. 一般事故　　B. 较大事故

C. 重大事故　　D. 特别重大事故

5. 城市轨道交通运行中最常见的事故是（　　）。

A. 进水　　B. 火灾

C. 停电　　D. 爆炸

6.（　　）预警，预计将要发生重大事故级别以上的轨道交通运营突发事件，事件即将发生，事态正在逐步扩大。

A. 红色　　B. 橙色

C. 黄色　　D. 蓝色

7.（　　）响应等级的事件发生后，由运营企业立即启动相应等级的响应措施进行处置。

A. Ⅳ级　　B. Ⅲ级

C. Ⅱ级　　D. Ⅰ级

8. 在抢险指挥小组到达现场前，现场抢险指挥由事故（事件）处理主任负责，以下不符合事故（事件）处理主任产生原则的是（　　）。

A. 若突发事件发生在车站，由值班站长担任

B. 若发生在区间，由列车司机担任

C. 若发生在车厂，由车厂调度担任

D. 若突发事件发生在车站，由值班站务员担任

9. 车站值班员了解事件信息后（　　）内将现场情况报线路控制指挥中心。

A. 1 分钟　　B. 2 分钟

C. 3 分钟　　D. 4 分钟

10. 事故调查中，（　　）是事故调查工作成果的集中体现。

A. 提出防范和整改措施

B. 事故调查报告

C. 总结事故教训

D. 认定事故性质和事故责任分析

## 三、多项选择题

1. 影响城市轨道交通运营安全的因素包括（　　）。

A. 人　　B. 物　　C. 环

D. 财　　E. 管

2. 危险源应由（　　）要素构成。

A. 潜在危险性　　B. 存在条件

C. 破坏程度　　D. 触发因素

E. 发生概率

3. 城市轨道交通火灾事故易造成（　　）等后果。

A. 行车中断　　B. 环境污染

C. 设备破坏　　D. 财产损失

E. 人员伤亡

4. 以下属于城市轨道交通第一类危险源的有（　　）。

A. 工作人员操作失误　　B. 供电设备

C. 易燃、易爆物品　　D. 临空的站台

E. 管理制度

5. 城市轨道交通运营过程中的突发事件，可以分为（　　）。

A. 运营生产类　　B. 社会治安类

C. 自然灾害类　　D. 公共卫生类

E. 特殊事故类

6. “四不放过”包括（　　）。

A. 事故原因没有查清不放过

B. 防范措施没有落实不放过

C. 事故责任者没有找到不放过

D. 职工没有受到教育不放过

E. 事故责任者没有严肃处理不放过

7. 以下属于城市轨道交通车站突发事件应急信息汇报原则的是（　　）。

A. 迅速、准确、真实　　B. 分类、分级报送

C. 逐级报告　　D. 领导决定上报信息

E. 就地、就近报告

8. 以下属于城市轨道交通车站突发事件第一步应汇报内容的是（　　）。

A. 事件发生的时间　　B. 初步原因

C. 事件发生的地点　　D. 人员伤亡情况

E. 汇报人职务

9. 事故调查组成员在事故调查工作中应当（　　）。

A. 诚信公正、恪尽职守

B. 遵守事故调查组的纪律

C. 保守事故调查的秘密

D. 可随时发布有关事故的信息

E. 可直接发布事故处理结果

10. 事故调查报告的内容包括（　　）。

A. 事故发生的经过和事故救援情况

B. 事故造成的人员伤亡和直接经济损失

C. 事故发生的原因和事故性质

D. 事故责任的认定以及对事故责任者的处理建议

E. 调查中发现的事故隐患

## 四、案例分析题

1. 2003 年 2 月 18 日 9 时 53 分，韩国某市 1079 号地铁列车到达中央路车站，在 3 号车厢内，有精神病史的 56 岁的金某用打火机点燃装有汽油的塑料桶，扔进车厢，发生了韩国历史上最大的地铁蓄意纵火案。由于车厢内座椅上包着一层易燃的薄绒布，车厢间也没有隔断，3 号车厢的火势迅速蔓延，整个列车浓烟滚滚。因为 1079 号列车已经到站，车门打开，部分乘客得以逃生。

3 分钟之后，39 岁的司机崔某驾驶另一列对开的 1080 号列车到达中央路站，他打开车门，浓烟立刻灌进来，又马上关上车门。司机向综合控制室请示怎么办，同时通知乘客等候，于是乘客坐着没动，失去了逃生时机。浓烟和大火自动切断车站的电源，站内一片漆黑。1080 号列车因为停电无法继续运行，6 节车厢迅速燃起大火。司机在逃生的同时拔出了主控钥匙，使紧急电源切断，车厢陷入黑暗，同时车门无法打开。全列 24 个车门中，仅有 4 个车门被乘客中的地铁职工手动打开，许多普通乘客不知道如何手动开门，地铁列车车窗玻璃又很坚固无法打破，使这一列车的遇难人数占了多数。

1 300 多名消防队员经 3 个多小时才扑灭这场地铁大火，但是车站内温度仍然很高，直到降温后才进入车站救援。这次地铁火灾事故一共造成 296 人死亡，146 人受伤，269 人失踪。

思考：

（1）突发事件的类型有哪几种？本案例属于哪一种类型？

（2）试分析该起事故产生的原因。

（3）事故调查的内容有哪些？

2. 2007 年 7 月 8 日 8:27，A 市地铁 B－C 站上行接触网因雷击短时跳电（C 站 212 开关 DI/DT+ΔI 保护动作），自动重合闸成功；8:32，0706 次（0506 车）运行至上行线 K5+600 处（距信号楼约 300 米），司机发现轨行区前方有一接触网线垂在线路上方，距地面约 2 米，立即紧急制动，由于惯性列车 05A 车 4B 门上方与接触网线接触并发出猛烈火花，B—C 站区间上行接触网跳闸停电；8:57，接触网抢修人员查到故障点，立即实施抢修；9:20，工程车到达救援现场；9:31，工程车与电客车连挂完毕，经 D 站上行正线推回车辆基地 27 道，至此列车救援完成；9:34，接触网作业车到达故障点，抢修人员利用接触网抢修作业车和梯车继续抢修；10:05，接触网抢修完成；10:09，B－C站上行接触网送电成功，全线恢复运营。

此次事故影响正线运营97分钟，清客1列次、救援1列次、抽线10列次、下线1列次、晚点2列次，全线IC卡更新220张，单程票退款944元，接触网04—16支柱处的承力索下铆绝缘子损坏，05A车4B门上方被灼伤。

思考：

（1）该起事故属于什么类型的事故？城市轨道交通常见的事故类型还有哪些？

（2）试分析该案例中存在的危险源。

（3）突发事件应急响应的内容有哪些？

# 参考文献


[1] 操杰，陈锦生．城市轨道交通车站行车工作[M]．北京：人民交通出版社，2016.

[2] 永秀．城市轨道交通车站运作管理[M]．3版．北京：机械工业出版社，2021.

[3] 魏仁辉．城市轨道交通车站设备[M]. 2版．北京：中国电力出版社，2019.

[4] 李红莲．城市轨道交通车站机电设备[M]．北京：机械工业出版社，2017.

[5] 仇海兵．城市轨道交通车站设备[M]．3版．北京：人民交通出版社，2021.

[6] 上海申通地铁集团有限公司轨道交通培训中心．城市轨道交通车站客运服务[M]．北京：中国铁道出版社，2010.

[7] 张燕．城市轨道交通车站客运组织与服务[M]．北京：电子工业出版社，2015.

[8] 于涛．城市轨道交通票务管理[M]．3版．北京：人民交通出版社，2021.

[9] 谢淑润，张美晴．城市轨道交通票务管理[M]．北京：人民交通出版社，2021.

[10] 李艳艳，朱永霞．城市轨道交通票务管理[M]．武汉：武汉大学出版社，2018.

[11] 张建如．城市轨道交通票务管理[M]．西安：西安交通大学出版社，2018.

[12] 孙仕明，李攀科．城市轨道交通票务管理[M]．北京：清华大学出版社，2015.

[13] 潘利，李培锁．城市轨道交通车站客运服务[M]．北京：人民交通出版社，2017.

[14] 邵震球．城市轨道交通车站值班员[M]．北京：机械工业出版社，2018.